मराठी
की
लोकप्रिय कहानियाँ

मराठी की लोकप्रिय कहानियाँ

संपादक

डॉ. दामोदर खड़से

प्रभात प्रकाशन

प्रकाशक
प्रभात प्रकाशन प्रा. लि.
4/19 आसफ अली रोड, नई दिल्ली-110002
फोन : 23289777 • हेल्पलाइन नं. : 7827007777
इ-मेल : prabhatbooks@gmail.com ❖ वेब ठिकाना : www.prabhatbooks.com

संस्करण
2025

मूल्य
तीन सौ पचास रुपए

मुद्रक
श्री साई प्रिंटर्स, साहिबाबाद

★

MARATHI KI LOKPRIYA KAHANIYAN
Ed. Dr. Damodar Khadse

Published by **PRABHAT PRAKASHAN PVT. LTD.**
4/19 Asaf Ali Road, New Delhi-110002

ISBN 978-93-5322-224-6

₹ 350.00

भूमिका

मराठी कहानियाँ समाज के बदलते प्रवाह की गवाह हैं। समय की धारा में बहते व्यक्ति-समाज तथा देश से उठती लहरें, ध्वनियाँ हर काल में रचनाकारों को स्पंदित करती रही हैं। समसामयिक परिवर्तनों, चुनौतियों, दृश्यों, क्रिया-प्रतिक्रियाओं की प्रतिध्विनयों को कहानियों में सुना जा सकता है। मराठी कहानियाँ भी अपने समय के साथ आगे बढ़ती रही हैं। सामाजिक, राजनैतिक, सांस्कृतिक चेतना और परिवर्तनों को साहित्य अपने में समेटता चलता है। इन्हीं प्रभावों से कहानी का पर्यावरण बनता है। उसके संदर्भ, स्वरूप और सरोकारों से जीवन-विषयक अनुभूतियों को अनुभव किया जा सकता है। कथा-साहित्य में इन अभिव्यक्तियों को देखा जा सकता है। कई बार किसी भाषा विशेष का कथाकार सार्वकालिक होकर भाषा की सीमाओं को पार कर सभी भाषाओं में निर्विघ्न विचरण करता है।

मराठी के कई कथाकार अपनी भाषा में तो लोकप्रिय रहे ही, साथ ही दूसरी भाषाओं में भी उन्होंने अपनी लोकप्रियता बरकरार रखी। वि.स. खांडेकर ऐसे ही कथाकार रहे, जिन्हें तमिल, गुजराती आदि भाषाओं के पाठक अपना ही कथाकार मानते हैं। उनके संदर्भ, आदर्श, चिंतन जनमानस में रच-बस गए। जीवन-अनुभवों को जिस शैली में वि.स. खांडेकर ने अपने साहित्य में रेखांकित किया कि वे दूसरी भाषाओं में भी उतने ही लोकप्रिय रहे हैं। 'ययाति' की कथा के लिए उन्हें ज्ञानपीठ सम्मान मिला। खांडेकर आदर्शवादी कथाकार रहे। रूपक-कथा के माध्यम से खांडेकर ने मराठी कहानी को नया आकार दिया। अपनी सांस्कारिक शैलीयुक्त भाषा में संदर्भ, विषय और जीवनानुभूतियों को उन्होंने शब्दबद्ध किया। प्रेम, संवदेना और आकर्षण से सराबोर उनकी कहानी 'मुरली' है।

मराठी कथा-साहित्य को अपनी लेखनी से झकझोर देने का श्रेय जी.ए. कुलकर्णी को जाता है। उनके बयान की गूढ़ता में उतरते हुए पाठक एक मनोविज्ञान

की दुनिया में विचरण करते हुए कुलकर्णी के पात्रों, संदर्भों के साथ तादात्म्य स्थापित करने में जुट जाते हैं। 'आसरा' कहानी उनकी शैली की परिचायक है। नई-कहानी से प्रेरणा लेकर मानवीय संबंधों की तरलता की खोज करते हुए मध्य वर्ग की आशा-आकांक्षा, जीवन-संस्कृति को अपनी कहानियों में विद्याधर पुंडलिक उतारते रहे हैं। मनुष्य के एकाकीपन, पीढ़ियों की श्रद्धा, उदासी, दु:ख-तकलीफ से वे कहानी चित्रित करते चलते हैं। 'वारी' उसी कड़ी की एक कहानी है।

वि.वा. शिरवाड़कर मराठी के अत्यंत सम्मानित साहित्यकार रहे हैं। मूलरूप से नाटक और कविता में अभिव्यक्त होते हुए उन्होंने कथा को भी खूब न्याय दिया है। उनका साहित्य बहुत लोकप्रिय है। 'ज्ञानपीठ सम्मान' से अलंकृत कुसुमाग्रज ने मनुष्य के मन की अतल गहराई की यशस्वी पड़ताल की है। उनकी कहानी 'हरा मफलर' मानवीय रिश्तों की अद्भुत कहानी है।

ग्रामीण और शहरी जीवन पर समान रूप से लिखनेवाले कथाकार चि.त्र्य. खानोलकर रहे हैं। मानवीय दु:खों का, विवशता का, पुरानी मान्यताओं का विश्लेषण कर यथार्थ की कसौटी पर कसने की क्षमता इस कथाकार में रही है। जीवन की वास्तविकता को आधार बनाकर संवेदनशील बयान उनकी शैली के रूप में रचनाओं में परिलक्षित होता है। अबाल-वृद्धों की त्रासदियाँ खानोलकर की रचनाओं में देखी जा सकती है। 'पंचनामा' कहानी इस बात की गवाही देती है। 1950 के बाद कई स्त्री रचनाकारों ने स्त्री जीवन को केंद्र में रखकर अभिव्यक्ति दी। इनमें कमल देसाई मुख्य रूप से उभरकर आती हैं। उनकी कहानियों में नागरी-जीवन के कथाबीज अंकुरित होते देखे जा सकते हैं।

कमल देसाई की नायिका पुरुष-प्रधान कुटुंब व्यवस्था में अपना स्वतंत्र अस्तित्व तलाशती नजर आती है। देहरी के भीतर निर्धारित सीमा, उस पात्र को बाँध नहीं पाती। वह शोषण की जकड़न को झटक देना चाहती है। स्त्री-पुरुष संबंध को नई नजर से देखने की कोशिश उन्होंने की है। इसलिए कई बार वे विद्रोह और मुक्ति का मार्ग सुनिश्चित करती दिखती हैं। भाषा और शैली भी उनके विषय के अनुकूल स्वतंत्रता लिये हुए हैं। 'स्वप्नकोश' कहानी में उनकी स्वतंत्र-सोच, संवेदनशीलता को सहज ही देखा जा सकता है।

मराठी साहित्य में दलित संवेदना बहुत प्रखरता से उभरकर आई है। संभवत: भारतीय भाषाओं को दलित-साहित्य की देन मराठी से प्रवाहित हुई है। बाबूराव बागुल और दया पवार के सृजनात्मक चिंतन से इसका प्रादुर्भाव हुआ। बाबूराव बागुल ने माटुंगा, मुंबई के लेबर कैंप में रहते हुए दलितों की उपेक्षा, विवशता,

गरीबी, शोषण, प्रताड़ना और दुत्कार आदि को बहुत करीब से देखा। 'मौत सस्ती हो रही है' जैसी कहानी दलित मानव समाज के जीवन की प्रतिध्वनियाँ समेटे हुए है। देश की जाति-पाँति, ऊँच-नीच, अमीर-गरीब, नौकर-मालिक, अपना-पराया का भाव बहुत गहरे तक प्रभावित करता है। दलित को इस भेदभाव की आँच पीढ़ियों से आ रही है। इसी क्रम में बाबूराम बागुल की कहानी 'जब मैंने जाति चुराई' इसी तरह की स्थितियों का सार्थक बयान है। जाति छिपाकर सवर्णों के बीच रहने की सामाजिक विवशता और चोरी पकड़ी जाने पर प्राणांतक हमले का सामना करने की मजबूरी का सजीव चित्रण इस कहानी में है। दया पवार की आत्मकथा 'अछूत' भारत की सारी भाषाओं के साहित्य को छू गई है। उसके खूब अनुवाद हुए। कविता के साथ उनकी कहानियाँ भी बहुत चर्चित रही हैं, जिनमें दलितों के जीवन को देखकर समाज सिहर उठता है। 'पंख' कहानी में दलित छात्र की उड़ान तो दूर, पंख किस तरह कट जाते हैं, इसका हृदय विदारक चित्रण झकझोर जाता है। शरणकुमार लिंबाले, वर्तमान में अत्यंत महत्त्वपूर्ण दलित-चिंतक के रूप में जाने जाते हैं। बागुल और पवार की मशाल को लिंबाले के सृजन ने और प्रज्वलित कर दिया है। अपनी आत्मकथा 'अक्करमाशी' से उनकी यात्रा शुरू हुई और उन्होंने नए-नए मील के पत्थर पार किए, पीछे मुड़कर कभी नहीं देखा। 'नीलू' कहानी ऊपर से प्रेम-कथा लगती है, पर उसकी परत उघाड़ने पर भयानक वर्ण-व्यवस्था की चिनगारी उभरती है। वर्तमान में कई दलित स्त्रियों ने कलम उठाई है। रूढ़ियों से पनप रहे भेदभाव की ध्वनियाँ जहाँ उभरती दिखाई देती हैं, वहीं बदलते परिवेश में आने वाली नई चुनौतियों को भी रेखांकित किया जा रहा है।

भारत सासणे ने अपनी अलग शैली, भाषा, संदर्भ और विषय लेकर कथा-जगत् में अपनी विशिष्ट पहचान बनाई है। कुछ गूढ़ता, मनुष्य की अतल गहराई में पहुँचकर विश्लेषणात्मकता प्रयोगात्मक है और 'शुभवर्तमान' भारत सासणे की शैली की प्रतिनिधि कहानी है। सदानंद देशमुख ने अपनी कथा-यात्रा को ग्रामीण-संवेदना के साथ जोड़े रखा। सदानंद देशमुख की सरल भाषा ग्रामीण परिवेश, गाँव के अभाव, साहूकारों की शोषण कथा प्रेमचंद के लेखन की याद दिलाती है। 'बिपत' कहानी में सदानंद देशमुख ने ग्रामीण जीवन का यथार्थ चित्रण किया है।

उत्तम कांबले सीधी-सपाट भाषा में समाज की विसंगतियों को शब्दबद्ध करने में विशिष्ट कथाकार के रूप में प्रसिद्ध हैं। यथार्थवादी लेखक उत्तम कांबले जीवंत पात्रों को अपने कथा-संसार में इस तरह शामिल करते हैं कि लगता है, दृश्य आँखों के सामने से गुजर रहा है। प्रतिबद्ध समाज चिंतन से उपजी उनकी

कहानियाँ बहुत लोकप्रिय रही हैं, 'नया श्मशान' उन्हीं में से एक है।

भूमंडलीकरण से, व्यापार से मनुष्य-व्यवहार तक प्रभावित हो रहा है। दुनिया एक गाँव के रूप में तब्दील हो रही है। आकाश से ही सारा कारोबार, व्यापार, बाजार, लेन-देन है। देश, समाज, भाषा, प्रदेश, जाति, समुदाय से ऊपर उठकर नए मनुष्य की कल्पना समय कर रहा है, पर उसकी सोच उसके अस्तित्व के साथ अनायास ही उभरती है। अंतरराष्ट्रीय मनुष्य के जीवन में कुछ घटनाएँ ऐसी घटती हैं कि वह कहीं नहीं रह पाता। सुबोध जावड़ेकर की 'साबुन' ऐसी ही कहानी है। कृष्णा किंबहुने मनोवैज्ञानिक कहानी के सफल चितेरे हैं। मनुष्य के स्वभाव, उसकी संवेदना का सार्थक विश्लेषण उनकी कहानियों में देखा जा सकता है। आस-पास इस तरह उपस्थित होते हैं कि पाठक इन पर सोचने को विवश हो जाता है। ऐसी ही कहानी 'आँख खुलने से पहले' कृष्णा किंबहुने की कथा-शैली से उतरी है।

'मराठी की लोकप्रिय कहानियाँ' में हर शैली, विशेषता, विशेष परंपरा की कहानी को समेटने की कोशिश की गई है। हर कथाकार की अपनी एक शैली और खूबी होती है। प्रयास रहा है कि प्रतिनिधिक रूप में विविधता की छटा इस संग्रह से परिलक्षित हो। मराठी कथा-संसार का फलक इतना विस्तृत है कि बहुत कुछ छूट ही जाता है; इसलिए एक अधूरापन अनुभव होता रहता है। फिर भी, अधिकांश महत्त्वपूर्ण कथाकार शमिल हुए हैं। ये विशिष्ट भी हैं और लोकप्रिय भी।

इस संग्रह को पूर्णता देने में अनुवादकों की भूमिका बहुत महत्त्वपूर्ण रही। मैं सूर्यनारायण रणसुभे, निशिकांत ठकार, प्रकाश भातंब्रेकर, डॉ. सुनील कुमार लवटे और भगवान वैद्य 'प्रखर' का अत्यंत ऋणी हूँ कि उन्होंने बहुत कम समय में कहानियाँ उपलब्ध कराईं। प्रभात प्रकाशन के श्री प्रभात कुमार के कारण ही यह संग्रह हिंदी-पाठकों तक पहुँच रहा है। सबके प्रति मेरा विनम्र आभार।

—डॉ. दामोदर खड़से

बी, 503-504, हाई ब्लिस
कैलाश जीवन के पास
धायरी, पुणे-411041
मो. 9850088496
damodarkhadse@gmail.com

अनुक्रम

मुरली

– वि.स. खांडेकर

अनुवाद : डॉ. सुनील कुमार लवटे

सामने फेनिल यमुना गीत गाते बह रही थी, दही की गगरियों को मथुरा के बाजार में तेजी से ले जाती गोपिकाओं की तरह। लेकिन यमुना के उस चिर-परिचित संगीत से कृष्ण का मन उचट गया था।

ऊपर बरगद का पेड़ अपना छत्र फैलाकर छाया दे रहा था। यशोदा के प्रेम की तरह छाया थी वह! वत्सल और विपुल! लेकिन आज कृष्ण को उस चिर-परिचित शीतलता का अनुभव नहीं हो रहा था।

उसने उस बरगद के तले लेटकर देखा। गोवर्धन की तलहटी में गाएँ स्वच्छंद चर रही थीं। पंछियों की छाया के साथ उनके साथी दौड़ रहे थे। वन के पंछियों के कलरव का वे अनुक्रिया में जवाब दे रहे थे। लेकिन आज उन चिर-परिचित क्रीड़ाओं में उसे दिलचस्पी नहीं थी।

अनायास उसने पास पड़े पंख को उठाया। उसे लगा, शायद यह कभी-कभार उसके कानों में गुदगुदी करता यहाँ गिरा होगा। वह उसे गौर से देखने लगा। उस मयूर पंख पर होने वाली एक आँख पर उसकी आँखें गड़ गईं। आँखों जैसी ही आँख, लेकिन जिसे न कुछ दिखाई देता है, न जो कुछ देख पाता है।

उसे सहसा भ्रम होने लगा कि उसकी जिंदगी भी ऐसी ही हो रही है। परसों उसका नटखट साथी मथुरा गया। मानों बदसूरती में भी सौंदर्य खोजने वाली अपनी दृष्टि उसके साथ चली गई। 'कृष्ण अपनी गईयाँ सँभाल रे' कहने वाला उसके जैसा भोला-भाला जिगर, क्या मुझे अब मिलेगा? नहीं! मुरझाए फूल क्या कभी कली हुए हैं? क्या कभी झड़े हुए मयूर पंख को नाचने वाले उन सुंदर पंखों

में स्थान मिला है? यमुना का बह गया पानी क्या कभी वापस आया है? वह नटखट साथी भी अब शायद वापस नहीं लौटेगा, मुझे दोबारा ऐसा जाने जिगर साथी कतई नहीं मिलेगा।

परसों वह साथी गया और कल? कल राधा गई! उसे हर हालत में जाना ही था। अनिच्छा से उसने ब्रज छोड़कर अन्य स्थान पर जाना स्वीकार किया। जो भी हो, पत्नी पति की छाया होती है। वह जहाँ भी जाता है, उस बेचारी को उसके पीछे जाना ही पड़ता है। लेकिन मुझे छोड़ते वक्त राधा कितनी दुःखी थी! उसका चेहरा घटाओं से ढके आकाश की तरह काला पड़ गया था। उसकी आँखों से बरसात की धाराएँ झर रही थीं। अंत में कलेजे पर पत्थर रखकर उसने उन आँसुओं को कितने प्रयासों के बाद रोके रखा। कदंब वृक्ष के नीचे मुझे गले लगाकर, पीठ पर हाथ फेरते हुए उसने कहा था, "कृष्ण! सँभलकर रहना। और देखो एक बात को न भूलना। सच्चा सुख इसी वृंदावन में है। उसे छोड़कर कहीं न जाना!'' रोते-रोते सहसा वह हँस पड़ी। लगा, बरसात अचानक रुक गई है और इंद्रधनुष दमक उठा है।

उस नटखट साथी की तरह राधा भी वापस नहीं आएगी। राधा न केवल मेरी बड़ी बड़न थी, बल्कि वह मेरे लिए छोटी बहन भी थी। बड़ी बहन की तरह मेरी फिक्र में रहती, शरण देती और छोटी बहन की तरह जिद करती कहती, "बजाओ तुम्हारी वह बाँसुरी सुनने पर मेरा दिल खामोश हो जाता है। हे कृष्ण! अमृत भरी है, तुम्हारी बाँसुरी। बजाओ न वह! जब तक तुम बाँसुरी न बजाओगे, तब तक मैं घर नहीं जाऊँगी। इंतजार करूँगी और आखिर तक न बजाओ तो यमुना में कूदकर खुदकुशी करूँगी।"

अब राधा के वृंदावन में पुनरागमन की संभावना देखकर बेचैन हुए कृष्ण ने पास ही पड़ी बाँसुरी हाथ में ली। उसे वह बजाने लगा, लेकिन उसमें होने वाले वे मधुर स्वर अब शायद कहीं खो गए थे। उसने वह उलट-पलटकर गौर से देखा। बाँसुरी में कोई खराबी नहीं थी, लेकिन राधा की संगति में जो लुभाने वाले स्वर निकलते थे, अब वे कहीं नदारद हो गए थे। समझ नहीं आ रहा था कि वे कहाँ खो गए हैं!

क्या वे सुर राधा के साथ चले गए? कहाँ गए वे? खुशबू फूलों को छोड़ जहाँ आती है, वहाँ?

नटखट साथी गया, राधा गई, बाँसुरी के वे अमृत मधुर-स्वर भी गए।

कितनी जल्दी, कितने अचानक, अपने जीवन की सुषमा काव्य, सुनहरे स्वप्न सब खो गए।

शाम हुई। यमुना के जल पर काली प्रतिछवियाँ फैलने लगीं। मवेशी घर लौटने लगे।

कृष्ण बरगद के नीचे से उठा। इतने में उसे अपनी तरफ आते दो लोग दिखाई दिए, एक सुंदर युवती। आशा ने आकाश को चूमा। वह राधा तो न होगी? क्या वृंदावन में खोई किसी बात को तो वह ढूँढ़ने नहीं आई होगी? और उस युवती के साथ दिखाई देने वाला वह बूढ़ा कौन होगा? उसने महज संगति के लिए लिया होगा कोई आदमी? जिसे जिंदगी बिताने के सिवा कोई कार्य न हो ऐसा।

वे दोनों पास आए। नहीं, वह युवती राधा नहीं थी! कहा जाता है कि कभी-कभी धरती पर क्रीड़ा करने के लिए अप्सराएँ आया करती हैं। वैसी ही लग रही थी वह।

उसके बदन पर होने वाले हरे दुकूल पर रंगी-बिरंगी तितलियाँ नाच रही थीं। उसके होंठों की हँसी स्वयं के चारों ओर मँडराती पल-पल खिल रही थी। वह उस बूढ़े के साथ कुछ बोल रही थी, लेकिन मुख से नहीं, आसमान में धीरे-धीरे मुखरित होने वाले तारों के साथ उसकी आँखों की बातचीत जारी थी।

वह जितनी खूबसूरत थी, वह बूढ़ा उतना ही बदसूरत था। सूरत को देखकर यह अंदेशा होता था कि मंजिल तय करते हुए वह क्लांत हुआ है। लगता था, युगों से चल रहा है। उसके बदन पर होने वाला दुकूल भी बड़ा विचित्र था। भगवान् जाने, शेर की खाल जैसे गद्दे से लेकर उसने वह दुकूल बनाया था। उसकी आँखें बीच-बीच में छलछला उठतीं। ईश्वर ही जाने कि वे करुणा से या बुढ़ापे से छलछला उठती थीं। अपनी उस युवा साथी के साथ बोलते-बोलते वह झुक जाता। किसी छोटे कंकड़, पत्थर को उठाकर अपने झोले में रख लेता।

वे दोनों धीरे-धीरे कृष्ण के पास आए।

जिज्ञासा से उस बूढ़े की ओर देखकर कृष्ण ने पूछा, "दादा! बहुत थके नजर आ रहे हो! हमारे घर चलो! रात को आराम करो! और फिर कल सुबह..."

नकार में गरदन हिलाकर बूढ़े ने कहा, "बेटे! तुम नहीं जानोगे, मेरे पैरों में कितनी शक्ति भरी है!"

"दादा, आपका शुभ नाम?"

"मेरा? वह मैं कहाँ जानता हूँ? आज तक किसी ने मुझे पुकारा ही नहीं! मैं

चिर यात्री हूँ। दिन-रात चलता रहता हूँ।"

उसने जोर से कहकहा लगाकर कहा, "अरे पागल! यह मेरी लड़की थोड़े ही है? वह पत्नी है मेरी!"

अब वह युवती सामने आई। उसने कृष्ण से प्रश्न किया, "तुम्हारा नाम?"

"कृष्ण।"

"कृष्ण? बहुत बड़े आदमी का नाम है यह! तुम यहाँ क्या करते हो?"

"यह हमारा ब्रज है। इन ग्वालों की बस्ती का सारा काम हम करते हैं। मवेशी ही हमारा धन है। उनकी हिफाजत करना ही हमारी जिंदगी है।"

"तुम तो गाँव के नजर आते हो! अरे पागल, तुम जैसे जवान क्या सिर्फ चरवाहा बनने के लिए थोड़े ही जन्म लेते हैं? तुम जैसे जवान की जिंदगी पुरुषार्थ के लिए होती है। तुम्हारे ही नाम का एक महापुरुष है, उसे भी कृष्ण कहते हैं।"

"कहाँ है वह?"

"पश्चिमी समुद्र तट पर द्वारका में। उसकी नगरी सोने की है। और एक तुम हो, जो यहाँ मिट्टी-गोबर से लिपी-पुती झोंपड़ी में दिन गुजार रहे हो?"

बूढ़ा बीच में ही बोला, "बेटे, नीले आसमान में तुमने कभी चंद्रकला देखी है? सरोवर के नीचे पानी में कभी स्वर्ण-कमल देखा है? वैसी वह समुद्र नगरी है। उस आदमी की जिंदगी बेकार है, जिसने सोने की द्वारका न देखी हो!"

उस युवती ने कहा, "पागल! इस देहात में पड़े सड़ रहे हो? अरे! उस श्रीकृष्ण के साथ, दूर का क्यों न हो, कोई तो रिश्ता होगा ही! नहीं भी होगा, तो बना लो। चल निकल जा, इसी क्षण द्वारका चला जा!"

बूढ़े ने बीच में ही उस युवती की हाँ-में-हाँ मिलाते हुए कहा, "हम भी द्वारका में थे। ओफ्! क्या ऐश्वर्य था कृष्ण का! उस शान को देखकर हम सचमुच दंग रह गए। उसे एक गरीब बाल-सखा मिला था। सुदामा नाम था उसका! जानते हो, उस गरीब ब्राह्मण को श्रीकृष्ण ने क्या बना दिया? अनाज, हाथी, घोड़े, दास, दासी, हीरे-जवाहरात लेकर जब वह ब्राह्मण घर लौटा तो उसकी पत्नी उसे पहचान न सकी!"

बोलते-बोलते वह बूढ़ा जोर से हँसने लगा। तब उस युवती ने उसका हाथ पकड़कर कहा कि भले ही उसने न पहचाना होगा अपने पति को! लेकिन मैं पूरी तरह जानती हूँ। लोगों के सामने दिन-रात डींग हाँकते हो और रास्ते में कोई मिल जाता है तो घंटों तक बातें बघारते रहते हो! वह द्वारका का श्रीकृष्ण सोने

का रथ दे रहा था तुम्हें! लेकिन—

उस बूढ़े का हाथ पकड़कर वह जोश से चलने लगी। देखते-देखते वे दोनों अँधेरे में लीन हो गए।

कृष्ण सोच में डूबा घर लौटा। यशोदा ने उसका मनपसंद दही-चावल मिलाकर रखा था। पर वह आज उससे खाया नहीं जा रहा था। हाथ में मोर-लता लेकर वह बेचैनी से आँगन में चक्कर काट रहा था। ऊपर तारे चमक रहे थे। मानो पहले ही वह युवती लाखों आँखों से उसके साथ बातें कर रही थीं। चारों ओर घना अँधेरा छा गया था। मानो पहले का वह बूढ़ा अनंत हाथों से उसे सहला रहा हो।

अनजाने में कृष्ण ने हाथ में होने वाली मोर-लता के टुकड़े-टुकड़े कर डाले तथा उसे आँगन में फेंक दिया।

वह आकर बिछौने पर लेट गया। लेकिन आज कंबल हमेशा की तरह गरमी नहीं दे रहा था। आँखें झपकने का नाम नहीं ले रही थीं। छत्ते की मधुमक्खियों की तरह पुरानी मीठी यादें उसके दिल को काट खा रही थीं।

सिरहाने रखी बाँसुरी को लेकर वह बाहर आया। यमुना के तट पर कदंब वृक्ष के नीचे बैठ गया। उसने बाँसुरी बजाने की कोशिश की; लेकिन अब वह मौन थी। उसे मौन देखकर वह संभ्रमित हुआ।

ऐसी स्थिति में वृंदावन में रहने में कौन सा सुख भरा था? इसकी अपेक्षा सुबह प्रेमी युगल द्वारा बताई सोने की द्वारका ही क्यों न चला जाए? यहाँ मैं जिसे खो बैठा हूँ, वहाँ मुझे मिल जाएगा!

कृष्ण दृढ़-प्रतिज्ञ होकर कालिया-दह की ओर गया। बहुत देर तक वह उस दह की तट पर पत्थर की मूर्ति की भाँति खड़ा था। अंत में उसने वृंदावन की चुटकी भर मिट्टी ली और उसे अपने मस्तक पर लगाया। फिर हाथ में होने वाली बाँसुरी दह में फेंककर उसने यमुना, गोवर्धन, वृंदावन सभी से पीठ फेर ली और वह तेजी से चलने लगा।

□

वृंदावन अब पीछे छूट गया था। बहुत दूर! हर दिन वह पीछे छूट रहा था; लेकिन पहले कुछ दिनों तक कृष्ण के मन में वहाँ की यादें उभर आने से वह बेहद बेचैन होता था। दिन फासला तय करते किसी तरह गुजर जाता, लेकिन रात के समय किसी मंदिर या सराय में लेटा रहता। तब फिर उसका मन वृंदावन में विचरने लगता। लगातार चलने से शरीर के थकान के कारण चूर होने पर भी

उसे नींद नहीं आती। यदि बड़े प्रयास के बाद नींद लग जाती तो स्वप्न किसी खड़ी फसल पर होने वाले टिड्डी-दल की तरह हमला करते!

ये सारे स्वप्न वृंदावन से संबद्ध ही हुआ करते थे। एक स्वप्न में उसने देखा, राधा एक बड़ी गगरी में यमुना को मथ रही है। यह विचित्र छाछ वह जिस मथनी से मथ रही थी, वह बीच में ही बाँसुरी की तरह दिखाई देने लगी। उस मथनी से बँधी डोरी, नहीं! डर से दुबककर बैठा कालिया ही था वह! छाछ बनाने के बाद राधा ने मक्खन का एक गोला बाहर निकाला। अचानक वह गोला हँसने लगा। नहीं! वह गोला नहीं था। वह था मेरा नटखट साथी!

दूसरे स्वप्न में उसे भ्रम होता था, कि राधा उसे मथ-खंभे से बाँध रही है। वह कहती है, "तुम बड़े नटखट हो। तुम्हें ऐसे ही रखूँगी, नहीं तो तुम मुझे झाँसा देकर कहीं नौ-दो ग्यारह हो जाओगे! फिर मैं कहाँ ढूँढ़ती फिरूँगी? भूख लगने पर भी तुम्हें ऐसे ही बाँधकर रखूँगी और अपने हाथों से खिलाऊँगी।"

हर दिन ऐसे तरह-तरह के स्वप्न उसकी नींद खराब करते थे। आधी रात में वह बिछोने से उठकर बैठ जाता था। उसे लगता, इसी हालत में फिर वृंदावन चले जाएँ!

लेकिन सुबह होने पर उसका मन स्वस्थ होता था। सूर्योदय के उपरांत पूर्व दिशा से आती सोने की बाढ़ को देखकर फिर उसे पश्चिम की द्वारका नगरी याद आती। फिर कलेजे पर पत्थर रखकर वह द्वारका के बारे में सोचता आगे बढ़ता।

आधा रास्ता तय हुआ था। पुराने सपनों के काँटों की चुभन धीरे-धीरे शिथिल हो रही थी। नए सपनों की कलियाँ खिलने लगीं। मैं द्वारका कब पहुँचूँगा, क्या मुझे वहाँ का कृष्ण मिलेगा, वह कैसा दिखाई देता होगा, जैसे अनेक मीठे प्रश्नों के उत्तर उसे सपनों में मिलने लगे।

एक दिन शाम के समय प्रसन्न मन से वह एक देहात के मंदिर के पास आया। मंदिर के अहाते के पीपल के चारों ओर चबूतरा था। आराम के लिए कृष्ण वहाँ बैठा। उसके पीछे से एक यात्री आया। वह बुजुर्ग था, लेकिन उम्र की तुलना में उसके चेहरे पर निराशा और विफलता की निशानियाँ अधिक थीं।

वह यात्री आकर उसी चबूतरे पर बैठ गया। कृष्ण को वह परिचित ज़रूर लगा, लेकिन उसे याद नहीं आ रहा था कि कहाँ देखा है! अंत में उसे याद आया कि यमुना के जल में वह अपने बाल-सखाओं के साथ एक-दूसरे का प्रतिबिंब देखकर मुँह बनाते खेल रहे थे। उस समय यह बूढ़ा दिखाई दिया था,

अपने प्रतिबिंब में उसकी प्रतिमा उभर आई थी!

नहीं! ऐसा कैसे होगा? जिसे मैं जिंदगी में पहली बार देख रहा हूँ, उसका प्रतिबिंब यमुना के जल में कैसे देखा होगा? यह कैसे संभव है? मेरे पागल मन को होने वाला यह मात्र भ्रम है।

वह इस विचार में उलझा था कि उस प्रौढ़ यात्री ने प्रश्न किया,

"मित्र! तुम कहाँ जा रहे हो?"

"द्वारका।"

"द्वारका? नहीं! और किसी नगर जा रहे होगे! गलती से द्वारका कहा होगा!"

"नहीं! नहीं! मैं द्वारका ही जा रहा हूँ। श्रीकृष्ण की द्वारका। उसका और मेरा नाम भी एक ही है। मैं कृष्ण और वह श्रीकृष्ण। श्रीकृष्ण की सोने की द्वारका को मैं जा रहा हूँ।"

"फिर मेरी बात सुनो।"

"कौन-सी?"

"आगे मत जाओ।"

"क्यों?"

"मिथ्या पैदल चलने में कौन-सा लाभ है?"

"तुम क्या कह रहे हो?"

"तुम कभी द्वारका नहीं पहुँच पाओगे!"

"क्या द्वारका इतनी दूर है?"

"हाँ!"

"आप झूठ बोल रहे हैं।"

"गुस्सा न करो, क्रुद्ध मत हो। यहाँ से द्वारका नजदीक थी।"

"जी, थी नहीं है—दूर नहीं—"

"मतलब? तुम क्या-क्या कह रहे हो? तुम पागल तो नहीं हुए?"

"कभी-कभी पागल ही दुनिया का बुद्धिमान आदमी सिद्ध होता है। मित्र! अब द्वारका है भी कहाँ?"

"तो फिर द्वारका का क्या हुआ?"

"वह समुद्र में डूब गई!"

"यह कैसे संभव होगा? तुम इसलिए जान-बूझकर झूठ बोल रहे हो, ताकि

मैं द्वारका न जाऊँ। उस सुंदर युवती ने और प्यारे बूढ़े ने मुझे सबकुछ बताया है।"

"उस युवकी और बूढ़े का नाम क्या था?"

कृष्ण उसका नाम नहीं जानता था। चुप रहा।

प्रौढ़ यात्री ने निराश होकर कहा, "मैं तुम्हें झूठ क्यों बताऊँ? अपना लड़का जिंदा हो और उसकी मृत्यु की अफवाह फैलाने वाली माँ क्या कभी किसी ने देखी है?"

"नहीं! ऐसी माँ त्रिलोक में न होगी!"

"इसलिए मेरी बात का भरोसा करो। अब द्वारका जाने की मिथ्या कोशिश मत करो!"

"ऐसे तुम कौन हो, जिंससे कि आँखें मूँदकर तुम्हारा भरोसा किया जाए?"

"मैं वह हूँ, जिसे द्वारका के डूब जाने का दुःख सबसे अधिक है। जिसने द्वारका का निर्माण किया था, वह मैं—मैं—मेरा नाम श्रीकृष्ण है!"

कृष्ण सकपका गया। घबरा गया। फिर टकटकी बाँधकर कृष्ण की ओर देखने लगा। धीरे-धीरे उसकी आँखें झरने लगीं।

श्रीकृष्ण ने कृष्ण के कंधे पर हाथ रखा। पीठ पर से हाथ फेरा। फिर बोलने लगा, "तुम छोटे हो। सपना टूट जाने पर दुःखी होने की उम्र है तुम्हारी!"

"क्या द्वारका डूब जाने का तुम्हें दुःख नहीं है?"

"हाँ! है। लेकिन तुम्हारी तरह नहीं। मैं ठीक तरह से जानता हूँ कि वह क्यों डूबी। वह पाप के बोझ से लदी और ऐश्वर्य की घमंड से चूर थी!"

"तुम्हारी बातें मेरी समझ में नहीं आ रही हैं।"

"तुम्हें क्या बताऊँ? मैंने सोने की द्वारका इसलिए निर्माण की थी, ताकि सदा सुखी बने। मैंने ही उन्हें वैभव की चोटी पर बिठाया। लेकिन पका हुआ फल जैसे धीरे-धीरे सड़ने लगता है, वैसे उद्देश्यहीन वैभव भी धीरे-धीरे पाप को जन्म देता है। वैभव के नशे में उन्होंने एक महापुरुष का अपमान किया और उस महर्षि के अभिशाप से…"

श्रीकृष्ण का गला भर आया। बोलते-बोलते वह रुक गया।

शिष्टाचार से यों ही कृष्ण ने पूछा, "अब तुम कहाँ जा रहे हो?"

"जहाँ मैं इस दुःख को भूल सकूँ, वहाँ! मैं जो खो चुका हूँ, वह मुझे वहाँ मिल जाएगा, ऐसी जगह!"

"मैं भी उसी उद्देश्य से द्वारका जा रहा था। मैं भी तुम्हारे साथ चलूँगा।

कहाँ चलें? हिमालय में?"

"नहीं!"

"फिर किसी तीर्थस्थान की ओर?"

"उसकी कोई जरूरत नहीं। सभी तीर्थ क्षेत्रों में पवित्र ऐसा स्थान मैंने ढूँढ़ निकाला है।"

"वह कौन-सा?"

"कुरुक्षेत्र?"

"वहाँ क्या है?"

"हमारा जो खोया है, वह देनेवाला एक महापुरुष वहाँ मिलेगा।"

"उसका नाम?"

"मेरा और उसका नाम एक है। लेकिन वह बड़ा दार्शनिक है। तभी तो लोग उसे 'भगवान् श्रीकृष्ण' कहते हैं।"

"जिसका जो खोया हो, क्या भगवान् उसे खोज निकालता है?"

"हाँ! मैंने वैसा सुना है। कौरव और पांडवों के युद्ध में उसने यही कार्य किया! पांडवों का श्रेष्ठ वीर अर्जुन! सामने अचानक अपने चाचा, मामा को खड़े देखकर, धीरज खो बैठा। वह कहने लगा, 'अब मैं नहीं लड़ूँगा।' भगवान् श्रीकृष्ण ने जब उसे गीता बताई। फिर अर्जुन में जोश आया। वह जान हथेली पर लेकर लड़ा। ऐसी है वह गीता! कहा जाता है कि उसमें श्रीकृष्ण ने सुख-दुःख को समान रूप से स्वीकार करने की मानव को सलाह दी है।"

अधीर हो कृष्ण ने कहा, "चलो, चलो। अब हम सीधे कुरुक्षेत्र जाएँगे।"

भूख, प्यास, नींद, आराम, दिन-रात सबको भूलकर दोनों कुरुक्षेत्र की ओर बढ़ने लगे। उनके पैर धूल-धुसरित हुए थे, परंतु मन हर पल सुनहरी आभा से दमक उठता था।

उन्हें पता चला कि कुरुक्षेत्र के पास एक कुटिया में श्रीकृष्ण तपस्या कर रहे हैं। एक ओर होने वाली उस पर्णकुटी की खोज लगाते रात के दस-बारह घंटे हो चुके थे।

सभी ओर उदास अँधेरा छा गया था। उस अँधेरे में उन्होंने देखा कि पर्णकुटी के दरवाजे पर एक बुजुर्ग खड़ा है। वे उसके पास गए। कृष्ण को लगा, इसे जरूर कहीं देखा है; लेकिन वह ठीक तरह से याद न कर पाया। अँधेरे में जैसे अचानक बिजली कौंध उठती है, वैसे उसे याद आया।

एक दिन सत्यभामा ने समुद्र-क्रीड़ा के लिए जिद की। एक दिन चाँदनी रात में मैं उसे नौका-विहार के लिए ले गया था। एक-दूसरे से सटकर बैठकर हम दोनों एक-दूसरे का प्रतिछवि की ओर अंगुली निर्देश करने लगी। मैंने गौर से देखा। मेरी प्रतिछवि से एक प्रौढ़ प्रतिमा उभर रही थी। वह प्रतिमा इसी पुरुष की थी।

उस पुरुष को प्रणाम कर कृष्ण ने नम्रता से पूछा, "आप ही भगवान् श्रीकृष्ण हैं?"

"लोग मुझे भगवान् कहते हैं, लेकिन मेरे जैसा कम्बख्त···"

कृष्ण चौंक उठा। गीता बतानेवाले दार्शनिक से इस उत्तर की अपेक्षा नहीं थी। पलभर के लिए उसने कहा, "हम आपकी प्रसिद्धि सुनकर इतनी दूर से यहाँ आए।"

"कैसी प्रसिद्धि?"

"मन को शांति देने की!"

"रेती के जर्रों को रगड़कर क्या किसी को अमृत मिला है?"

कृष्ण की समझ में नहीं आ रहा था कि भगवान् ऐसा क्यों कह रहे हैं! इतने में वे बोले, "चलो मेरे साथ।"

"कहाँ?"

"जहाँ कौरव-पांडवों का युद्ध हुआ, उस कुरुक्षेत्र पर!"

"आधी रात में?"

"हाँ! हर रात मैं वहाँ जाता हूँ। जिस स्थान पर मैंने अर्जुन को गीता बताई, वहाँ आधी रात में बैठकर मैं सोचता रहता हूँ। यह सच है कि युद्ध के लिए मैंने अर्जुन को तैयार किया; पर इस युद्ध में किसका भला हुआ? अठारह चतुरंगिणी सेना का यहाँ नाश हुआ; लेकिन उससे कौन सुखी हुआ? पांडवों को राज्य मिला; लेकिन उस राज्य के लिए उन्हें सर्वस्व स्वाहा करना पड़ा। अर्जुन को स्थिरप्रज्ञता की सलाह देनेवाला मैं! पर हर रात उस युद्धभूमि पर जाने के बाद मेरे मन में एक विचार चक्कर काटता रहता है कि यदि अर्जुन न लड़ता तो? तो क्या अच्छा होता? यदि वह न लड़ता तो शायद कौरव विजयी होते! लेकिन उससे आज हर एक के जीवन में जो श्मशान का अँधेरा छा गया है, शायद वह टल जाता। मैं समझ नहीं पा रहा हूँ कि मेरा दिया हुआ उपदेश सही था या गलत! मैं ऊब गया हूँ। मन:शांति के हेतु कहीं जाने की सोच रहा हूँ!"

"आप कहाँ जाएँगे?" जिज्ञासावश श्रीकृष्ण ने पूछा।

"वृंदावन! कहते हैं वहाँ गोपाल कृष्ण है। प्रकृति, प्राणी एवं मानव का वह दिल है। उसके पास एक बाँसुरी है। मैंने सुना है कि उस बाँसुरी के स्वर पर आदमी दुनिया की पीड़ा को भूल जाता है। मुझे अपने दर्शन की शक्ति पर घमंड था। युद्ध का नतीजा देखकर मेरा घमंड चूर हुआ। अब···"

धीरे से कृष्ण ने कहा, "मैं वही गोपाल कृष्ण हूँ। लेकिन···"

भगवान् कृष्ण ने उसे आगे बोलने ही नहीं दिया। उसने कहा, "मित्र! चलो हम इसी क्षण वृंदावन चलें!"

तीनों वृंदावन आए। कालिया दह के किनारे गए। दह में फेंकी हुई बाँसुरी को निकालने हेतु कृष्ण दह में छलाँग मारने लगा। इतने में उसे अपने नटखट साथी की पुकार सुनाई दी। उसने पीछे मुड़कर देखा। उसका साथी था वह। कृष्ण की अनुपस्थिति में वह परेशान था। इसलिए वृंदावन आया था। पर वहाँ कृष्ण नहीं था! राधा भी उसकी तरह कृष्ण से मिलने आई थी। कृष्ण को न पाकर वह भी दुःखी हो गई थी।

कृष्ण ने पूछा, "वह कहाँ है?"

"वह तुम्हें खोजने गई है। तुम्हें यहाँ न पाकर वह तुम्हारी बाँसुरी खोजने लगी। वह कहीं मिल नहीं पाई। फिर कालिया दह पर आकर रोती रही। एक दिन उसे इस दह से तुम्हारी बाँसुरी के स्वर सुनाई देने लगे। उसे पूरा भरोसा था कि तुम वृंदावन नहीं छोड़ोगे। उसे यकीन हुआ कि तुम दह में छिपकर बैठे हो। तुमसे मिलने की ललक से वह दह में कूद पड़ी। लोगों ने उसे ऊपर निकाला, वह अचेत थी, तुम्हारी बाँसुरी उसने अपने हाथ में कसकर पकड़ी थी।

"कहाँ है वह बाँसुरी?" भगवान् श्रीकृष्ण ने बीच में प्रश्न किया।

"कृष्ण को उसे वह देने गई है। जाते समय उसने कहा, "सारी दुनिया छान डालूँगी, कृष्ण को किसी भी हालत में खोज निकालूँगी। कृष्ण के हाथ में यह बाँसुरी देकर उसके मधुर स्वर सुनते-सुनते प्राण छोड़ूँगा।"

यह सुनकर कृष्ण की आँखें भर आईं। नटखट साथी को इससे कुछ आश्चर्य हुआ; लेकिन उसे समझ में नहीं आ रहा था कि उसके साथवाले ये लोग क्यों अपनी आँखें पोंछ रहे हैं!

लेखक-परिचय

जन्म : 11 जनवरी, 1898 • निधन : देहरादून 22 फरवरी, 1976

कई वर्षों तक अध्यापन, बाद में स्वतंत्र लेखन। मुख्य रूप से कथाकार के रूप में मराठी साहित्य में विशिष्ट योगदान। 16 उपन्यास, 17 कहानी-संग्रह, 14 निबंध-संग्रह, 6 रूपक कथा-संग्रह, 1 नाटक और विपुल समीक्षा सहित जीवनी लेखन। 'ययाति', उपन्यास के लिए उन्हें मराठी भाषा में पहला 'ज्ञानपीठ पुरस्कार' प्रदान किया गया। साहित्यिक योगदान के लिए उन्हें भारत सरकार द्वारा 'पद्मभूषण' से अलंकृत किया गया। भारतीय भाषाओं में उनका साहित्य बड़ी मात्रा में अनूदित हुआ। तमिल और गुजराती के पाठक उन्हें नेपाली भाषा का लेखक मानते हैं।

□

आसरा

— जी.ए. कुलकर्णी

अनुवाद : दामोदर खड़से

चढ़ाई चढ़ने की शुरुआत करने पर उसने पीछे मुड़कर देखा। अब भी उसकी पत्नी दूर नीचे खड़ी अपने दो छोटे बच्चों को लेकर उसी की ओर देख रही थी। उसके पीछे की ओर घनी झाड़ियों में एक अच्छे खिलौने की तरह उसे अपना छोड़ दिया घर भी दिख रहा था। उन सबको छोड़ते हुए, विदा लेते हुए एक झुरझुरी-सी उसके मन में सर्र से दौड़ी। मैं जहाँ जा रहा हूँ, वहाँ अच्छा अवसर मिलते ही मैं तुम्हें संदेश भेजूँगा, तब तुम बच्चों को लेकर आना। यह बात उसने व्याकुल आँखों से पत्नी से बार-बार कही थी। अब यहाँ से निकलते हुए उसने अपना घर, उसके आसपास की अन्नदात्री जमीन दूसरे के हाथों सौंपी तो थी, पर अंतड़ियों से जुड़ी अंतिम गाँठ खोलते हुए उसे असह्य वेदना हुई और वह झट से गरदन घुमाकर आगे बढ़ गया।

परंतु, आधे रास्ते तक चढ़ जाने के बाद इच्छा न होते हुए भी उसकी नजर पीछे मुड़ी। अब सारा कुछ घनी हरियाली में डूब चुका था। आगे तो टेढ़ा-मेढ़ा सर्पाकार सँकरा रास्ता दिख रहा था। दोनों ओर ऊपर तक हरे रंग का दावानल फैला था। अब तक भीतर दबाकर रखी आर्तता ऊपर उछल आई और वह विकल हो गया। फिर वापस भाग चलूँ, किसी की मदद से फिर वहीं पत्नी-बच्चों के रहने की व्यवस्था कर लूँ, यह बात वह पूरे आवेग से सोचने लगा। परंतु कुछ भी हुआ तो भी अस्थायी निवास ही अपने जीवन की अटल स्थिति है—यह जानकर उसने अपना मन ठीक कर लिया और दृढ़ कदमों से चढ़ाई चढ़ने लगा।

वह जब दूसरी ओर उतरा, उस समय सामने के गाँव के पीछे सूर्य डूब रहा

था और उसका सौम्य सुनहरा प्रकाश विस्तीर्ण तालाब को जगमगाकर गाँव के सुंदर रास्तों तक फैल गया था। गाँव के बीचोबीच एक चौक था। उसके चारों ओर लाल सुर्ख गुलमोहर के वृक्ष थे और उन लाल फूलों को सूर्य प्रकाश में सोने के हो जाएँ या सुर्ख लाल रहें, इसका भ्रम हो गया था। चौक की एक ओर के वृक्ष के पीछे प्रचंड पहाड़ की ढाल-सी दीवार की एक हवेली थी और उस पर काँच की एक ही खिड़की थी। वह खिड़की और हवेली का विशाल भारी-भरकम, लाल रंग का दरवाजा, दोनों बंद थे। परंतु रास्ते में उत्साह से बातें करते जाने वाले स्त्री-पुरुष की आवाजाही लगी थी। सुखी स्त्री-पुरुष और चौक पर स्वच्छंद उछल-कूद करने वाले बच्चों को देखते ही घर की यादों से उसका मन दुःखी हो गया। परंतु, जल्दी ही अपनी पत्नी भी इस रास्ते से इसी तरह प्रसन्न होकर घूमेगी, अपने बच्चे इन बच्चों के साथ घूम-फिरकर आनंदित हो खेलेंगे, इस चित्र की कल्पना से उसके मन में फिर सुख की ऊष्मा उभर आई। खिले हुए मन से उसने ढलान का बचा हिस्सा पार किया और वह गाँव में आ गया।

परंतु, उसके पैर गाँव के मुख्य रास्ते पर पड़ते ही सबकुछ बदल गया। चौक के बच्चे घबराकर तितर-बितर हो गए। रास्ते से जानेवाले स्त्री-पुरुषों ने उसकी ओर काँच जैसी कठोर आँखों से देखा और अपने-अपने घर चले गए। देखते-ही-देखते सारे रास्ते निर्जन हो गए। बड़े विस्मय के साथ वह उसी तरह जाने लगा तो उसे अचानक जगह-जगह बोर्ड दिखाई देने लगे—'हमें बाहरी आदमी नहीं चाहिए। हमें पराए लोग नहीं चाहिए। यहाँ बाहरी लोगों पर पाबंदी है।'

कोई तो मिलेगा, कुछ तो बोलेगा, इस आशा से उसने बड़ी भाग-दौड़ की, परंतु, एक भी घर की खिड़की या दरवाजा नहीं खुला। बंद खिड़की से अस्पष्ट चेहरे दिखते, परंतु पास आते ही वे अदृश्य हो जाते। फिर सारा घर ही साँस रोक रखने सा सिकुड़ने लगता। हताश-सा घूम रहा था, तभी एक घर से अत्यंत मधुर संगीत के स्वर उसके कानों में पड़े और माधुर्य के कारण उसका मन क्षण भर में केंचुल छोड़ने-सा तरो-ताजा हो गया। जंगल से आती, संकेत करती रहस्यमय सिसकारी-सी सुनने से वह मंत्रमुग्ध होता हुआ उस घर की दिशा में गया तो वह स्वर तीक्ष्ण हथियार से काटने-सा बीच में ही रुक गया और उसके मन में विषणता और घनी हो गई।

अब रात उतर आई थी और गाँव पर चाँदनी बरसकर उस सुंदर, निर्जन रास्ते से नहर के शुभ्र-प्रवाह सा प्रतीत होने लगा। बीच में ही परिचित स्वर उभरने जैसा किसी घर में प्रकाश दिखाई दिया, परंतु ज्यों ही ललचाकर वह दरवाजे पर गया तो

अपने ही उच्छ्वास से फूँके गए-सा बुझकर वह घर अंधी आँखों के छेद की तरह दिखाई देने लगा। उस पर अचानक भौंकने के लिए रास्ते कुत्ते नहीं दिखाई दिए। उसे किसी ने नहीं रोका। परंतु आधी रात होने की वजह से वह किसी से एक शब्द भी नहीं बोल पाया।

अब उसके हाथ-पाँव की शक्ति ही चली गई थी और मन पूरी तरह हताश हो चुका था। वह चौक से लौट आया। वह हवेली की दीवार से टिककर खड़ा रहा। आवेग से चिल्लाते हुए तथा हाथ उछालते हुए वह आसपास के घरों से बोला, "मुझे कोई तो आसरा दीजिए। मुझे और मेरे बाल-बच्चों को सिर छिपाने की जगह ही काफी है। हड्डियाँ घिसने तक मैं काम करूँगा। मेरी बीवी तुम लोगों के पास नहीं आएगी। मेरे बच्चे चौक पर तुम्हारे बच्चों के साथ घुलेंगे-मिलेंगे। हमसे आप लोगों को कोई तकलीफ नहीं होगी। यहाँ आसरा मिलने पर मैं उन्हें बुला लूँगा, यह मैं उन्हें कह आया हूँ। अब मेरे अपने जाएँ तो कहाँ? उसकी आँखें इंतजार कर आँसू बहाकर सूख जाएँगी, मेरे बच्चे घुल-सूखकर काँटा हो जाएँगे। अब उस पुराने गाँव में मुझे आसरा नहीं। इतनी दया करें और यहाँ बरामदे के बाहर छप्पर के छोर के नीचे ही क्यों न हो, हमें रहने दीजिए···" परंतु उसे यह आवेग असह्य हुआ और वह देह सिकुड़ाकर, नीचे बैठकर और चेहरा छिपाकर सिसकियाँ भरने लगा।

उसकी आवाज, जमी हुई स्तब्धता पर बारिश की बूँदों से टकराकर बह गई। एक भी घर से रोशनी नहीं दिखाई दी। बंद दरवाजे को खोलते हुए रोशनी तलवार-सी धार पैदा नहीं कर पाई। उसकी राह देखते बाल-बच्चों की यादें उसे असह्य होने लगी। मंत्रमुग्ध-सा वह अचानक तेजी से सामने के रास्ते पर ठीक से चलने लगा। वह रास्ता चढ़ते हुए एक ओर निकल आया था। वह एकदम अलग-थलग निकल आया। निरभ्र और साफ आकाश की पार्श्वभूमि पर उसकी आकृति क्षणभर सुंदर और जीवंत दिखी।

वह ऐसे चला जैसे उसे प्रेतबाधा हुई हो। यह दृश्य हवेली की खिड़की से पता नहीं कब से बैठी उस स्त्री ने देखा, उसके चेहरे पर विलक्षण हलचल दिखाई देने लगी और उसकी अंगुलियाँ अपने आप हिलने लगी थीं। उन अंगुलियों में अपने अस्वर शब्द उभारने की उसकी जानलेवा छटपटाहट शुरू हो गई थी। उसकी अंगुलियाँ मूक होकर कह रही थीं—"तू आ, और एकाकी हवेली में सुख से रह। मुझे किसी का साथ नहीं, पड़ोस नहीं। मैं ऐसी ही चिरंतन एकाकी हूँ और मुझे किसी का आसरा चाहिए। मेरे आसपास अपने बच्चों के पाँव थिरकने दो। तुम्हारी पत्नी मेरे

साथ बैठकर सदैव बातें करती रहे। आ, मेरी इस निःशब्द हवेली में अपना जीवन मुक्त रूप से खिलने दें।"

परंतु उसकी अंगुलियाँ वहाँ से हिली नहीं या होंठों से स्वर नहीं फूटा, क्योंकि वह गूँगी थी और पूरी तरह अपंग थी। वह आवेग से जब वहाँ से जा रहा था, तब उस स्त्री ने प्राणों की शक्ति लगाकर उसे इशारा करने की कोशिश की, परंतु उसका अति–दुर्बल शरीर निर्विकार हो निश्चल ही रहा।

वह कोने में पल भर स्थिर रहा, परंतु तुरंत ही उसने बाँहें फैलाए गहनतर होते जाने वाले भीषण अंधकार में छलाँग लगा दी।

उसे गायब होते देखकर उसकी आँखें नम हो गईं और पूरी तरह से रौंदे गए मन से उसने खिड़की पर अपना सिर टिका दिया।

लेखक-परिचय

जन्म : 10 जुलाई, 1923 • निधन : 11 दिसंबर, 2007

व्यवसाय के रूप में अंग्रेजी के प्राध्यापक रहे। 8 कथा-संग्रह। बाल साहित्य और निबंध लेखन में योगदान। जी.ए. कुलकर्णी के चुनिंदा-पत्र चर्चित रहे। चार बार महाराष्ट्र राज्य पुरस्कार।

□

वारी

– विद्याधर पुंडलिक

अनुवाद : प्रकाश भातंब्रेकर

केसकर मास्साब आदतन वटवृक्ष की ओर मुड़े। उस वटवृक्ष की धरती की ओर समानांतर बढ़ी हुई एक डाली थी, मानो फैलती हुई भुजा। इस भुजा पर आरूढ़ होते ही कंधे पर चढ़ बैठने का आनंद मास्साब अनुभव करते हुए, फड़कते सीने से मास्साब देखने लगे।

पालकी अब वहाँ तक आ पहुँची थी, जहाँ तक सड़क फन फैलाए खड़ी थी। वारकरियों (पंढरपुर की यात्रा नियमित रूप से करनेवाले भक्त) की एक-एक आकृति व उनकी गेरुई पताका देखकर ऐसा लगता था, जैसे एक-एक व्यक्ति खाई से ऊपर उठ रहा हो, धीरे-धीरे भीड़ नजदीक आने लगी, फिर पालकी का रजत शिखर सूर्य किरणों सा चमक उठा। गेरुई पताकाओं के नाचते-गाते जत्थे, यत्र-तत्र दीखने लगे, 'ज्ञानबा-तुकाराम' की नशीली, मृदु-मंद आवाज वातावरण में गूँज रही थी, मानो सुदूर धरती के गर्भ से ही आवाज आ रही हो।

देखते-देखते वारी (पंढरपुर के विठोबा के दर्शनों के लिए नाचती-गाती पदयात्रा करनेवाली टोली) नजदीक आ गई।

मास्साब झट लपक पड़े, वहाँ की धूलि माथे लगाकर वे भी वारी के साथ हो लिये। नुकीले तीर से वे भीड़ को चीरकर सीधे पालकी के पास पहुँचे, गुलाल-बुक्के से सरोबार ज्ञानेश्वर की रजत पादुकाओं पर अत्यंत भक्तिभाव से उन्होंने माथा टेका···भोलेपन से पुजारी के लगाए गुलाल-बुक्के से उन्होंने अपना माथा रँग लिया।

□

अभी तक उनके दिल की धड़कन तेज थी, ज्ञानेश्वर की रजत पादुकाओं

को छूते ही उनकी आँखों में नमी सी आ गई। उन्होंने मन-ही-मन सोचा, असली ज्ञानोबा के पाँव भी इतने उजले व कोमल नहीं रहे होंगे, पैठन तक की आग उगलती पथरीली बंजर भूमि व नेवासे की खून सुखाती धूप सहते हुए डग भरते कदम भला कोमल रह सके होंगे! पर मास्साब का मन इस बात को नहीं जानता था।

वे रास्ते के सिरे पर आए। उन्हें लगा कि अभी-अभी आई उनके आँखों की नमी, सिर्फ ज्ञानदेव की पादुकाओं के कारण ही नहीं थी, बल्कि काशीताई की याद भी उसमें निहित थी, असलियत को छुपाने से भला क्या फायदा!

पलभर के लिए वे बेचैन हो उठे, पर दूसरे ही पल सँभल गए। अब वे अपनी दिंडी (धार्मिक उत्सव की यात्रा) की प्रतीक्षा में थे, उन्हें अधिक देर तक प्रतीक्षा नहीं करनी पड़ी। कम-से-कम आठवीं दिंडी भी संबंधित 'महापुरुष' के साथ आ गई। मंजीरे पकड़े हुए कान के पास तक पहुँचे हाथ, मुँदी हुई आँखें, गोरे-गोरे गाल पर टीका लगाए, हँसमुख कबीरदासजी थे वे।

फुरती से मास्साब उनकी अगवानी के लिए सामने आए और अदब से झुककर खड़े रहे, अपनी भुजाओं में भरकर साधु पुरुष ने उन्हें सीने से लगाया।

"आना नहीं चाहते थे, पर आखिर वह महाशक्ति लाई ही न खींचकर! अब अपना स्थान ग्रहण कीजिए। भक्तजन कब से आपकी ओर आँखें लगाए बैठे हैं!" कबीरदासजी ने कहा।

मास्साब को देखकर वारकरियों के चेहरे पर छाई मुर्दनी दूर हो गई और वातावरण में ताजगी सी आ गई। तात्या ओक ने उनके हाथ सहलाए, अमृता ने उनके सिर से खद्दर की टोपी उतारकर माथे पर गुलाल मल दिया। दत्तु पेंटर ने उनके सिर से अपना सिर धीरे से टकराया। कोयलाबाई के लल्लू के गाल की चुटकी काटकर मास्साब दिंडी की अग्रिम पंक्ति में हो लिये। दिंडी में तीसरे नंबर पर मास्साब तथा आखिरी नंबर पर अस्सी को छूते सोपान बाबा रायकर थे। मानो यह तय था या ऐसा ही कुछ रिवाज था।

अब सही मायने में मास्साब को राहत सी महसूस हुई, वरना दिंडी की कितनी ही बातें तयशुदा थीं, चराचर सृष्टि के पहले से ही कैवल्य धाम तक जाता यह अनादि मार्ग आलंदी से ज्ञानदेव के निर्देश से ही अग्रसर हुआ था। युगों से खड़े ये पहाड़, टेकड़ियाँ, रास्ते की बगल में खड़े वृक्ष, झूमती हुई हरी-भरी बालियाँ पालकी के बहाने वारी में आ मिलतीं। निवृत्ति-मुक्ताबाई से संत और व्योम में परब्रह्म तेज बिखेरती पंढरपुर के राजा की वह गुमटी।

राह चलती काशीताई पर उनकी नजर जा अटकी, 'यानी कि अब तक मैं

उनके पीछे था, या वे मेरे पीछे थीं? मैंने ही उन्हें प्रथम देखा या…' उनकी मति कुंठित हो गई।

काशीताई की गरदन पर ढीला-ढाला जूड़ा झूल रहा था, त्वचा के रंग की साड़ी में खूब फब रही थीं वे। सफेद ब्लाउज से झाँकती गोरी-गोरी पीठ दूर से ही आँखें गड़ाए रखती थी। काछ के गोट की चमचमाहट भी अभ्यागतों को निश्चय ही ठिठकाए रखती।

'बहू' कुछ अलग ही थी, उसके गदराए गोल चेहरे पर भद्दा सा काला चकत्ता था। जब तक होती नाक की सूँ-सूँ तथा ब्लाउज का आखिरी बटन सदा गायब। इसी कारण त्रिबलि की बलैया साफ नजर आती। सबकुछ ठीक-ठाक था, सिर्फ पैरों में बिवाइयाँ थीं।

क्या वह भी इसी मार्ग से मुड़-मुड़कर मुझे देखती हुई नीची निगाह से आगे हो ली? क्या पता! वह गई और गले में आई यह माला।

मास्साब ठिठक गए। उनके मंजीरे भी रुक गए, दिंडी तो थी, पर उसमें अपने अस्तित्व का वे अनुभव करने लगे।

इतने में कोंडिबा के हाथों की पखावज पर हुई थिरकन से वे मानो हड़बड़ाए। अमृता कह रहा था, **"योगियाँ दुर्लभ तो म्यां देखिला साजणी—"** (योगियों को भी दुर्लभ परमात्मा को मैंने देखा है)।

अमृता की 'णी' को कान पर हाथ रखकर मास्साब ने अपने कर्कश स्वर में देर तक खींचा। झाँझ और मंजीरे का नाद कानों में गूँज उठा और वह बिवाईदार पर धीरे-धीरे अदृश्य होता गया। ब्लाउज में से झाँकती पीठ की उजली पट्टी गुल हो गई। हाँ, काली-काली टार रोड पर निकाली गई सफेद लाइनें जरूर शेष थीं, पैर व लाइनों के बीच के अंतर को न समझने लायक असमंजस में वे पड़ गए।

□

आ गई खंडोबा की जेजुरी

स्कूल के अहाते में बिस्तरबंद थैलियाँ, पोटलियाँ आ गईं। वहाँ के फर्श पर कपड़े के टुकड़े से बनी दरियाँ, कंबल, चटाइयाँ बिछने लगीं, थके-हारे स्त्री-पुरुष, बाल-बच्चे राहत की साँस लेते हुए लेट गए। बीड़ी-बहादुरों के मुँह से धुएँ के बादल छूटने लगे। उनमें से कुछेक महाभाग रसोई में लगे रहे, बचे हुए में तंबाकू मलते-मलते गप-शप ने जोर पकड़ लिया—'ए माँ घर कू कब लउटने का हय? इसकी माँ कू ले जा को, ये गाँव में काबिल खुलनेवाला हय कते।' "गाँव महतीच सुदननगे

दैको! भगवान् के दर्शन को जाने के रास्ते पर भी ताड़ी की दुकान? साले…" "इस साल बाबाजी का आखी गुरेजना बंद हुवाय शायद।" "फसल महुत अच्ची निकनगीय।" कोयनाबाई की थाली कटोरो व चुरा को ले गये कतै—छी छी!"

इतने में तात्या ओके ने जोर से कहा, "दाल मास्साब की ही बनाई हुई है न? "तो क्या? तीस साल की पंढरपुर की बारी का प्रमाणपत्र है यह!" चूल्हे के पास से ही मास्साब ने जवाब दिया, तो दिंडी के सभी लोग 'खी ऽऽ खी ऽऽऽ खी' हँस पड़े।

मोटे से खद्दर का कुरता उतारकर खूँटी पर टाँगने के बाद कुछ बुदबुदाते हुए, बड़े बरतन में से कुछ दाल छोटे पात्र में लेकर वे परोसनेवाले को देने लगे, काशीताई वहीं पास के चूल्हे पर चावल की देग चढ़ा रही थी। मास्साब की ओर उनका ध्यान था ही, देग चढ़ाते-चढ़ाते ही उन्होंने पूछा, "मास्साब मेरे लायक कुछ काम है क्या?"

"क्यों नहीं?"

काशीताई ने उनके पास जाकर कहा, "फरमाइए" आँख मिचकाते हुए मास्साब ने हिदायत दी, "बीच-बीच में चपर-चपर मत किया करो।"

"ऽऽऽस्साब…"

"और एक बात याद रखना, मिर्च-मसाला, तेल, नमक, गुड़ की मात्रा मत बताया करो।"

"ये बात है! आज दाल की खाल न निकले तो कहना! आज यहीं पर कभी-न-कभी ऐसा होकर ही रहेगा।"

"अच्छा-अच्छा, देखती रहना!" और मास्साब हँस दिए, फिर हँसते-हँसते ही उन्होंने पूछा, "क्यों काशीताई खैरियत तो है न?"

"जी, आपकी दुआ से।"

"यानी कि कुछ गड़बड़ जरूर है, है न?"

"वैसा हो भी तो, आखिर कब तक रोना रोएँ इस बात को लेकर? जब तक विट्ठल भगवान् चाहता है, ऐसा ही होता रहेगा। प्रभु की इच्छा! खैर, आपके क्या हाल हैं? स्वास्थ्य वगैरह तो ठीक है?"

"मुझे देखकर आपको क्या लगता है?"

"मुझे तो पिछली बार से इस बार आप कुछ क्षीण नजर आ रहे हैं। सुबह-शाम वही भिगोया हुआ कच्चा अनाज, न उसमें स्वाद, न रुचि; भला इससे भी कहीं सेहत अच्छी रह सकती है?"

"ऐसे शुद्ध, सात्त्विक अन्न को बदनाम कर रही हो काशीताई?"

"मैं पूछती हूँ, आखिर क्यों, किसलिए अपना यह हुलिया बना रखा है आपने?" मास्साब के चेहरे पर फिर वही मुसकराहट खिल उठी।

"यह भी कोई हँसने की बात है?"

"हँसूँ नहीं तो क्या करूँ? यह व्रती जीवन किसी न किसी के लिए अपनाया है मैंने। अकेली जान, न किसी का लेना-न देना। इसलिए तो यह यज्ञ-कर्म सालों से करता आया हूँ। अब इस कम्बख्त शरीर को और कुछ अनुकूल भी तो नहीं पड़ता। यही अच्छा लगता है, बस।"

"क्या खाक अच्छा लगता है? हर साल की तरह मैं भी तो खाती हूँ इसे।"

"हुआ न! सिर्फ यात्रा में एकाध बार खाने से क्या फायदा? मैंने तो घर में भी प्रतिदिन इसी प्रकार के भोजन के लिए कहता हूँ।"

"हाँ-हाँ, क्यों नहीं! घर पर भी बनाती हूँ, प्रति बुधवार को।"

"सच! कैसा चस्का लगा है, अब इस प्रकार के भोजन का! वरना हमारे छात्रावास के लड़कों में से एक को भी पसंद नहीं आता ऐसा खाना।"

"वे भला क्यों तैयार होने लगे? स्वादिष्ट, चटपटी चीजें खाने की उम्र है उनकी। उस पर माँ-बाप, घर-बार से इतनी दूर आए वे बच्चे! भला कैसा चल रहा है उनका?"

"चल रहा है जैसे-तैसे।"

"कितनी संख्या है इस साल?"

"यही कोई पंद्रह-बीस। मैंने तो खुद को भी उन्हीं में समा लिया है। उन्हीं के खाने-पीने, कपड़े-वपड़े आदि में सदा लगा रहता हूँ, जितना बन पड़े, करता हूँ।"

"सावधान मास्साब! इतना अधिक घुल-मिल न जाइए उनसे।"

"वह भला क्यों?"

"क्या बताऊँ अब! अजी, बच्चों की ममता हमेशा अग्रगामी होती है, और हम बेकार में आस लगाकर उसके पीछे चले जाते हैं।"

"बिल्कुल ठीक! अब यही देखिए न, यात्रा पर निकलते समय मुझे कुछ कँपकँपी-सी हो रही थी, पर बच्चों में से एक ने भी झाँककर देखा तक नहीं। काशीताई, किसी से बताना नहीं, छात्रावास में एक लड़का था—शिवा जमदाड़े, गरीब था, महार, जाड़े के दिनों में सिकुड़ जाता था बेचारा। इधर-उधर से टुकड़े-मुकड़े जोड़कर मैंने एक कंथरी बना दी उसके लिए। अभी दो दिन पहले ही चंपत

हो गया वह, खुद गया तो गया, कंथरी भी ले गया, है न शराफत? वह चला गया, इसका मुझे गम नहीं, लेकिन…”

काशीताई की आँखें भर आईं।

“क्या कहना मास्साब! नौ महीने पेट में पालकर जन्म दिया बच्चा भी माँ-बाप से कन्नी काट लेता है; फिर वह तो पराया ही था, उसका क्या इतना बुरा मानना? काफी मिन्नतें-मनौतियों के बाद एक बेटा हुआ मुझे एक। अकेला ही तो है, अपना रोना किसी पराए के पास रोने से भला क्या फायदा? पर आपसे कह देती हूँ, साल में एक बार बिना चूके बीमार पड़ता ही था वह, तब भरी आँखों से मुझसे कहता, ‘‘माँ! मेरे कारण तुझे सबकुछ गँवाना पड़ा और घर की यह हालत हुई, यह ऋण भला मैं चुका भी सकूँगा? पर अब बड़ा क्या हुआ, सिर पर सींग उग आए हैं! यात्रा के लिए पैसे-वैसे भेजना तो दूर, उलटा लिखता है कि यह परमार्थ-विरमार्थ का चक्कर बंद करो तो अच्छा है, इससे कौन तेरे दुःख कम हुए हैं?”

“होगी उसकी अपनी भी कुछ मजबूरी। दिन-ब-दिन मुसीबतें बढ़ती ही जा रही हैं, तुम तो देखती ही हो, वह बेचारा क्या करेगा?”

“अच्छा! उसके पक्ष का समर्थन कर मुझे बेकार में छेड़ रहे हैं आप, मास्साब।”

भोजन का समय हो चुका था और जनता अपनी-अपनी थालियाँ लेकर आ बैठी थीं। मास्साब दाल परोसने लगे। “देखो भाइयो, रबड़ी स्वादिष्ट तो है न?”

मास्साब यूँ ही तो नहीं ऐंठते थे, दाल सुड़कते ही कबीरदासजी ने (बुवा) खिलखिलाकर कहा, “क्या कहने मास्साब! रिवाज नहीं है, वरना भगवान् पांडुरंग की भोज चढ़ाने के लिए इस दाल को रख दिया होता!”

□

भोजन के बाद बुवा का प्रवचन हुआ। आरती के पश्चात् सब सो गए। पर बीच में ही मास्साब की नींद टूट गई। वे हड़बड़ाकर उठ बैठे, शायद किसी की आवाज से। आवाज की दिशा में मास्साब ने सिर घुमाया। छोटे से आले में जल रही ढिबरी के मंद प्रकाश से कँपकँपाते हुए सोपान बाबा खाँस रहे थे। खाँसी रुकते ही ‘पांडुरंग-पांडुरंग’ स्वर उनके मुँह से निकलता, मद्धिम रोशनी में उनकी आकृति ऐसे लग रही थी, जैसे किसी पोटली में सिर उग आया हो! वृद्धावस्था के कारण उनका सिर काठ की गुड़िया-सा हिलता था, हाथ की सुमिरनी पथराती थी, कोटर में धँसी आँखें बटन मात्र रह गई थीं। दीवार के सहारे रखी इस पोटली की छाया ऐसे

लग रही थी, जैसे खेल करता हुआ क्षीणकाय रीछ।

मास्साब चौंक गए और कुछ सहमे भी, खंभे से पीठ लगाकर बैठ तो गए, पर उन्हें चैन नहीं आ रही था, दो खंभों के बीच लटकते दीये पर उनकी नजर जा अटकी। दीये के प्रकाश को मानो वर्षा की फुहार ने घेर रखा था। सामने महिलाओं के कक्ष में टँगे दीये के पास भी वही कुहासा।

बीच में अँधेरे में मानो पानी की एक बूँद भी नहीं। अँधेरे को चारों ओर से घूरते-घूरते ही मास्साब अचानक सिहर उठे।

कुछ दूर सामने, एक खंभे के सहारे काशीताई भी बैठी थी, भगवान् जाने किस सोच में थी, क्या देख रही थी!

मास्साब की आँखें छलछलाईं, काशीबाई की ओर टकटकी लगाए, बुवा का प्रवचन याद करने लगे वे, हम तो संतों के हरकारे मात्र हैं, नौकरों की भाँति उनका संदेशा विट्ठलजी के चरणों तक पहुँचाना ही हमारा काम है। असली भगवतधर्मी तो भगवपान पांडुरंग की पूजा में उछाले गए गुलाल-बुक्के के एक कण-सा होता है।"

कण! एक-एक कण, अणुरूप कैसे बना जा सकता है? नश्वर शरीर के अस्तित्व को भी भुलाया जा सकता है? पता नहीं, क्या सोच रही थी, काशीताई!

धीरे से मास्साब बुदबुदाए—

सुखाचे ओतलें, दिसे श्रीमुख चांगले'''

होता दृष्टादृष्टी, ताप गेला उठउठी'''

तुका म्हणे''' (संत तुकाराम का अभंग)

इसी अभंग पर मास्साब ने गुलाल उछाला। वहाँ से खिसककर घुटने पेट में लिये हुए वे बिस्तर पर लुढ़क गए।

सुबह तड़के ही दोनों ने खंडोबा के दर्शन किए, तत्पश्चात् पहाड़ी की ढलान पार करने लगे, वे मार्ग में लगे दीपस्तंभ के पास ठिठककर काशीताई ने कहा, "यहीं कुछ देर बैठें तो?"

दीपस्तंभ जैसे तेल से नहा चुका था, उसके करोनीदार काले पत्थर पर अच्छी-खासी चिकनाई आ चुकी थी। दो पत्थरों के बीच की जगह से हरी-हरी घास उग आई थी, एक स्थान से तो पीपल का पौधा उग आया था और उसकी एक टहनी हवा के झौंके के साथ ऐसे हिलोरें ले रही थी, जैसे लोट-पोट होकर हँस रही हो! "यही है अपना हमेशा का दीपस्तंभ!"

पर काशीताई मुँह को ताला लगाए ही थी, समूचे आकाश पर मटमैले पानी

का रंग भर आया था, बादलों ने सूरज की किरणों को मानो निगल लिया था। उसकी गोल आभा मात्र उसमें से झलक रही थी। म्लान-फीका-मायूस बेचारा सूरज तथा पहाड़ी की तलहटी की वृक्षराशि मैले, हरे चीथड़े सी जान पड़ती थी। अपने ही गिर्द घूम-घूमकर कराहते हुए किसी सिरफिरे की भाँति हवा दीपस्तंभ से खेल रही थी। नीचे दूर-दूर तक फैले नाचते-गाते पदयात्री भक्तों का काफिला मवेशियों के जत्थे सा बिलबिला रहा था।

"फिर भी यूँ समझ लीजिए कि दीपस्तंभ का काफी भाग अभी तक शेष है, जिंदगी में ऐसी कुछ निशानियाँ बना रखी हैं मैंने काशीताई, जहाँ से पालकी आरंभ होती है, वह वटवृक्ष, सज्जनगढ़ के राम मंदिर के कोने की काली फर्श, जहाँ छह साल बिताए हैं मैंने, यह दीपस्तंभ…"

"पर काशीताई, चुप क्यों हो?"

"मास्साब की ओर आँखें मोड़कर काशीताई ने कहा, 'मास्साब, इस बार दृढ़ निश्चय कर आई हूँ।"

"निश्चय! किस बात का?"

"घर छोड़ने का।"

"काशीताई, क्या कह रही हो, घर छोड़कर जाओगी कहाँ?" मास्साब के दिल की धड़कन और भी बढ़ गई, वे शून्य में देखने लगे।

□

काशीताई घुटनों में गरदन डाले बैठी रहीं—नि:शब्द, फिर अचानक गरदन सीधी कर उसी निश्चय एवं कड़ाई के साथ काशीताई ने कहा, "जाऊँगी कहीं भी, जिस भी दिशा में कदम उठेंगे।" मुँह में जमा थूक निगलकर वह तेजी से बोलने लगी, "मैं कहे देती हूँ मास्साब, वरना उस हरामजादी के चंगुल से 'वे' मुक्त नहीं हो पाएँगे। परसों हम दोनों में अच्छी ठन गई, मैंने मिन्नतें कीं, हाथ जोड़े, सिर पटक लिया, पर वे टस से मस नहीं हुए, उलटे तुनककर मुझसे ही पूछने लगे, 'क्या करोगी आखिर?'

मैंने कहा, इस बार जाऊँगी तो लौटकर आऊँगी ही नहीं। मेरे मुँह से ये शब्द निकलने की देरी थी, वे फूट-फूटकर रोने लगे।"

"फिर?"

"फिर मेरे पैर छूकर कहने लगे, 'गलती हो गई मुझसे, तुमसे दूर भला मैं कैसे जिंदा रह सकता हूँ? तुम पुण्यात्मा हो, लौटते समय पांडुरंग की आरती की रक्षा मेरे

लिए जरूर लेती आना। निश्चय ही मैं उस चुड़ैल के फंदे से पार पड़ूँगा।"

"क्या सचमुच उन्हें पछतावा हुआ होगा?" साँस रोककर मास्साब ने पूछा।

"नासमझ हो मास्साब! मेरे पति को मैं ही जानती हूँ अच्छी तरह से, अव्वल दर्जे का ढोंगी है वह। साफ-साफ मुझसे कहने लगा, 'बीत चुकी वह घड़ी।' सच कहती हूँ मास्साब, मैं जब तक शांत हूँ, तब तक ठीक है, बिगड़ पड़ी तो⋯"

"अपना यह रूप प्रकट करने का विचार कितनी बार तुम कर चुकी हो?" हँसी-हँसी में मास्साब ने पूछा।

"जो हुआ, सो हुआ, मास्साब! अब और अधिक नहीं सह सकती। पांडुरंग के चरणों में सिर झुकाकर क्षमा याचना करूँगी और इस दोजख से मुक्त हो जाऊँगी। लगा था, इतने वर्षों से बिना चुके वारी कर रही हूँ, तो निश्चय ही कुछ-न-कुछ भला होगा ही, पर नहीं मास्साब, क्या सचमुच मनुष्य के पाप भी कभी जल जाते हैं?"

गहरी नींद में जैसे किसी ने चिमटी ली हो। मास्साब हड़बड़ाए एक दीर्घ श्वास छोड़कर उन्होंने जवाब दिया, 'अब मैं भला क्या बता सकता हूँ? तुकोबा कह गए हैं—**चेता नाम विट्ठालाचे, जलती डोंगर पापाचे** (विट्ठल का नाम स्मरण करने से पापों के पर्वत भी जल जाते हैं)। हम जैसे साधारण मनुष्यों को चाहिए कि उनके इस कथन पर विश्वास रखें, क्यों?"

अब ढलान समाप्त हो चुकी थी और सपाट रास्ता शुरू हुआ था।

□

सुबह मालशिरस से बारी आगे बढ़ी, तब कहीं वर्षा रुकी। आकाश निरभ्र हुआ।

उसका स्वच्छ नीला रंग ऐसे दीख रहा था, जैसे उसके गहरे तल की एक-एक चीज दिखाई पड़ती हो। धूप की पन्नीदार ओप बादलों में से झाँक रही थी, दोनों ओर गन्ने की हलके जामुनी रंग की कलगियाँ हिलोरें ले रही थीं। हल्दी, रोली की फैली झीनी सी चादर के समान तिल के फूल पौधों पर बड़े ही शान से घूमते दीख पड़ते थे।

वातावरण नीरव शांत था। इतने में अमृता ने हमेशा ही की तरह खिले चेहरे से मास्साब से पूछा, "बताइए मास्साब, क्या गाऊँ अब?"

"क्या गाओगे? 'अवतारांच्या रांशी' (मराठी अभंग) गाओगे⋯?"

अमृता के मंजीरे बज उठे, कोंडिबा के पखावज की थिरकन भी गूँज उठी,

झाँझ की झन-झन ने लोगों के कान खींच लिये। अमृता के सुरीले गान में सूरज की सुनहरी किरणों की मनुहारी आभा थी। तहे दिल से अमृता गा रहा था—

अवतारांच्या राशी तो हा विटेवरी उभा

इतने में दत्ता पेंटर पीछे से हाँफता-हाँफता आकर कहने लगा, "सोपान बाबा ने उनका प्रिय अभंग गाने को कहा है। मैंने पूछा, कौन-सा अभंग? तो कहने लगे, अमृता को सब मालूम है!"

अमृता ने कुछ खिलखिलाकर गाना वहीं रोक दिया, साजिंदों को इशारा किया, मंजीरे माथे पर लगाकर फिर से गाना शुरू किया—

अवधा रंग एक झाला—रंगी रंगला श्रीरंग
मी-तू पण गेले बाया-पाहता पंढरीचा राया

(पंढरपुर के विट्ठल दर्शन से मैं-तू का भेदभाव समाप्त हो गया और हम भगवान् के रूप में तदाकार हो गए)

मास्साब को उनकी शुरू से अब तक की सभी बारियाँ याद हो आईं। पुरानी और नई—जल वही, पर हर क्षण नई ताजगी लिये हुए, विट्ठल मंदिर का वही सनातन नादब्रह्म पर अमृता का स्वर नया, सुख-दुःख के वे ही फेरे पर अव्यक्तियाँ नई—मैं काशीताई —वे।

इतने में दिंडी के पिछले हिस्से में कुछ भगदड़ सी मच गई। रंग में भंग हो गया। हाय राम मर गई का शोर होने लगा, 'सोपान बाबा, सोपान बाबा' की टेर होने लगी। एक पेड़ के नीचे अच्छी-खासी भीड़ इकट्ठी हो गई। ''रास्ता छोड़ो, रास्ता छोड़ो" की आवाज सुनते ही अमृता और मास्साब को भीड़ में जाने के लिए मार्ग दिया।

वे नजदीक गए, सोपान बाबा की माडी पर सिर टिकाए ये गेंडुरी छूट जाने से उसका कपड़ा गले तक आ चुका था, आँखों के पास से लटकती चमड़ी की हलचल होते ही चेहरे की झुर्रियों में भी कुछ कंपन-सा होता और गोपीचंदन के टीके भी हिलते। पके बेर-सी उनकी लाल-लाल आँखें पता नहीं क्या देख रही थीं! पर अपनी इस दयनीय स्थिति में भी उनके हाथ में सुमिरनी ज्यों-की-त्यों थी।

एक सिहरन-सी मास्साब के सारे शरीर में दौड़ गई, उन्होंने उस सुमिरनी पर हाथ रखा, इतने में वैद्यजी भी आ गए। अब भीड़ छँट चुकी थी। वहीं खेत की मेड़ पर मास्साब बैठ गए। सामने की पहाड़ी के कटे हुए दो पाषाण-खंभों की ओर टकटकी लगाए—उदास, निराश से।

"अब क्या होगा मास्साब?"

"भगवान् को चिंता है हर बात की, कुछ-न-कुछ अच्छा ही होगा काशीताई।" "बच गए तो हमारा सौभाग्य और कुछ विपरीत हुआ तो भी भगवद्दर्शन को जाते मार्ग पर मृत्यु का आगमन, यानी अहोभाग्य!"

"बिल्कुल सच कह रही हो, काशीताई, सिर्फ यही नहीं, सिर टिकाने बुवा की मांडी, एक हाथ में सुमिरनी, दूसरा हाथ अमृता के हाथ में, साथ में हम सब वारकरी! तुकोबा के कहे अनुसार बेजोड़, अनुपम मृत्यु ही है यह, काशीताई!"

"किसी भी प्रकार का कोई दुःख नहीं है बाबा को?"

"बिल्कुल नहीं, मौसमी का बागान है लंबा-चौड़ा, गन्ने की खेती भी। एक लड़का विलायत में कहीं है, लड़की चीनी मिलवाले के घर ब्याही गई है। पुणे, मुंबई में उनकी चालें हैं और क्या चाहिए? सोपान बाबा की बारी ही असली बारी है हंऽऽऽ—"

"हर व्यक्ति की अपनी-अपनी भाग्य रेखा होती है मास्साब! हमारे कहने, न कहने से क्या?" मास्साब की आँखें छलछलाईं। रुमाल से आँखें पोंछकर उन्होंने कहा, "काशीताई, हम रहे सामान्य जन, औरों का बुरा-भला देखते ही लग जाते हैं अपने से उनकी तुलना करने। इसलिए तो माऊली की (**संत ज्ञानेश्वर को माऊली भी कहा जाता है**) श्रेष्ठता अक्षुण्ण है, उन्होंने स्वयं अनंत यंत्रणाएँ सहीं, पर उन्हें भूलकर वे संसार के दुःख सागर में कूद पड़े, काशीताई, तभी तो माऊली ने कह रखा है, '**विश्वाचे आर्त्त मनी प्रकाशले अन्यथा देह ब्रह्म झाला!** धन्य है उनकी···! इतने में 'ज्ञानबा—तुकाराम' और विक्षेप करते हुए वारकरी सांझ पखावज की नाद लय के साथ दिंडी ने प्रस्थान किया। कहीं से अमृता दौड़ता हुआ आया और मास्साब के कंधों को झकझोरते हुए उनसे बताया, "मास्साब! सोपान बाबा होश में आ गए!"

"सच!"

"जी, बिल्कुल सच। वैद्यजी ने बताया कि चिंता की कोई बात नहीं। गश खाकर गिर गए थे वे एक दिन। विश्राम लेने के बाद ही प्रस्थान करने की सलाह उन्होंने दी थी। पर बाबा क्यों मानने लगे उनकी? उन्होंने कहा, विश्राम वगैरह गया भाड़ में, मुझे कुछ भी तो नहीं हुआ है। चलने दो दिंडी।"

दिंडी आगे बढ़ने लगी, धूप खिल आई, वर्षा की फुहार से धूल दब गई। हर्षोल्लास के वातावरण में कदम बढ़ने लगे।

पर देखते-देखते चित्र एकदम पलट गया। सारे आकाश पर फिर से बदरी छा गई। धूप गायब हो गई। पहाड़ी की दिशा से शुभ्र धवल जलधाराओं का तांडव-नृत्य शुरू हुआ। घने वृक्षों की कोख से डरावने शोर के साथ आती वर्षा की तिरछी धाराओं ने दिंडी के लोगों को जी भरकर नहलाया।

पर मास्साब ने तीसरे नंबर का अपना स्थान नहीं छोड़ा। व्योम में इधर-उधर वर्षा की बूँदें ही व्याप्त थीं। यह सबकुछ हुआ था, पर विट्ठल नाम का जयघोष ज्यों-का-त्यों कायम था, नदी के द्वीप के समान सोपान बाबा को प्राणदान मिला था। उन्होंने साक्षात् मृत्यु को खाली हाथ लौटाया था! बाबा के क्षीण पांडुरंग-जाप ने इस महान् विभीषिका पर भी विजय पाई थी। नाक की सीध में मास्साब चल रहे थे, मोटे खासे तस्में के चाबुक की फटकार-सी वर्षा की मार सहते हुए भी मास्साब शांत थे, उन्हें भला किस बात का डर? सोपान बाबा की सुमिरनी पर जो उन्होंने हाथ रखा था, मन-ही-मन वे कहते रहे थे, "काशीताई, डरती क्यों हो? मैं तो तुम्हारे पीछे हूँ, पाप निश्चय ही जलकर राख हो जाते हैं, बिल्कुल जड़ समेत जल जाने ही चाहिए, समझी! मैं अभी तक भुगत रहा हूँ, अभी भी…"

आखिरकार वारी समाप्ति के चरण में आई। सभी पालकियाँ इकट्ठी हुईं। निवृत्ति बुवा—तुकोबा से, एकनाथ—सोयरा बाई से, नामदेव—मुक्ताबाई से, चोखा-दहिणा बाई से मिले, युगों-युगों के बाद यह मिलन हुआ था, मानो अब इन महापुरुषों के दर्शन करने बाकी थे, बस!

आखिरी चरण में कबीर बुवा का प्रवचन हुआ, "चलो, विदाई की घड़ी आ गई। जीवन के इस अंतिम मार्ग पर पूर्णतया निःसंग होकर ही चलना चाहिए, कमर पर दोनों हाथ रखे, ईंटों पर खड़ा पांडुरंग, हमें बुला रहा है। सब मिलकर कहो, **'माझे माथा—तुझा हात, शरीर संबंधी मिठी'। अब कड़े निश्चय के साथ ही जाना है**। यह कहते हुए कि **'विठो, तुम-माझे राज्य, नहीं आ णिकांचे काज'** (हे विठोबा, तुम्हारे और मेरे बीच में किसी तीसरे दलाल की कोई आवश्यकता नहीं) जिस चरम आनंद की प्राप्ति के लिए हमारे प्रयत्न जारी थे, यही है वह क्षण, सिर्फ बाँहें पसारने की देरी है, यह क्षण करबद्ध हो जाएगा। बोलो, जय-जय विट्ठल! जय हरि विट्ठल! अब आगे बुवा के मुँह से शब्द निकलते नहीं बनता था।

आरती हुई, आरती की थाली दिंडी के सभी वारकरियों के पास से गुजरी। सभी ने उस ज्योति पर हाथ रखकर आरती ली और दिंडी के लोगों ने भी यत्र-तत्र आगामी वर्ष के लिए संकल्प और वादे व्यक्त किए। 'बचेंगे तो फिर मिलेंगे' के

विश्वास के साथ गले से गला लगाकर विदा लेना भी हुआ।

"चलो काशीताई।"

"चलिए।"

"एक यात्रा समाप्त हुई।"

"और दूसरी शुरू हो गई। मास्साब अब काफी थक चुकी हूँ, बदन टूट रहा है, कुछ देर किसी पेड़ के नीचे बैठ लेंगे, थोड़ा सा खा-पी लेंगे, पंढरपुर में खाने का झंझट क्यों रखें बेकार में?"

"जो तुम कहो।"

एक वृक्ष तले दोनों बैठ गए। काशीताई ने अपने झोले में से दो थालियाँ निकालीं। एक मास्साब के सामने रखी, दूसरी अपने सामने। मास्साब ने अपना भिगोया हुआ कच्चा खाना थाली में परोस लिया, उसमें से एक कौर अपनी थाली में लेकर काशीताई ने कहा; 'मास्साब, हमारा आलू का चुड़वा चखकर तो देखिए!"

"काशीताई!"

"बड़ा ही स्वादिष्ट है—काजू, मुनक्का डली हुई है।"

"फिर से मुझे इस मोह में डालना चाहती हो क्या?"

"मुँह से पानी तो छूटता नहीं, मास्साब?"

"क्यों नहीं छूटेगा? आखिर वह भी तो शरीर का एक भाग ही है, बेलगाम होते ही ललचाए नहीं, तो क्या करे? पर इतने वर्षों से कड़े पहरे में जो हैं।"

"मजाक रहने दीजिए मास्साब, मैं कह रही हूँ, इसलिए खा लीजिए, सिर्फ एक बार।"

मास्साब पलभर निःशब्द हुए, फिर धीरे से कहने लगे, "काशीताई, हर वर्ष सोचता हूँ कि इस वर्ष वारी में तुम्हें सबकुछ बता दूँ, पर साहस नहीं कर सका, अब बताए देता हूँ।" काशीताई की आँखों से आँखें हटाकर सामने के मैदान में झूले पर नजर गड़ाई, कहने लगे, "माफ करना काशीताई, पर मेरे भी हाथ मैले हो चुके हैं!"

भौचक्की-सी होकर, सिर को हाथ लगाए उसने पूछा, "क्या मतलब?"

"काशीताई, कभी एक जान मेरे भी पीछे पड़ी थी, पर मुझमें ही साहस की कमी थी, बेचारी धोखा खा गई, तभी से वह सुमिरनी, यह वारी, यह कच्चा अनाज खाना..."

"गुस्सा आया न काशीताई?"

"जी नहीं, पर कुछ दुःख जरूर हुआ।"

"तुमसे क्या छिपाना काशाताई। पहले ही एक पाप का धनी हो चुका हूँ, फिर

तुमसे झूठ बोलने का दूसरा पाप! पापों के बोझ से ही शायद मेरा दम घुट जाए।"

काशीताई चुप होकर गरदन झुकाए कुछ देर बैठी रही, फिर धीरे से उन्होंने कहा, "जाने भी दीजिए मास्साब, अब तो वापस लौटना नहीं है, यानी कि मेरे हाथ भी मैले हुए बिना थोड़े ही रहेंगे! मैं भी धुले चावल-सी नहीं रह पाऊँगी।"

काशीताई ने अपने घुटने दबाए, एड़ियों की माप निकाली, फिर कहा, "चलिए, मास्साब, अब धीरे-धीरे चलेंगे, कोई जल्दी नहीं है हमें।"

दोनों मंद गति से चलने लगे, अब तो मार्ग के दोनों ओर गुब्बारेवालों, खोमचेवालों, मिठाईवालों की छोटी-मोटी दुकानें भी थीं, लेकिन असली मेला पंढरपुर की इस सीमा पर ही लगा था, मानो झूलों की कुंईऽऽऽऽकुंई, ईख पेरने की चिर-चिर, चक्करवाले घोड़े पर बैठे शौकीन, बताशे, मिठाईवालों की दुकानों के सामने भीड़ करते स्त्री-पुरुष; वातावरण में उल्लास भरा था।

पास में ही एक 'डिब्बेवाला' सिनेमा देखने के लिए बच्चों की काफी भीड़ हो रही थी। सिर्फ दस पैसे में दिल्ली का कुतुबमीनार, मुंबई शहर की बहार ही नहीं, पं. नेहरू, लंदन ब्रिज, नर्गिस, गांधीजी की शवयात्रा, पार्लियामेंट हाउस, काशी विश्वेश्वर आदि, और अंत में फिर चंद्रभागा के तट पर बसी पंढरपुर नगरी!

डिब्बे के नीचे के अर्धवृत्त में चार-पाँच छोटे काँच के टुकड़े लगाए डिब्बे और ऊपर के हिस्से में चित्रपटी, उस पर लाल-सफेद चीथड़ों से बनी, हाथ में मंजीरा लिये बाल-दर्शकों को अपनी ओर आकृष्ट करनेवाली बंदरियाँ बढ़े-बूढ़ों को भी अपनी ओर आकृष्ट करती थीं।

काशीताई हँसी न रोक सकीं, "मास्साब आपने बंदरवाला सिनेमा देखा है?"

"कई बार, तुमने नहीं देखा, आज तक?"

"नहीं तो! और अब देखने में शरम आती है।"

"उसमें शरमाने की क्या बात है? चलो, चलते हैं।"

डिब्बे के पास बैठकर वे सिनेमा देखने लगे। चित्रपटी तेजी से खिसक रही थी। काशीताई को आश्चर्य हुआ।

"देखो काशीताई, सिर्फ पाँच पाई में और पाँच मिनटों में ही हम सारे संसार का चक्कर काट चुके या नहीं?"

पंढरपुर का प्रवेश-द्वार आ गया, वृक्षों की आड़ से कुछ चमक उठा, चंद्रभामा! दोनों ने हाथ जोड़ लिये। मास्साब ने काशीताई का हाथ अपने हाथ में लिया। काशीताई ने वह वैसा ही रहने दिया। भीड़ की धकापेली में से राह निकालते-निकालते वे आगे बढ़ने लगे, दोनों में से किसी को भी एक-दूसरे से आँख मिलाने

का साहस नहीं हो रहा था। हाँ, काशीताई की आँखें जरूर झर रही थीं।

बीच-बीच में मास्साब कहते, "काशीताई, सँभलकर, सामने देखकर, धीरे से⋯"

चंद्रभामा का तट वैष्णव-जनों से खिल उठा था, विविध रंगी वस्त्रोंवाले जन सागर में मानो ज्वार आया था, विट्ठल नाम की धुन में भक्तजन मस्त थे। कई दिंडियाँ, पताकाएँ यत्र-तत्र दीख पड़तीं, झाँझ-पखावज की गूँज चारों तरफ सुनाई देती।

मंदिर अब काफी नजदीक आ गया था। उसकी गुमटी ऐसे चमक रही थी, जैसे ब्रह्मतेज विकिर्णित कर रही हो समूचे व्योम मंडल में।

बीच में ही मास्साब ठिठक गए। काशीताई का हाथ कुछ जोर से दबाकर मंदिर की ओर देखते हुए उन्होंने पूछा, "फिर क्या इरादा है काशीताई?"

नीची निगाह से ही काशीताई ने आँखें पोंछी और कहा—

"जी, कुछ नहीं—"

"दर्शन तो करने हैं?"

"और क्या! तैयार हो आती हूँ मैं अभी।"

"ठीक है, हो आओ।"

मास्साब ने हाथ छोड़ दिया, दर्शन के लिए मंदिर के सामने लंबी-चौड़ी कतार में काशीताई भी जा मिलीं, बस, इतना ही देख सके मास्साब! जिस पल काशीताई उन्हें दिखी, उसी क्षण अदृश्य भी हुई।

इधर-उधर, आगे-पीछे मास्साब थपेड़े खा रहे थे, उनके अंग-अंग को मानो काठ मार गया था!

लेखक-परिचय

जन्म : 13 दिसंबर, 1924 • निधन : 9 अक्तूबर, 1989

समाजशास्त्र के प्रध्यापक के रूप में सेवा। 5 कथा-संग्रह, 2 नाटक, 2 एकांकी-संग्रह, 1 रेखाचित्र, 2 समीक्षा-ग्रंथ और समाजशास्त्री व वैचारिक लेखन। महाराष्ट्र राज्य पुरस्कारों सहित 'चक्र' के लिए सोवियत लैंड का नेहरू पुरस्कार।

□

हरा मफलर

– वि.वा. शिरवाड़कर

अनुवाद : दामोदर खड़से

"तात्पर्य क्या, तो कई बार मात्र संयोग से घटनेवाली घटनाओं में जो कुछ संगत, कुछ सूत्रबद्ध परंपरा दिखाई देती है। अर्थात् यह भी मात्र एक संयोग ही होता है।"

डॉक्टर आरामकुरसी में बैठ गए थे। जेब से नया चुरुट निकालकर उन्होंने सुस्ताते हुए सुलगा लिया था। उस चुरुट से निकलते सफेद धुएँ के वर्तुल उनके सिर पर मँडराने लगे थे और बातचीत के किसी सूत्र को यूँ ही उठाकर डॉक्टर ने एक अभिनव तात्पर्य बताया था। इन सारी बातों का एक ही अर्थ था···डॉक्टर कोई घटना, किसी भी हकीकत बताने वाले हैं। डॉक्टर अकसर अपनी बातों की शुरुआत अंत से करते, अर्थात् उनके तात्पर्य से प्रारंभ करते।

हम हमेशा ही डॉक्टर की बातें सुनने के लिए उत्सुक रहते, परंतु, डॉक्टर की खासियत यह थी कि वे बात की शुरुआत सीधे नहीं करते थे। बात का, कहानी का तात्पर्य या इसी तरह कुछ बताने के बाद वे चुरुट के धुएँ से या तोंद की विशालता के कारण बार-बार खुल जानेवाले बटन से एकाग्र होकर खेला करते। उस विषय में रुचि दरशाने के लिए श्रोता द्वारा दो-चार सवाल पूछकर उन्हें उन हकीकतों के दरशाने तक ले जाना आवश्यक होता।

किसी ने पूछा, "संयोग में सूत्रबद्धता कैसी होगी?"

"एकाध बार होती है। इसलिए ऐसी बातों का विशेष महत्त्व है!" डॉक्टर ने उत्तर दिया।

"संयोग से घटनेवाली घटनाओं में यदि संगति रही तो उन्हें संयोग क्यों

कहा जाए? मैंने पूछा, "आदमी को न दिखने वाली, समझ में न आनेवाली कुछ शक्तियाँ यहाँ कार्यरत हैं। यह क्यों न माना जाए?"

धुएँ के एक बादल पर प्रहार करते हुए डॉक्टर बोले, "ऐसा मानने की प्रवृत्ति आदमी की होती है, यह सच है। जो दिखाई देता है, समझ में नहीं आता या अन्य किसी तरह सिद्ध नहीं किया जा सकता, यह है, ऐसा मान लेने का अधिकार आदमी को नहीं है, ऐसा मेरा विचार है। परंतु प्रत्यक्ष अनुभवों से सामना होने पर इतनी तारतम्यता नहीं रहती। कम-से-कम वसुंधरा का ख्याल यही था, जो आप कह रहे हैं।"

"वसुंधरा कौन?" हमने कौतूहल से पूछा। वैसे यह प्रश्न एक बहाना ही था। डॉक्टर साहब को जहाँ पहुँचना था, वहाँ वे पहुँच चुके थे।

"वसुंधरा-क्षयरोग की दूसरी-तीसरी अवस्था में पहुँची एक विवाहित महिला थी···" डॉक्टर बताने लगे थे। हम सब एकाग्रता से सुनने लगे थे।

□

"वसुंधरा के घर में मेरा प्रवेश डॉक्टर के रूप में हुआ। उस समय उसकी बीमारी अंतिम अवस्था में नहीं पहुँची थी, फिर भी अब वह कभी ठीक नहीं हो पाएगी, यह करीब-करीब तय हो गया था। मुंबई के प्रसिद्ध विशेषज्ञों ने इस संबंध में जितना संभव था, हर तरह जाँच-परख के बाद यह निष्कर्ष निकाला था। ऐसी स्थिति में कुछ तयशुदा औषधियों को घटा-बढ़ाकर चालू रखना, ईश्वर का हवाला देकर उसके स्वास्थ्य की ओर ध्यान देना, उसका आत्मविश्वास डिगने न देना और मुंबई के विशेषज्ञों को समय-समय पर रिपोर्ट भेजना, बस इतना ही काम मुझे करना था।

वसुंधरा को जब पहली बार मैंने देखा, वह क्षण मेरी आँखों के सामने आज भी स्थिर है। मकान के सबसे ऊपर के हवादार कमरे में उसे रखा गया था। कमरे की सजावट उत्कृष्ट, संपन्नता झलकाने वाली और मनमोहक थी। इसका श्रेय निश्चय ही वसुंधरा को जाता है। अपनी पत्नी को अधिकतम सुख दे सके, इसके लिए वह सतत प्रयास करता। उसकी दवाइयों के लिए तो उसने अपनी हैसियत से भी आगे पानी की तरह पैसा बहाया। साथ ही पैसा खर्च कर उसने अपने कर्तव्य की इतिश्री नहीं मानी। छोटी-मोटी बातों में ध्यान देकर वह उसे खुश रखने का यत्न करता। 'प्रेम' शब्द भाषा में सबसे अधिक प्रयोग किया जाने वाला और सबसे गलत प्रयोग किया जाने वाला शब्द है, ऐसा मुझे लगता है।

यह मत आप लोगों को पसंद नहीं आएगा। कथा-काव्य के अनुसार इस शब्द का अर्थ लगने वाले आप लोगों के साथ मेरे डॉक्टर का इस बारे में मतभेद हो, यह अपरिहार्य है। फिर भी मेरी समझ में चिंतामणि वसुंधरा से प्यार करता था, बहुत प्रेम या इसमें कोई संदेह नहीं।

लकड़ी के एक बड़े पलंग पर वसुंधरा लेटी थी। सफेद-शुभ्र चादर, सुंदर रेशमी नक्काशी युक्त छोटे-बड़े तकिए और मसनद पड़े थे। मोगरे चमेली के फूलों में रखे किसी जीर्ण-क्षीण गुलाब की कली की तरह वह तकिए और मनसदों के बीच पड़ी थी। वसुंधरा उम्र से युवा थी। चिंतामणि से विवाह को पूरे चार साल भी नहीं हुए थे। उसका शरीर बीमारी के कारण जर्जर हो गया था। फिर भी उसका प्रफुल्लित सौंदर्य उस जर्जरता में भी प्रकट होता था। उसका वर्ण अच्छा गोरा था और बीमारी की क्षीणता के कारण यह और सफेद हो गया था। उसकी आँखें कुछ नीचे झाँइयाँ लिये हुए पर पानीदार थीं। तकिए पर खुले उसके बाल काफी घने और काले थे। उसके हाथ, गले में कुछ गिनती के गहने थे और माथे पर आवश्यकता से कुछ बड़ा सिंदूर लगा था। वसुंधरा को फूलों का कुछ विशेष शौक होगा। हाथ भर की दूरी पर छोटी टेबल पर एक फूलदान था, उसमें सोनचंपा और गुलाब के फूल पत्ते समेत रखे हुए थे। दूसरी ओर एक छोटी टेबल पर सौंदर्य-प्रसाधन की कुछ वस्तुएँ और कई पुस्तकें रखी थीं। मुझे देखते ही वसुंधरा ने दोनों हाथ उठाकर मुझे प्रणाम किया और चादर हटाकर बैठने की कोशिश करने लगी।

मैंने आगे बढ़कर पलंग के करीब जाकर उसे उठने से मना किया।

"मैं कौन हूँ, मालूम है?" मैंने पूछा।

"हाँ। इतना भी नहीं मालूम मुझे? साथ ही इन्होंने भी थोड़ी देर पहले बताया था—डॉक्टर हैं आप।" मुस्कुराते हुए वसुंधरा ने उत्तर दिया। उसके उच्चारण साफ, मधुर और धारदार थे। उसकी उस मोहक आवाज पर बीमारी ने कोई जख्म नहीं किया था।

"तो, साधु-संतों के आगमन की तरह डॉक्टर का स्वागत नहीं करना होगा।''' उठकर या नमस्कार कर पेशेंट आराम से लेटा रहे, इसी में डॉक्टर की खुशी रहती है।"

"पर मैं इतनी बीमार भी तो नहीं कि'''

"यह सच है। बीमारी खास नहीं, परंतु आराम की जरूरत है।"

"आराम तो चौबीसों घंटे है ही, शरीर को···।"

"शरीर और मन को भी···।"

"वह क्या आदमी के बस की बात है?" वसुंधरा बोली और निर्विकार होकर दूर खड़े चिंतामणि की ओर आँखें गड़ाकर उसने देखा। वैसे उस समय उस तरह देखने का अर्थ मैं नहीं समझ पाया था।

मैंने कुछ हँसी के साथ विषय बदल दिया। बाद में उसकी जाँचकर मैंने कहा,

"अब आप मेरी देखभाल में हैं। जो भी लगता है, मुझसे निःसंकोच कहें और दवाई लेने में लापरवाही या आलस न करें।"

"कैसे करूँगी? मुझे भी जीवित रहना है।"

"वह तो सबकी इच्छा होती है।" हँसते हुए मैंने कहा।

"किसी का क्या पता! मेरी तो निश्चित है ही।" यह बुदबुदाई। उसके उन शब्दों का क्या अर्थ था, किसे पता!

तीन महीने बीत गए।

इन तीन महीनों में मेरे वसुंधरा के संबंध बहुत आत्मीयता के हो गए। वह मेरे साथ खुले दिल से बोलती, खूब बोलती। इतना कि मुझे ही उसे रोकना पड़ता। वह जब बोलने लगती, तब लगता कि वह अपना मन हलका करने के लिए इतने दिनों से किसी की प्रतीक्षा कर रही थी। वह किसी का स्थान मुझे मिला।

लंबी बीमारी से आदमी की आत्मनिष्ठा या तो समाप्त हो जाती है या बहुत तीव्र हो जाती है। वसुंधरा के बारे में दूसरी बात अधिक उभरकर आई। वह इतनी आत्मकेंद्रित हो गई थी कि घर के नौकर-चाकर या रिश्तेदारों की बात ही क्या, वह चिंतामणि के साथ भी खुलकर पेश न आती, बात न करती। रात उतरने पर कहते हैं कि कमल की पंखुड़ियाँ बंद हो जाती हैं, वह भी इसी प्रकार अपने व्यक्तित्व की, मन की सारी पंखुड़ियों को भीतर समेटकर उस विशाल मंच पर पड़ी रहती। किसी परिचारिका के साथ बोलती-सी वह चिंतामणि के साथ बात करती। उसमें प्रेम की आर्द्रता की जगह आदेशात्मक और अधिकार जताने की इच्छा अधिक होती। मैं उन सबमें सबसे अधिक पराया था, संभवतः इसलिए सबसे करीब था। हफ्ते में तीन बार उसे देखने जाता। एकाध बार मुझे देर होने पर या जाने का दिन टालने पर वह परेशान हो जाती और मुझपर नाराज हो जाती।

उस दिन भी मुझे देर हो गई। सुबह साढ़े दस-ग्यारह के आसपास मैंने वसुंधरा के कमरे में प्रवेश किया। वह हाथों में अखबार लेकर पड़ी थी। सुबह

का स्पंजिंग जैसे कार्य और अन्य औषधोपचार पूरे हो गए होंगे, यह सोचकर मैंने सहज भाव से पूछा···

"सब निपट गया?"

"अभी नहीं, कुछ बाकी रह गया है।"

"क्या रह गया हैं?"

"जीवन···।"

"नाराज है?"

"मैं, बेचारी क्या नाराज होऊँगी?"

"मुझे कुछ काम था। दरअसल मुझे एक पेशेंट के साथ मुंबई जाना था, परंतु तुम्हारे पास आना था, इसलिए टाल दिया उसे।" छोटे बच्चे की तरह कई बार मरीज से झूठ बोलने के अलावा कोई चारा नहीं रहता।"

"सच?" वसुंधरा ने अपने हाथ का अखबार नीचे रखा और मेरी ओर मुड़कर संतुष्ट हँसी बिखेर दी।

"अब ठंड कुछ अधिक महसूस होती है?" मैंने पूछा।

"क्यों?"

मैंने टेबल पर पड़े अधबुने गहरे हरे रंग के मफलर की ओर इशारा किया। पास ही उसी रंग की ढेर सारी ऊन पड़ी थी। उस मफलर पर दृष्टि पड़ते ही वसुंधरा गंभीर हो गई।

"वह मेरे लिए नहीं है।"

"तो?"

"उनके लिए है।"

"बुननेवाली मर गई···।"

"सुनंदा नाम था उसका। यह उनकी चचेरी, ममेरी या फुफेरी बहन थी। इन पर जान छिड़कती थी वह।"

"अच्छा!"

"इनसे शादी करने की उसकी इच्छा थी, परंतु किन्हीं कारणों से यह संभव नहीं हुआ। वह सरकारी नौकरी में थी। पिछले वर्ष जब वह यहाँ आई थी, तब उसने यह मफलर बुनना शुरू किया था। परंतु वह तीन-चार महीने पहले अचानक मर गई। यह मफलर ऐसे ही अधूरा रह गया। उसके घर के लोगों ने इसे भेज दिया है।"

"तो अब आप इसे पूरा करेंगी? लेटे-लेटे थोड़ी देर बुनने से कोई एतराज नहीं।"

"मैं नहीं बुनूँगी।"

"क्यों?"

"मुझे अभी जीना है।"

"क्या मतलब?" मैंने आश्चर्य से पूछा।

"यह मफलर बुनना अर्थात् अपनी मौत के धागे बुनना है।"

मैं जोर से हँसा और बोला, "आपकी कल्पना शक्ति काफी तीक्ष्ण हो गई है।"

"ऐसा कभी न होता क्या?" वसुंधरा ने आवाज धीमी कर नन्हे बच्चे की भोली आवाज में पूछा।

"क्या कुछ भी⋯।"

"मुझे जैसा सूझा। ठीक है, जाने दीजिए। आज⋯"

किसी और विषय के बारे में उसने मुझसे पूछा और मफलर के बारे में हमारा संवाद वहीं टूट गया।

लगभग एक महीने बाद उस मफलर का विषय अचानक और अद्‌भुत ढंग से मेरे सामने आया।

मैं वसुंधरा से मिलने गया था, रात गहरा गई थी। कमरे में लगी नीले रंग की मंद रोशनी वसुंधरा के चेहरे पर पड़ रही थी। मुझे लगा कि वह आँखें मूँदकर अपने विचारों में मग्न है।

"नींद आ रही है?" मैंने पूछा।

"नहीं।"

"फिर किस बात पर इतना चिंतन चल रहा है?"

वसुंधरा ने अपनी छाती से कंबल धीरे से अलग किया। फिर मेरी ओर मुड़कर उसने धीमे स्वर में पूछा, "ये नीचे नहीं हैं न?"

"नहीं, चिंतामणि क्लब में गए हैं।"

वह क्षणभर स्तब्ध रही और बाद में बोली, "वह शिरीन पटेल परसों मर गई, यह मालूम है?"

"कौन शिरीन पटेल?' नाम कहीं सुना हुआ-सा लग रहा था, परंतु अधिक कुछ याद नहीं आ रहा था⋯पर⋯"

"वह इनकी खास दोस्त थी। ये भी पहले बैडमिंटन खेलते थे न! पिछले दिनों से उसे सिखाते थे।"

"वह कैसे मरी मालूम है?"

"नहीं। पर किसी दुर्घटना का शिकार हो गई, ऐसा कुछ मैंने पढ़ा है, यह याद आ रहा है।"

"वह तो एक बहाना था।"

"तो वास्तविक कारण क्या था?"

"यह हरा मफलर।"

मैंने स्तंभित होकर पहले उसे देखा और बाद में उधर टेबल की ओर अचानक देखा। यह अधबुना गहरे हरे रंग का मफलर पहले सा नहीं पड़ा था। मुझे यह मफलर अब बिल्कुल याद नहीं था। परंतु काफी दिनों से वह वहाँ नहीं था, यह मेरे ध्यान में आ गया।

"मफलर तो यहीं है।" मैं बोला।

"आज दोपहर को ही मैंने मँगवा लिया है।"

"शिरीन के पास था वह।"

"हाँ, मैंने ही दिया था।" वह कुछ कठोर, पर भारी स्वर में बोली।

"पंद्रह दिन पहले मेरी तबीयत देखने वह उनके साथ हमारे घर आई थी। काफी देर तक बैठी और बातें भी की। परंतु उन घंटे-डेढ़ घंटे में ही मेरे ध्यान में आया कि उनके संबंध केवल दोस्ती के नहीं हैं। उससे कहीं अधिक-बहुत अधिक अर्थ छिपा था उनके बीच।"

"वसुंधराजी···" मैं विवश होता हुआ बोला।

"हाँ···मुझे लगा। मैं ये बातें बहुत अच्छी तरह जानती हूँ। मेरे मन पर मेरा नियंत्रण नहीं रहा, जब यह जाने लगी, तब मैंने आलमारी से मफलर निकाला और उसे पूछा, "इनका मफलर है यह। आप इतना इसे पूरा करेंगी? उसने अत्यंत प्रसन्नता से, अत्यंत आनंद से उस मफलर को···अपनी मृत्यु को··· स्वीकार किया।"

दीये की रोशनी में वसुंधरा की आँखें किसी अलौकिक सामर्थ्य के अहसास से चमकती लगी मुझे। सिंहासन पर बैठकर राजा जिस प्रकार किसी अपराधी को देहांत दंड दे, उसी प्रकार पलंग पर लेटे-लेटे उसने शिरीन पटेल को··· कम-से-कम अपनी मान्यता के अनुसार···देहांत की सजा दे दी थी।

और अजीब संयोग यह था कि जिस किसी के हाथ में इस बात का नियंत्रण था, उसने यह सजा अमल में लाई थी।

"आश्चर्य है!" तीनों बोल पड़े।

डॉक्टर ने चिरुट की राख झाड़ी और उसे फिर से जलाते हुए बोले, "हाँ।! आश्चर्य तो सचमुच है, परंतु इतना ही नहीं, इससे भी अधिक है।"

हम फिर सावधानी से सुनने लगे।

□

और दो महीने बीत गए" डॉक्टर बताने लगे।

"वसुंधरा की छोटी बहन अचला उसके घर छुट्टियाँ में आई। वह बी.ए. की परीक्षा में बैठी थी। बहुत मधुर, अच्छे स्वभाव की और उत्साही लड़की थी वह। पहली बारिश के बरसते ही धूप से त्रस्त बगीचे में ज्यों फिर बहार आ जाए, उसी तरह बीमारी और अव्यक्त मनोसंघर्ष से मुरझाए उस घर में अचला के आगमन से चारों ओर प्रकाश बिखर गया, सब मुखरित हो गया। अचला अपनी बड़ी बहन की सेवा मन से करने लगी। चिंतामणि का उद्विग्न और मुरझाया मन भी उसने अपनी बातों से और हँसी-मजाक से प्रफुल्लित कर दिया। क्रीड़ा, साहित्य, फिल्म, नाटक, संगीत आदि विविध विषयों के बारे में अचला की खूब रुचि थी। वह वसुंधरा को अनेकानेक पुस्तकों के महत्वपूर्ण अंश पढ़कर सुनाती और रूठने-नाराज होने के मद्देनजर नाटक प्रस्तुत कर घर का वातावरण स्नेहपूर्ण और चैतन्यमय रखती। वसुंधरा भी अचला पर जान छिड़कती। कई बीमारियों की तरह खुशी भी छूत की होती है। अचला जैसे आनंद की सुनहरी लहर सारे दालान में घुमड़ने पर यहाँ हताशा-निराशा कहाँ टिकने वाली थी! इस नए वातावरण का वसुंधरा की तबीयत पर कुछ अनुकूल परिणाम होगा, ऐसी मेरी अपेक्षा थी। कुछ दिन ऐसे परिणाम दिखाई भी दिए। परंतु अंततः दुर्भाग्य ने अपनी बाजी मार ली। अत्यंत विपरीत घटना अंत में घटी।

रोज की तरह एक दिन शाम को मैं वसुंधरा से मिलने गया। कमरे में वह अकेली ही थी।

"आज अचलाजी कहाँ भाग गईं?" मैंने सहजता से पूछा।

वसुंधरा पलंग पर आँखें मूँदे लेटी थी और बत्ती की नीली रोशनी उसके चेहरे पर झर रही थी। उसे इस हालत में देखते ही मुझे उस हरे मफलर की याद आती और मेरे शरीर के रोंगटे खड़े हो जाते। मेरे मन में शंका उठती कि पलंग के नीचे ट्रंक में कैद उस हरे मफलर के बारे में तो वह नहीं सोच रही है! दुर्भाग्य से मेरी शंका आज सही निकली। वसुंधरा थोड़ी देर कुछ नहीं बोली। बाद

में उसने करवट बदली और अपनी आँखों को परिश्रमपूर्वक खोलते हुए बोली, "आज अचला सिनेमा गई है।"

"अकेली?"

"नहीं, उनके साथ गई है।"

"हाँ, इसलिए मैंने ही उनसे कहा। अब वे दोनों थिएटर में··· अँधेरे··· आपस में करीब आकर··· शायद एक-दूसरे के बहुत करीब बैठे होंगे।"

वसुंधरा के ये शब्द सुनकर मैं तो चौंक ही गया। शब्दों की अपेक्षा जिस तरह वह कह रही थी, वह अधिक डरावना था। छत से लटक रहे बल्ब पर अपनी आँखें गाड़कर वह बोल रही थी। जैसे उस बल्ब के भीतर, सिनेमा थिएटर के अँधेरे का, उसकी हलचल का उसे प्रत्यक्ष दर्शन हो रहा था, उसके गोरे, सफेद और कृशकाय चेहने पर कठोरता, निर्दयता का भँवर बन गया था। छाती पर मुड़े हाथों की कोमल और लंबी अंगुलियाँ थरथरा रही थीं।

"ये बेकार की बात कर रही हैं आप?" मैं केवल बोलने के लिए किसी तरह बोल पाया।

"मैं कह रही हूँ, यह सच है।" बल्ब पर अपनी नजर हटाए बिना ही वसुंधरा बोली, "मैं इन बातों को बहुत जल्दी समझ लेती हूँ, यह मैंने आपको बताया था न? मैं सारा कुछ जान गई हूँ। सब मालूम है मुझे। परंतु अब मुझे कोई आपत्ति नहीं है। ऐसा होना सहज है। मैं तो बिस्तर से चिपकी हुई, अब केवल हड्डियों का ढाँचा रह गई हूँ। माँस सूख गया, उनको कुछ सुख-संतोष नहीं चाहिए? इसीलिए कहा, आज अचला को सिनेमा ले जाइए।"

"डॉक्टर होने के नाते आपको दो बातें बताना मैं आवश्यक समझता हूँ।" जितनी गंभीरता के साथ कहा जा सकता था, मैंने कहा।

"क्या?" वह मेरी ओर मुड़ी। बल्ब से अपना ध्यान उसने हटाया, यह देखकर मुझे राहत मिली।

ऐसे उलटे-सीधे विचार दिमाग में न घुसने दें। आपको जल्दी ठीक होना है न?"

"हाँ, सचमुच, मुझे जल्दी अच्छा होना है।"

"तो मैं जो कहता हूँ, उसे सुनना चाहिए।"

"पर मन में जो आता है, उसका क्या करूँ?" वह विवश होती हुई बोली।

"अपने विचारों पर अपना ही नियंत्रण होना चाहिए। ऐसे विचार आएँ तो कोई मनोरंजक पुस्तक पढ़िए, रेडियो चलाने के लिए कहिए, ईश्वर स्मरण कीजिए,

गिनती गिनिए...जो मरजी कीजिए। पर यह बात रुकनी चाहिए। ऐसे विचारों की ओर कल्पना की दीमक मन में एक बार लग जाने पर वह मन के साथ शरीर भी खोखला कर देती है। यदि आप मेरी बात मानती हो तो मैं फिर आऊँगा, अन्यथा अब नहीं आऊँगा।"

वसुंधरा अचानक डर गई। मेरे हाथ पर अपना हाथ रखती आर्त स्वर में बोली, "नहीं डॉक्टर, ऐसा कुछ न करें। मैं आपकी इच्छा के अनुसार रहूँगी।"

किसी बड़े संकट से बाहर निकल आने के संतोष के साथ मैं लौट आया। परंतु यह संतोष बहुत देर नहीं टिक पाया।

सुबह चार-साढ़े चार के करीब चिंतामणि की ओर से आदमी आया। "वसुंधरा की तबीयत बहुत खराब हो गई है, तुरंत चलिए।" यह संदेश लेकर वह आया था।

मैंने तुरंत कपड़े पहने और बैग लेकर बाहर आया।

वसुंधरा के कमरे में कदम रखते ही मेरी नजर सबसे पहले टेबल पर पड़े मफलर पर पड़ी। वह अधबुना मफलर अब करीब-करीब पूरा हो चुका था। उसकी ओर देखते ही मेरी छाती धक से धड़क उठी।

मैं किसी तरह आगे बढ़ा।

बिस्तर के सिरहाने चिंतामणि बैठा था। पैताने पर अचला बैठी थी। अचला गरम पानी की थैली से वसुंधरा के पैर सेंक रही थी और चिंतामणि अपने आँसुओं को रोकते हुए उसका माथा और हाथ दबा रहा था। वसुंधरा आँखें मूँदकर निर्विकार पड़ी थी। उसकी साँस बहुत धीमी हो गई थी। वह होश में नहीं है, मैं तुरंत जान लिया।

"क्या हो गया अचानक?" मैंने पूछा।

"जान घबरा रही है बहुत, ऐसा कह रही थी।" चिंतामणि बोला।

"कुछ खास हलचल की?"

"हाँ, बहुत ही आश्चर्यजनक ढंग का तब उसका बरताव था। अचला धीमी आवाज में मुझे बताने लगी, उसने मुझे आलिंगन में भर लिया और बाद में रोने लगी। कुछ समझा-बुझाकर मैंने उसे शांत किया, बाद में जब मैं चलने को उठी तब वह बोली, "देख अचल, इनका एक मफलर अधबुना है। कुछ ही टाँके डालने हैं उसमें। रात में नींद आने तक इसे पूरा कर लेगी क्या? वे कल इसे ले सकेंगे। मैंने खुशी-खुशी हाँ कह दिया और रात में सोने से पहले मफलर अपने कमरे में ले गई। थोड़ी देर पुस्तक पढ़कर मैंने मफलर लिया और बुनने की तैयारी

करने लगी। इतने में एक अजीब घटना घटी। कमरे का दरवाजा बाहर से किसी ने खटखटाया। मैंने दरवाजा खोला और देखती क्या हूँ कि सामने वसुंधरा खड़ी है। अपना बिस्तर छोड़ सीढ़ियाँ उतरकर वह दौड़ते-भागते मेरे कमरे की ओर आई थी। साँस तेज चल रही थी। चेहरा लाल हो गया था और सारा शरीर थरथर काँप रहा था। उसकी यह विचित्र दशा देखकर मैं चीखने ही वाली थी। तभी मेरा हाथ पकड़कर वसुंधरा ने कहा, "इस तरह मत घबराओ। यह मफलर दिखा। अब भी बुनने के लिए नहीं लिया न? इधर ला। मेरे हाथों से ही इसे पूरा होना है।" कुछ भी नहीं समझ पा रही थी मैं। मैंने मफलर उसे दिया और उसे उसके कमरे तक पहुँचाया। आधा-पौन घंटे तक मैं उसके सिरहाने बैठी रही। बाद में, उसे नींद आ गई है, यह देखकर मैंने बत्ती बुझा दी और अपने कमरे में लौट आई। परंतु वह सोई नहीं थी। वह आधी रात में ही उठी और मफलर बुनने लगी। उसका अंतिम फंदा डालते समय उसका दिल घबराने लगा और वह जोर से पुकार उठी। चिंतामणि पास के कमरे से दौड़ते हुए आए और हम सबको जगाया। तब से वह बेहोश है। आवाज सुनाई नहीं देती, बात नहीं कर पाती और आँखें खोलकर देखती भी नहीं।" बताते-बताते अचला की आँखों से आँसुओं की धारा बह निकली।

अचला और चिंतामणि को जो मालूम नहीं था, वह मुझे मालूम था। केवल मुझे, परंतु उसे खोलकर समझाना उचित नहीं था। आवश्यक भी नहीं था। उन्हें विचित्र लगनेवाली घटना का निहितार्थ मेरे लिए सरल था। प्रारंभ में ईर्ष्या के कारण यह मफलर बुनने के लिए वसुंधरा ने अचला को दिया। बाद में उसके मन में विरोधी भावनाओं का युद्ध सुलग गया होगा!

अंततः उसने स्वयं का बलिदान करने का निर्णय लिया होगा! वसुंधरा ने यह हरा मफलर स्वयं बुनने के लिए उठाया होगा। और उसी के शब्दों का यदि उपयोग करना हो तो उसने उसे बुनते हुए स्वयं की मृत्यु के धागे भी बुन डाले। नीली बत्ती के उजाले में वह पूर्ववत् आँखें बंद किए लेटी थी। परंतु चेहरे की कठोरता को अंतिम निर्णय ने निकाल फेंका था। इतना प्रसन्न और शांत चेहरा उसका कभी नहीं था। अंतिम नींद को समेटते हुए उसका मन एक निर्मल और संतुष्ट अवस्था में विसर्जित हो गया था।

हाँ, अंतिम निद्रा! अपने संतोष के लिए मैंने कुछ उपचार किए, परंतु वसुंधरा की चेतना कभी नहीं लौटी।

इसीलिए, प्रारंभ में ही मैंने कहा⋯।"

लेखक-परिचय

जन्म : 27 फरवरी, 1912 • निधन : 10 मार्च, 1999

कवि, कथाकार व नाटककार के रूप में मराठी में ख्यातिप्राप्त साहित्यकार। 16 कथा-संग्रह, 3 उपन्यास, 24 कविता-संग्रह, 19 नाटक, 5 एकांकी, 4 लेख-संग्रह प्रकाशित। कई रचनाओं का हिंदी सहित भारतीय भाषाओं में अनुवाद। कई पुरस्कारों से सम्मानित। 'नए सम्राट्' नाटक के लिए साहित्य अकादमी पुरस्कार (1971), 1988 में 'ज्ञानपीठ सम्मान' और 1991 में पद्मभूषण। 2003 में उन पर डाक टिकट जारी किया गया।

□

पंचनामा

– चिं.त्र्यं. खानोलकर

अनुवाद : प्रकाश भातंब्रेकर

अभी पिछले दिनों तक वह हमारे साथ ही रहा करता था। हँसना-खेलना, लड़ाई-झगड़े, फिर भी मिलना-जुलना, और आज वह हमसे दूर चला गया, यानी कि वह मर गया। यह बात सूर्य के प्रकाश जितनी सत्य है। उसकी मृत्यु का कोई खास कारण था भी नहीं, बस यूँ ही मर गया। उसकी मृत्यु का समाचार सदा की तरह कोरी गप लग रहा था मुझे।

मेरा पड़ोसी दादू कहने लगा, "अरे भाई, विश्वास ही नहीं हो रहा है। मेरा मतलब है, कल रात बारह बजे तक हम रमी खेलते रहे। और अब अचानक यह खबर!"

लेकिन वह हमसे जुदा हो गया है, इसे झुठलाना सत्य से मुँह मोड़ लेना होगा। जो सुना था, वह बिल्कुल सत्य और सत्य ही था। तैयारियाँ चल रही थीं। मेरी और दादू की वहाँ उपस्थिति तो अनिवार्य ही थी। सिर्फ झाँकने से काम चलने वाला नहीं था। कमरे में जाकर मुरदे का साश्रु नयनों से देखना भी आवश्यक था, दरअसल मुहल्ले की चाल में रह रहा एक क्लर्क भगवान् को प्यारा हो गया, इस एक वाक्य में व्यक्त करने योग्य मामूली सी घटना थी वह। उसकी जिंदगी की किताब ऐसे मिट गई थी, जैसे झींगुरों ने उसे खा डाला हो। निकट भविष्य में ही वह ब्याह करने जा रहा था, अब उस कमरे में बच रही थीं एक आँख से अंधी उसकी मौसी।

भीड़ को चीरते हुए नीची निगाहों से मैं व दादू भीतर हो लिये। वहाँ चारपाई के पास ही चटाई पर ताश के पत्ते बिखरे पड़े थे, मानो किसी ने जान-बूझकर वैसा किया हो। और चारपाई बिल्कुल खाली पड़ी थी। खिड़की से नीचे आरामकुरसी

पर छरहरे पांडू की क्लर्की देह मुँह फाड़े पड़ी थी। स्साला, मुँह फाड़कर मृत्यु पर भी आश्चर्य व्यक्त कर रहा था··· और ठीक उसके सामने हाथों से सिर थामकर मौसी बैठी थीं। उनकी बची-खुची एक आँख से आँसुओं से भी तरल मायूसी उमड़ रही थी।

"मैं भला क्या बात करूँ उनसे?" भारी दिल से चटाई पर बैठे दादू ने ताश के पत्ते समेट लिये। अत्यंत चालाकी से, तनिक भी आवाज किए बिना उसने उन्हें समेट लिया। अब मौसी की हथेलियाँ सिर से खिसककर गालों पर आ गईं। फिर उन्होंने आँचल से नाक साफ की। कुछ हलचल जरूर हुई थी, किंतु बादलों ने आकार भले ही बदल लिया हो, पर वे अभी भी लबालब थे, बल्कि मुझे तो लगा कि मौसीजी इस सदमें से उबर नहीं सकेंगी। यहीं, पांडू के मुरदे के सामने ही अपनी इकलौती आँख की पलकें झपकाती बैठी रहेंगी, बस।

तैयारियाँ लगभग पूरी हो चुकी थीं। बीच-बीच में 'कैजुअल लीव··· एक दिन की···आज-आज की···' आदि-आदि सुनाई दे रहा था। लेकिन इस तरह का हर शब्द अँधेरी रात में बह रही कीचड़सनी हवा का सा लग रहा था, आश्चर्य तो था ही। वैसे तो इसमें कुछ तुक थी और नहीं भी। सूरज अपनी गति से ऊपर चढ़ता जा रहा था।

पांडू नामक कोई अतिशिष्ट और अनोखी हस्ती तो थी ही नहीं। लेकिन जवानी थी, तो ठठाकर हँसना, जोर-जोर से बोलना स्वाभाविक था। उसे तो हर चीज का आश्चर्य लगता था। यानी किसी भी चीज को आश्चर्य से देखते रहने लायक मन अब भी तरो-ताजा था। ताश खेलते हुए, लड़ना-झगड़ना और दूसरे दिन फिर उसी में व्यस्त हो जाना उसके लिए नया नहीं था।

कहाँ लता की आवाज और कहाँ मच्छरों की भुनभुन! फिर भी दोनों बरकरार हैं, ऐसा क्यों? इसके पीछे कौन सा रहस्य है? आदि सवाल भी कभी-कभार वह कर बैठता। कन्या किस खूबी से चल रही है! दरअसल ऐसी बखूबी चलनेवाली कन्या ही असली लड़की कही जा सकती हैं। बाकी सब लड़कियाँ!··· यह भी उसी के दिमाग की उपज थी। हमारा बॉस, यानी फुलाया हुआ गुब्बारा! यह तो उसका सबसे प्रिय वाक्य था। इसलिए इस कदर रसिक और हमदर्द युवक का एकाएक उठ जाना कुछ अटपटा लग रहा था।

हाल ही में वह और उत्साही बन गया था। यानी कि चिकनी शेव बनाकर हमसे पूछना, "क्यों? अब कैसा लग रहा हूँ मैं?"

हम कहते, "वाह? यह भी कोई पूछने की बात है! लेकिन कल भी ऐसी ही शेव होनी चाहिए।"

"सो तो होगी ही। चेहरे पर रौनक लाने के लिए शेव इज अ मस्ट। मेरा मतलब है, शेव करने के बाद लगता है कि हम उतने बुरे तो नहीं लगते।" कहकर वह खुद ही हँस देता ठठाकर, फिर हँसी रुकने के बाद बड़ी ही आत्मीयता से धीरे से पूछता, "वाकई अच्छा लगता हूँ न मैं ?"

"बेशक ! तुम्हें संदेह क्यों हो रहा है ?"

□

अपनी शादी तय होने की बात तो काफी दिनों तक उसने दबाए रखी।

"रेडियो चाहिए भाई हमें। उसे बहुत पसंद है।" एक बार वह गलती से कह गया, तो फिर उसे सबकुछ कहना ही पड़ा। पहले-पहल जब वह कमरे में रहने आया, तब भी उसने यह नहीं बताया था कि उसका नाम पांडुरंग है। अपना उपनाम नाबर ही उसने प्रचलित कराया, फिर किसी दिन उसने जतला दिया, "मेरा नाम पांडू तो है, पर आप लोग मुझे 'पांडू' कहने लग जाएँ, तो अच्छा नहीं होगा। मैं उसे कतई सहन नहीं करूँगा।"

आरामकुरसी में लेटे मुरदे को मैंने आवाज दी, "पांडू" और मैं लपककर बाहर हो लिया। अब तक पहली बार मैंने उसे 'पांडू' कहा था।

□

"आप चलिए। आपके साथ चलना मुझसे नहीं हो पाएगा।" अर्थी की ओर देखे बिना ही मैं कमरे में चला गया और मैंने धड़ाम से किवाड़ बंद कर लिये। लोग भी कंबख्त वक्त-बेवक्त जब जी में आए, मर जाते हैं! जैसे बाजार से कोई रेडिमेड चीज खरीद ली हो! पांडू का मर जाना मुझे बिल्कुल भी रास नहीं आया। इस तरह मर जाने का भला उसे क्या अधिकार था ? यह क्या बदतमीजी है ? अरे, मरना ही हो तो कम-से-कम बाल तो पक जाने दो। शादी तय करके उससे पहले ही मर जाना भी कोई शराफत है ! उस बुढ़िया की फूटी आँख भी ऐसी मृत्यु से कई गुना अधिक बेशकीमती है। बुढ़ापे में उसकी साबुत आँख को बहती छोड़ जाने का पाप-कर्म जरूर किया है पांडया, गधा कहीं का ! मेरे मन में व्यर्थ की उथल-पुथल चल रही थी।

□

मेरी धर्मपत्नी अपने बीमार बच्चे को झूले में ही रोता हुआ छोड़कर गैलरी में सिमटकर खड़ी थी। बच्चा बराबर रो रहा था। उसकी रोने की आवाज न जाने क्यों मुझे आवश्यकता से अधिक कर्कश लग रही थी। मैंने किवाड़ खोलकर उससे कहा, "अरी, सुनती भी हो ? वह रो रहा है।"

वह और अधिक सिमटकर भीतर आई और उसने बच्चे को गोदी में ले लिया। हम दोनों चुप रहे। मैंने रेडियो ऑन किया।

"अजी होश में तो हो?"

"क्या मतलब?"

"यह भी कोई रेडियो सुनने का समय है?"

"अरे हाँ! ठीक कह रही हो तुम!"

फिर भी वह थोड़ा सा तो चिल्लाया ही। मुझे लगा, शायद रेडियो की आवाज से पांडू का खुला मुँह बंद हो गया हो!

फिर पांडू का शव सोनापुर ले जाया गया, तिस पर भी मेरे कमरे के किवाड़ खुले ही नहीं। उस कमरे में मौसी के रोने-धोने की आवाज या चीत्कार सुनाई नहीं पड़ी। मैं काफी देर बाद उस कमरे में गया। आरामकुरसी खाली पड़ी थी और मौसीजी मेरी ओर पीठ किए अपने छोटे से बक्से में कपड़े-वपड़े ठूँसने में व्यस्त थीं।

"मौसीजी।"

"हूँ।" उन्होंने मुड़कर देखा।

"यह क्या?"

"बस जा रही हूँ!" उन्होंने रुखाई से कहा।

"लेकिन कहाँ?"

"आज ही?"

"आज नहीं, अभी! मेरा बचा ही क्या है अब यहाँ? पांडू भी नहीं रहा। मेरा कोई भी नहीं है इस संसार में। गाँव में अपने छोटे से मकान में तो रहूँगी। एकाध भैंस-वैस खरीदकर उसी से चला लूँगी जैसे-तैसे।"

मौसीजी की सुनने-समझने की मनःस्थिति में मैं था ही नहीं, लेकिन 'भैंस-वैंस खरीदकर उसी से चला लूँगी 'जैसे-तैसे' उनका यह वाक्य मुझे अस्वस्थ कर रहा था। मौसीजी आज इस समय यह क्यों कह रही हैं, मेरी समझ में नहीं आ रहा था। उनकी टूटी-फूटी आँखों से बहता अँधेरा जैसे पूरे कमरे में छा गया था।

"मौसीजी।" मैंने अनजाने में आवाज दी, "आज मत जाइए आप!"

"नहीं, मुझे जाना है, और अभी जाना है, उसके यार-दोस्त लौट आने से पहले···अब रहा ही क्या है मेरा यहाँ? फिर क्यों रहूँ व्यर्थ में?" मौसीजी ने दो टूक जवाब दिया।

"लेकिन···"

"तुम चलोगे मुझे छोड़ने? बेलंगाँव का टिकट दिलवा दो और मुझे गाड़ी में बिठाकर वापस आ जाना।"

"और सामान?"

"वह तो यहीं रहने दो। मुझे उसमें से कुछ नहीं चाहिए। वह मुझे गाँव से ले आया था। उसका भी इस संसार में कोई नहीं था और मुझे भी किसी का सहारा चाहिए था, न उसका घर रहा, न गिरस्ती बनी।" मौसीजी और भी कुछ कहना चाह रही थीं, पर चुप हो गईं। बक्सा बंद कर उन्होंने उसमें ताला लगा दिया।

"खैर, कोई बात नहीं।" मैं अकेली चली जाऊँगी, मुझे तो किसी भी हालत में जाना ही है।"

"मौसीजी मना तो न करता मैं, लेकिन…"

"तो तुम मत चलो, मेरी कसम है तुम्हें, तुम मत चलो। जाओ, घर जाओ अपने।"

मौसीजी ने मुझे जैसे बाहर निकाल दिया। मैं अपने कमरे में चला आया। मौसीजी की विक्षिप्तता मुझे हैरत में डाल रही थी। एक ही साबुत आँखवाली यह बुढ़िया इस कदर विक्षिप्त है, मुझे कल्पना न थी। 'वह मुझे गाँव से ले आया था। वह चला गया। अब न उसका घर रहा, न गिरस्ती बनी, मुझे अब यहाँ से चले ही जाना चाहिए।' मैं उसे छोड़ने जाऊँ, यह अच्छा न लगता। यहाँ मुझे भी खाल ओढ़नी पड़ी। वरन् देखने में वह अशिष्ट-सा लगता। मुझ जैसे मामूली क्लर्क में भला वह सामर्थ्य कहाँ? उसे छोड़ आना, यानी उस कमरे का दायित्व स्वीकारना। लोगों को लगता, उसी की लालच में आकर मैंने उन्हें फौरन विदा कर दिया, या फिर कुछ और ही अर्थ गुनते लोग।

□

मौसीजी ने ताँगेवाले को बुलाया और अपनी हमेशा की लड़खड़ाती चाल से जीना उतरकर चली गईं, लेकिन किसी ने उन्हें टोका तक नहीं। यह भी नहीं पूछा, "मौसीजी, कहाँ जा रही हैं आप?" चाल को सभी लोग मात्र देखते रहे। उनके चले जाने के बाद हमने कमरे की ओर मुड़कर देखा, मौसीजी किवाड़ खुला छोड़कर ही चली गई थीं। बाकी लोग भी यही देखते रहे। अभी पिछले दिनों पांडू का खरीदा रेडियो ज्यों-का-त्यों था, ऑन करने पर शायद बजने भी लग जाता। सबकुछ छोड़-छाड़कर मौसीजी चली गईं। मैंने "लेकिन…" कहकर कन्नी काटनी चाही, तो उन्होंने मेरी सहानुभूति की परवाह नहीं की और मुझे ऐसे दूर फेंक दिया, जैसे दूध में पड़ी मक्खी, और मैं भी चुपचाप हट गया पीछे।

अब सवाल यह था कि उस मातमी कमरे के खुले किवाड़ बंद करे तो कौन?

सब अपने-अपने कमरे की ओर चलते बने। दरअसल मौसीजी को ही इसका इंतजाम कर जाना चाहिए था। पर उन्होंने एक-एक चीज-वस्तु का मोह तजकर प्रस्थान कर लिया था। अब किवाड़ बंद करने में हर कोई डर रहा था। बंद करना तो दूर, उसे उढ़का देने तक की हिम्मत किसी में नहीं थी।

"अब क्या किया जाए?" पांडु के क्रिया-कर्म से लौटने के बाद लोग पशोपेश में पड़ गए। पांडू की मौत का दुःख तो दूर, यह नई समस्या अब सामने खड़ी थी। शाम ऐसे घिर आई, जैसे व्योम मंडल ने कै कर दी हो, मुंबई की शामें अकसर ऐसी ही हुआ करती हैं। आदमियों के रेले-पर-रेले आने लगे और अपने-अपने घरों की दिशा में आगे बढ़ने लगे।

घर-घर में वही बासी रात और खाने-पीने की तैयारी। कोई अपने स्टोव में पिन कर रहा था, तो कोई 'प्रोग्राम' मनाने के अभियान में भीड़ को चीरते हुए जा रहा था। लेकिन हमारी चाल व्यर्थ की परेशानी में डूबी हुई थी। पांडू का कमरा खुला न रहता तो यह झंझट ही क्यों पैदा होती?

पांडू मरा क्या था, उसे अपने कमरे-सामान का बिल्कुल ही ध्यान नहीं था। और हम थे कि पुलिस में खबर करने की बात सोच रहे थे!

अपना सबकुछ भगवान् भरोसे छोड़ गए पांडू की राख भी अब वहाँ नहीं थी। उसकी अस्थियाँ इकट्ठी करने भी शायद ही कोई जाए। लेकिन इतनी बड़ी मुंबई नगरी में इन अस्थियों का क्या महत्त्व? किसी एक की भी आँख गीली नहीं होती थी। मौसीजी की फूटी आँख का अँधेरा भी अब रफा-दफा हो गया था। अब न वहाँ उजाला था, न ही अँधेरा, था तो सिर्फ हम लोगों का रूखा, फीका सा महकमा! अब शाम भी उतनी ताजगी भरी नहीं थी, जो एकदम से हम पर धावा बोल दे।

जीने की लड़खड़ाती सीढ़ियाँ अस्पष्ट-सी दीख रही थीं और अन्य कमरों में बच्चों के रोने-धोने की आवाज व औरतों की चें-चें खुलकर सुनाई दे रही थी। क्रिया-कर्म से लौटे लोग नहा-धोकर गम भूलने की फिराक में थे। भूल भी जाते, लेकिन खुले किवाड़ों पर नजर पड़ते ही सब के सीने धक् से रह जाते।

"पुलिस में खबर करो और इस झंझट से पार पाओ।" जम्हाई लेते हुए कोई कहता।

किंतु दूसरे क्षण बुझती लौ की तिलमिलाहट से दूसरा कहता, "इतनी जल्दी? अभी तो उसे मरे पूरे आठ घंटे भी नहीं हुए!"

"सो तो ठीक है, लेकिन पंचनामा करने पर हम सब लोगों को गवाहियाँ देनी पड़ेंगी। मौसीजी को भी पेश करना होगा और मेरी तो सिर्फ दो ही कैजुअल बाकी

हैं।" सिर खुजलाता हुआ दादू बुदबुदाया।

"इसका मतलब है, व्यर्थ की आपा-धापी, पुलिस में खबर करना, यानी आफत मोल लेना है। किसे चाहिए यह झंझट?" मैंने कहा।

"तो फिर उढ़का लो किवाड़।" निर्लिप्त से नाडकर्णी ने कहा।

"लेकिन यह काम करे तो करे कौन? जो करे, सो फँस जाए। यह भी एक लफड़ा है, पांडया, साला मर तो गया···" मैंने खीझकर कहा।

□

उलझनें बढ़ती गईं, तरह-तरह के संदेह हम व्यक्त करते जा रहे थे और उन्हीं में धँसते भी जा रहे थे। पिंड छुड़ा लेने के बहाने हम इतना लंबा-चौड़ा जाल बुनते जा रहे थे कि उस पर पड़े हुए अपने साए ही हमें डरावने और भूतहा लगने लग गए थे। संध्याकाल की बेसिर-पैर की विरूप छाया अब हमें घेरे खड़ी थी। बड़े ही जोर से "पुलिस, पुलिस" चीखने का मेरा जी कर रहा था। हम आपस में इस तरह उलझे हुए थे और उस कमरे के किवाड़ पूरी तरह खुले पड़े थे। दो-चार बालक वहाँ खड़े-खड़े उसके भीतर के अँधेरे को ताक रहे थे।

इतने में जीने की ऊपरी सीढ़ी पर छरहरे बदन की अनोखी अदा से खड़ी लड़की को देखकर हमारी निगाहें कुछ विचलित-सी हो गईं। अँधेरे में रोशनी की किरण-सी वह वहाँ पर आ धमकी थी। खयालों में खोए हुए हमारे दिमाग ठिकाने पर आ गए, उसने एक सवाल किया, जैसे किसी ने पानी में कंकड़ फेंक दिया हो!

"बेलणकर की चाल क्या यही है?"

"जी हाँ," लगभग सभी लोगों ने एक साथ जवाब दिया।

"कौन चाहिए आपको?" मैंने पूछा।

"पी.आर. नाबर क्या यही रहते हैं?"

सभी की जुबाँ पर इसका उत्तर आया था, पर सभी के चेहरे पारा उड़े शीशे में पड़े प्रतिबिंब से हो गए, और वह थी कि घूर-घूरकर हम लोगों को देख रही थी। उसे जवाब चाहिए था और हमने जैसे वह सात समुंदर पार रख दिया था।

"मैं गलत जगह तो नहीं न पहुँच गई हूँ?" हड़बड़ाकर उसने कहा।

"नहीं, नाबर रहते तो यहीं थे, पर अब नहीं हैं।"

दादू के अनुसरण में मैंने भी फौरन कहा, "चले गए अपने गाँव। मेरा मतलब है अब नहीं हैं, आ जाएँगे, शादी में गए हैं।"

मेरी धड़कनें बराबर बढ़ती जा रही थीं।

"और मौसीजी?"

"वे भी चली गईं।"

लपककर किवाड़ बंद करने के बहाने मैं आगे बढ़ा। उसे पता लगे बिना ही सफाई से मैंने यह उढ़का दिया और फुरती से फिर वापस आ गया।

वह वहीं खड़ी रही। कुछ देर बाद फिर कुछ बुझे दिल से कहने लगी, "उन्होंने खुद मुझे बुलाया था। मौसीजी मुझे देख··· कुछ नहीं, कुछ नहीं, यूँ ही आई थी बस···जा रही हूँ···" वह तेजी से जीना उतरकर चली गई। पांडू का खरीदा हुआ रेडियो ऑन करने पर शायद अब भी गाने लग जाता।

□

उसके चले जाने पर हम एक-दूसरे का मुँह ताकने लगे, तो दादू ने कहा, "स्थिति बड़ी ही तनावपूर्ण है, पंचनामा करवाना ही ठीक रहेगा, जल्द-से-जल्द पुलिस में खबर कर देनी चाहिए।"

और पंचनामे की बात तय होने पर कुछ राहत सी महसूस हुई···

लेखक-परिचय

जन्म : 8 मार्च, 1930 • निधन : 26 अप्रैल, 1976

पूर्णकाल लेखक। 4 कथा-संग्रह, 2 उपन्यास, एक रेखाचित्र, 3 कविता-संग्रह, 5 नाटक, 2 अनूदित नाटक व कुछ एकांकी। कई राज्य स्तरीय पुरस्कार। 'नक्षत्रों का देना' को साहित्य अकादमी पुरस्कार।

□

स्वप्नकोश

– कमल देसाई

अनुवाद : निशिकांत ठकार

टूटे घाट के भग्न मंदिर के घंटे की आवाज की तरह छलकती शाम उतर रही है। यहाँ-वहाँ भरकर उछल जाती है। ऑफिस ढलक खाली हो गया है। हस्बमामूल वासुदेव अपनी कुरसी पर बेफिक्र होकर पसर जाता है। वह खुद भी बता सकेगा कि ऑफिस के छूटने के बाद वह इस तरह क्यों बैठ जाता है!

प्रदोष के समय ऐसे ही अंजीरी प्रकाश में खुले बदन बापू पार्थिव पूजा किया करते थे। ऐसी शामों में बापूजी की गंध हुआ करती है। उनके अस्फुट सुरों की धारा उस पर उड़ेलती रहती है।

दिनभर के रौंदे जाने से ऑफिस का कमरा खिन्न हो जाता है। जैसे सब लोगों को तो अब यहाँ से चले जाना चाहिए। लेकिन वासुदेव अनंत अपवाद है। फिर वह रौंदा हुआ कमरा एकांत में स्थितप्रज्ञ होकर अध्यात्म चिंतन करेगा।

सुबह के दस बजे स्थिति ऐसी नहीं होती। खुली खिड़कियों से लाल-हरे गुलमोहर के ऊपर-नीचे डोलने को अधर में ही रोककर अपने अंगों पर नाचती-झुलाती ऊपर के पंखे की चक्कर पैर को लाड़ से आगोश में लेती है। कोने में पानी से भरा हुआ मटका है। ऊपर आईना लटक रहा है। आईने के पास एक गंदा बदबूदार टुवाल टँगा हुआ है। हाल ही में काम पर आए साठे की टाई शाम तक ताजा रहती है। कितनी बार गरदन टेढ़ी करके कंघी करता रहता है। फिर लगाए हुए टेबुलों का सख्त, उत्सुक स्पर्श। सोखने में काफी चाय सोखी जाती है। यूँ तो भाम्बुरडे महाकंजूस है, लेकिन आज इस टाईवाले साठे ने कैसे आयडियल के बढ़िया फरमान ने उसे खासा लूट लिया। भाम्बुरडे की लड़की की शादी की उम्र हो गई है न! उसकी नजर है ताजा

टाई पर। बरसों से वह लड़की बीस ही बरस की है। बढ़ती ही नहीं। वासुदेव अनंत की तरह ताजा टाई भी उसे टाँग मार देगा। और क्या भाम्बुरडे का गीला मटका किसी भी चाक पर बैठ जाता है। अब भी टेबुल पर तेल के दाग हैं। वासुदेव अनंत को बड़े जोर से नाक साफ करने की आदत है। नलवडे कतई सुन नहीं सकता।

"वाशा बेटे, जरा धीरे से! लोगों के पेट को उलटा करना क्या जरूरी है?"

वासुदेव अनंत गुब्बारा फटने जैसी हँसी हँसता है। "क्यों जी, गरीब का मजाक उड़ाते हैं? एक नथुना पंक्चर कर रखा है। डॉक्टर कहते हैं ऑपरेशन करो। लेकिन पैसा कहाँ से लाने का?" नलवडे ने इसे कई बार सुना है। नलवडे के बाल धूप के छाते की तरह सिर के चारों और फैले बिखरे हैं। पिछले कई बरसों से उमा चाची नलवडे क्षय की बीमारी से अस्पताल में पड़ी हुई हैं। तन के कपड़ों जितना ही नलवडे को उनके अस्तित्व का अंधा भान है। 'द ब्रेन मैन'। रहम दिल मिशनरी डॉक्टर उसकी पीठ पर थपकियाँ देते हुए सबको बताते रहते हैं। और यह 'द ब्रेव मैन' सिर के बालों को छाता सँवारते हुए रोजाना शाम को बिला नागा किए दो मुसम्बी ले जाता है। उसका एक गंदा लड़का है, कानफूटा, पाठशाला जानेवाला और पड़ोस की नमूदीदी चूल्हे के पास रसोई बनाकर चली जाती है। उमा नमूदीदी के लिए छोटी बहन जैसी...सगी बहन नहीं कहती...लेकिन नमूदीदी रोज थोड़ा-थोड़ा गुड़ आँचल में छिपाकर घर ले जाती है।

मजबूत, लंबी-चौड़ी नमूदीदी को नलवडे ने एक बार बाहुओं में भरने की कोशिश की थी।

"दैया री, किसी पर भरोसा करना भी मुसीबत हो गया है। मेरे जैसी बूढ़ी रंडरू का मुँह काला कर दिया इस मुए ने! कहीं इनसाफ नहीं रह गया। सोचा था, इसपर जरा दया करें तो यह तोहमत लगा दी, कामी रावण मुआ!" नमूदीदी ने गाँवभर में ढोल पीटा। हाथों की आरती नचाती हुई बोली, "अस्पताल में औरत बीमार है, शर्म नहीं आती भड़ुए को!"

रोजाना फिर नलवडे कनफूटे बच्चे को नहलाता है। दाल-भात बनाता है। ऑफिस से लौटते हुए अस्पताल जाता है! फिर दाल-भात। फिर छत की ओर देखता हुआ बू वाली गद्दी पर लेट जाता है। नलवडे के पास एक ही गद्दी है। उमा चाची जब ठीक थीं, तब जमीन पर ही आराम से सो जाती थीं। गरमी भी तो कितनी है। और हणमू की बिछौना गीला करने की आदत अभी भी नहीं गई है। उसके लिए टाट ही अच्छा।

फिर किसी दिन शाम को नमूदीदी लौट आती हैं। नलवडे तातिया के पाँव पकड़ लेती है "···तातियाँ आप देवता आदमी हैं। आग लगे मेरे मुँह को, पाखाने जैसा है। जो चाहे बक दिया। आप तो सांब सदाशिव के अवतार हैं। इन हाथों कुछ सेवा हुई तो पुण्य बटोर लूँगी···।" नलवडे देहलीज से हट जाता है। नमूदीदी आराम से अंदर चली जाती है। हणमू के कान में रुई का फाहा दिखाई देने लगता है। कमीज धुल जाती है। तातिया का माथा न आजकल बहुत दुखता है। फिर नमूदीदी हलके हाथों से बाम लगा देती है। लेकिन थोड़ा-सा गुड़ जरूर ले जाती है। घर के पूजा-प्रसाद के लिए, लेकिन तातिया देवता आदमी कभी कुछ बोलता नहीं। उसी मुद्रा से सहजन का बेसन उँगलियाँ चाट-चाटकर खाता है।

"उठिए साहब, अब तो! सब लोग कब के जा चुके हैं।" मल्हारी की दबी, लेकिन चंट आवाज वासुदेव अनंत की जानी-पहचानी है। "टैम हो जाने पर चुपचाप चले जाना चाहिए, सो तो नहीं। यूँ दूसरे को खाली पीली तकलीफ देना। देर तक बेकार ही खामोश बैठे रहते हैं। कुछ खबर है कि नहीं?···" मल्हारी रोज कुढ़ता रहता है। एक बार मल्हारी ने सारी रात उसे वहीं पर रहने के लिए मजबूर किया था। मल्हारी की बात ठीक है, लेकिन वह कैसे समझ सकता है?

वासुदेव अनंत भी जब पहली बार आया, तब ताजा टाई की तरह था। कंघी फिराता बाल में जाया करता। बाल भी थे तब विरल-विरल, पर अपना तो नारियल ही साला सड़ियल। बिल्कुल कंडम! लेकिन मैं पूछता हूँ कि किया प्यार, न खाया गोबर! हाँ खाया! क्या कोई प्यार नहीं करता? क्या किसी की शादी नहीं होती? बलामत हो गई। इसके लिए ऐसी सजा? जिंदगी भर रोग की तरह यह दाग बस झुलसाता रहा है। शायद इसी कारण सिर का हर एक बाल स्वर्ग सिधार गया है।

वासुदेव अनंत मटके का पानी पीता है। जरा-सा माथे पर थपथपाता है। उसे अकारण ही शक होता है कि कहीं खल्वाट पिलपिला तो नहीं हो गया है! सड़ेगा नहीं तो और क्या होगा? जिस टेबुल पर बैठता है, वहाँ बारहों महीने धूप का तूर्रा बराबर खल्वाट में शान से घुस जाता है। जैसे वह उसके लिए बना है। बचपन में दूरबीन के काँच से धूप का तुर्रा जमाकर कागज जलाया करते थे। बू आती थी। एक दिन अपना सिर उस कागज की तरह जल जाएगा। बू भी आएगी।

घर जाते वक्त मिर्च ले जानी चाहिए। ॠता ककड़ी मिलाकर चिउड़ा बनाने वाली है। उसकी मनोरमा को पसंद आते हैं न!—भूल जाएँगे तो आफत आ जाएगी। लेकिन शायद उसमें और मनोरमा में कुछ अनबन हो गई है।

मंडी से वह बाहर निकलता है। बुंदकों वाली शानदार बारात से लपेट लिया जाता है। मोटर कागज के नाजुक फूलों से जहाज की तरह सजाई गई है। बैंड के सुर पर धीमी चलने वाली गाड़ी सहसा रुक जाती है। जल्दी-जल्दी से गले में कैमरा लटकाए किसी सिने अभिनेता की नकल करनेवाला एस.एस.सी. वाला लड़का सेहरे की वजह से बुद्धू दिखाई देनेवाली अपनी बड़ी उम्रवाली दीदी को व्हिमटो ला देता है। इसे न, व्हिमटो पसंद है, इसके अलावा चलता ही नहीं कुछ। पास में बैठा पीला लड़बड़ा दूल्हा उसका जूठा व्हिमटो पीते हुए रेडियो सुनता है। उसके कान में कहता है, "अरी देख तो मजे की बात! बैंड पर भी वही गाना बज रहा है और सीलोन पर भी यही गाना! 'तुमको पिया, दिल दिया, 'पहचाना तुमने?"

"अरी दैया, सच? मुझे तो यह गाना न बहुत पसंद है!"

"सुनूँ तो फिर।" वह जोर से उसको चिकोटी काटता है।

और अब यह गृहस्थी बसाएँगे। घोड़े जैसे बड़े हो गए हैं। बनावटी दाँत लगाकर शादी करते हैं और बारात सजाते हैं। शर्म नहीं आती गँवारों को। सूरतें तो कैसी हैं! शानदार पोशाकें पहनने से क्या कभी कौवा मोर होता है? या हंस होता है? हमारी ऋता लाख, दस लाख गुना सुंदर है। है, इसीलिए तो कहता हूँ। लेकिन इस बंदर से पूछता तो कहता : बहुत दुबली है। चोर साले! यहाँ से वहाँ तक सब के सब बदमाश। पागल कुत्ते को लगा देना चाहिए इनके पीछे। शादी करो तो हो जाएगी तगड़ी। वासुदेव अनंत अपने को रोकता है। तो क्या झूठ कह रहा हूँ? पंद्रह-बीस लोगों के लिए पुरण की रसोई बना देगी, और क्या खास उसके हाथ की बनी पुरण पोली की तारीफ करूँ मेहरबान! ऐसी चढ़ेगी! लेकिन वह कहाँ इस तरह व्हिमटो पीती है? ऋता है ताजे कोंपल जैसी। बेहतरीन घर-संसार चलाएगी। लेकिन मेरे इस सोचने का क्या लाभ? सद्गुण यदि किसी को दिखाई ही न दे तो उन्हें लेकर करना क्या!

बड़े प्यार से बापूजी ने उसका नाम ऋता रखा था। उसका पति लेकिन विद्वान् या पंडित नहीं होगा, अरे वह बड़ा कवि भी होगा। पर ऋता अब क्या सोचती है? उसके मन की थाह लगती नहीं कभी। उसे देखने के लिए पहली बार जब आदमी आया था, वह इस तरह मुग्ध व्यवहार करने लगी, जैसे किसी महानायक, उलझन से छुटकारा मिल गया हो। वैसे काफी समय गुजर जाता है। कुछ भी बोलती नहीं। मानो अपने से पूछती कि इससे मुक्ति कहाँ और सहती जाती है। कभी-न-कभी कोई तो आने वाला है! हम उसकी राह देख रहे हैं और वह उससे डरी हुई है। ऐसा क्यों? क्यों?

बचपन में एक बार बापू ने उसे हाथों पर उठा लिया था। इसमें शक नहीं कि बापू उससे बेहद प्यार करते थे।... लेकिन वह ऐसे चीख पड़ी, जैसे जान जा रही हो। सनक में आकर सीधे नीचे कूद पड़ी।

"आप मुझे अच्छे नहीं लगते। आप गंदे हैं। माँ जैसे अच्छे नहीं हैं।"

"अजी सुनती हो, देखो यह क्या कह रही है?" बापू को इस बात से हँसी आ गई और उन्होंने धीरे से उसे चूम लिया।

"यह देखो, मैंने आपका चुम्मा पोंछ दिया। मुझे अच्छे नहीं लगते कहने पर भी...।"

बापू चल बसे, तब उसे कैसा लगा कौन जाने! खुद वासुदेव अनंत को भी समझ में कहाँ कुछ आया!

पर जब से मनोरमा रहने के लिए आ गई, तब से ऋता कुछ सामान्य हो गई। हरदम 'मनूदीदी-मनूदीदी' कहती हुई उसके पीछे रहती है। मामूली चटनी बन गई हो तो भी दौड़ती हुई जाकर उसे दे देती है। उसकी साड़ी भी पहन लेती है। कौन, किसकी मनोरमा, लेकिन ऋणानुबंध की बात है। जगह किराये पर देने में शुरू में डर था। अच्छी-खासी और जवान लड़की। अकेली रहनेवाली। कहीं कुछ ऊपर-नीचे हो गया तो आफत आ जाएगी। लेकिन ठीक हो गया। ऋता भी अब कुछ करेगी। एक-दूसरे का साथ होगा। वैसे वह तो हमेशा के लिए यहाँ नहीं रहनेवाली। उसकी शादी तय हो चुकी है। एक-दो महीने में चली जाएगी। ऐसा कुछ हो कि उसकी शादी न हो, वासुदेव अनंत पसीना-पसीना हो जाता है।

घर की सीढ़ियाँ चढ़ते हुए वह इसी तरह पसीना-पसीना हो जाता है। अपने कानों को चले जाना चाहिए। सबसे बड़ा सुखी तो बहरा है। लेकिन पलुसकर के रिकॉर्ड के सुर आ रहे हैं और घर में भी बड़ी शांति है—'ठुमकि चलत रामचंद्र...'

वह जल्दी-जल्दी अंदर चला आता है। सुरों की नाजुक बनावट अनुरोध करती सी लाड़-प्यार से पैरों में उलझती है। देह ने जैसे नहा लिया हो। बच्चे को गोदी में लेकर वह चाय की प्याली उठाता है। रोज की शाम ऐसी ही हुआ करे। ऐसी ही...

"हर बार उलटा जवाब देना। एक शब्द खाली नहीं जाने देती री तू। क्यों आ गई तू इस घर में? हम में से कोई नहीं चाहता था कि तू आए। नहीं देखना चाहते तेरी सूरत, जिंदगी भर दूसरों के लिए मेहनत करते रहे। अब लगता है कि कोई कुछ न कहे पर तू है, जो इस तरह जान को खाए जा रही है। चूल्हे में डाल तेरी नौकरी

और तेरा पैसा। मुझे मत दिखा अपनी शान। घर को बरबाद कर दिया, मेरी सोने जैसी बच्चियों का बुरा हाल है तेरे कारण! तू है किस काम का?"

"पर मुझसे क्या गलती हो गई? गगरी टपकती है, इसलिए मैंने उसे बड़े भगौने पर रख दिया था। हम लोग तो रोज ऐसे ही रखते हैं। वह लुढ़क गई और घर में पानी फैल गया तो मैं क्या करूँगा? ऐसी भी क्या बड़ी गलती है, जो इतनी डाँट पड़ रही है?"

"यही तो! यही तो तेरी बात है। हरदम मुँह ऊपर उठाकर बात को बढ़ाते जाना, सिर झुकाकर चुपचाप पानी भरते रहना तो नहीं होगा तुझसे। यह काम तो सविता करेगी। तेरी कामवाली है ना मेरी बच्चियाँ और हरदम बोलते जाना, तूने ही सिखाया है न? गलती तो हमारी ही है, ऐसा सोचकर अपने ही मुँह पर थप्पड़ मारना और चुप बैठ जाना…"

"मैं जानती हूँ, यह सब किसलिए चल रहा है। तुम्हें लगता है कि मेरे ही अनुमान से हमेशा आफतें आती हैं। मैं ही कहीं चली जाती हूँ। मेरी ही मति मारी गई और मैंने धोखा खाया, बहुत बड़ा धोखा खाया मैंने, तुमने नहीं।"

वासुदेव अनंत जानता है। अब वसुमती गला फाड़कर रोएगी। फिर तीन मिनट तक सिनेमा की तरह हाथ-पैर तानकर बेहोश होने का नाटक करेगी, झूठ-मूठ बेहोश हो जाने का, इससे पाठ लेना चाहिए। फिर छुट्टी लेकर हल्ले-गुल्ले वाली अंग्रेजी फिल्म देखेंगे।

'ठुमक चलत रामचंद्र…' के दयनीय सुर अब भी रेंग रहे हैं। पलुसकर की आवाज भी जब इस घर में आती है तो दयनीय बन जाती है, गला दबा देना चाहिए।

वसुमती के रोने की आवाज आती है। वासुदेव अनंत सहसा कुरसी से उठ जाता है। उसके हाथ से चाय की प्याली गिरकर टूट जाती है। गिरी हुई चाय में बच्चे को दन से पटक देता है। बच्चा चिल्लाने लगता है और वासुदेव अनंत आवेश में रेडियो उठाकर तेजी से उसे खिड़की से बाहर फेंक देना चाहता है।

"अरे वासू, यह क्या बेहूदगी है? मैंने देखा, इसलिए ठीक हुआ, नहीं तो तू तो इसे फेंक देता। रेडियो कहीं इस तरह फेंका करते हैं! कल बच्चे को उठाकर फेंक देगा।"

"हाँ, फेंक ही दूँगा। क्या करोगी तुम? बच्चा मेरा है। मैं फेंक दूँगा या जो चाहे करूँगा। अरे, यह भी कोई घर है? शांति से दो घूँट चाय भी पीने नहीं देते? कंजड़िनों की तरह पिच-पिच जबान चलती रहती है। हम इनसान नहीं हैं, पिशाच

हैं—पिशाच! सड़ियल, जलनेवाले। अँधेरे में मकड़ी के जाले लगे कोने में बैठकर लगातार खुसर-फुसर करनेवाली अशुभ छिपकलियाँ हैं हम।"

वासुदेव अनंत थक जाने की सीमा तक पैरों को पटकता हुआ चहलकदमी करता है। फिर थककर निढाल और संवेदनहीन होकर कुरसी पर बैठ जाता है।

अब उसकी आँखों में बिंब अंकित होता है। उसे कुछ अचरज ही होता है। परदे पर जैसे पहले सिर्फ आहट आती है, वैसे किसी के पैरों की आहट सुनाई देती है। फिर उसी तरह प्रकाश रेखा में ऋता की आकृति। उसके हाथ में मनु के लिए बनाया गया चमकदार गुरियोंवाला बटुआ झूल रहा है। वही इस तरह ठुमकती हुई चाल रही है। पास और पास आते वह आकृति कहीं पूरे घर को ही तो घेर नहीं लेगी?

"माँ, आप लोग तैयार होकर जल्दी से पैलेस थिएटर आ जाइए। मैं मनु को लेकर आ जाऊँगी। आप क्यों उसकी राह देखती रुकी रहो? मैं रुक जाती हूँ उसके लिए। सविता, तू जल्दी कर।"

"पर मुझे सिनेमा देखने के लिए जाना ही पसंद है। और फिर मनु के लिए रुकने की कोई जरूरत नहीं है। इधर मनु तुझसे नाराज रहती है, गुस्सा करती है। तेरी समझ में नहीं आती ये बातें! बेवकूफ होती जा रही है।"

"कोई जरूरत नहीं है तुम्हें मुझे सिखाने की। मैं सबकुछ समझती हूँ।"

अब भी वासुदेव अनंत की आँखों में उसका बिंब काँपता हुआ डोलता रहता है। बच्चे को कपड़े पहनाना, सबको खाने के लिए देना, इतना अपने आपको डूबो नहीं देना चाहिए आदमी को। किसलिए?

"और हाँ वासु, सुनाई नहीं देता क्या तुझे? इस तरह क्या देख रहा है मेरी तरफ? कोई भी डर जाएगा।" दूसरे के लिए कोई कितना करता रहे। वासु को सहसा गुस्सा आ जाता है। तैश में आकर उसके गले को दोनों हाथों से दबा देता है। सबकुछ खत्म कर देना चाहिए।

"अरे, वासु तब से यह क्या किए जा रहे हैं? जैसे होश ही नहीं है, बच्ची धूप में जाकर टिकट ले आई। मनु आज़ फिर पिक्चर दिखाने वाली है। और जब से तू आया है, यह क्या तमाशा हो रहा है?"

वासुदेव अनंत तुरंत शरमा जाता है। वह अपने आपसे ही बेहद डरने लगता है। वह धीरे से ऋता की ओर देखता है। पर ऋता तो अपनी ही धुन में मगन। उसके हाथ में बटुआ अभी तो वैसे ही झूल रहा है। थोड़ी देर पहले जैसे उसकी आँखों में

झूल रहा था। चुपचाप बच्चे को उठाकर वह जाने लगता है। सविता सचमुच जाना नहीं चाहती। वह फिर ऋता से विनती करती है। और न जाने कैसे, वह बिना कुछ बोले बाहर चली जाती है।

"जल्दी आ जाओ। ज्यादा इंतजार मत कराओ।" माँ बार-बार जताती है।

आज ऋता मनु का खादी सिल्क पहननेवाली है। और वह लाल ब्लाउज़ चौखाने में कली फुल्लीवाला बढ़िया दिखेगा। फिर मनु दीदी हाथ लगाकार देखेगी। बड़ी गुदगुदी होती है और हँसी आ जाती है। मनु दीदी के स्पर्श की बड़ी चाहत होती है। उसे अच्छा लगता है मनु दीदी जैसा होना।

ऋता मनु का कमरा खोल देती है। तभी उसे मनु के अस्तित्व का अहसास अंग-अंग में हो जाता है। वह पलभर के लिए दहलीज पर ही रुक जाती है। मनु दीदी के आ जाने के बाद वह कुछ अलग ही अनुभव कर रही है। सबकुछ बदल गया है। किसी को बताए तो वह समझता नहीं। और अब उस पर ही हँसेंगे। उसे तो नारी ही अच्छी लगती है। पुरुष तो बेहद गंदा होता है। गेंडे जैसा! वह एक बार बैंगलोर या कहीं और बाग में गई थी, वहाँ उसने दरियाई घोड़ा देखा था, इतना घोर घिनौना और कुछ नहीं होगा, ऐसा ही कुछ अहसास होता है...एक बार बचपन में उसने ऐसा ही कुछ देखा था, नींद में जाग पड़ी तो माँ नहीं थी। वह तुरंत उठती है। रोना भूल जाती है। ऐसे में, अपने बापू? इतने अजीब से, इतने गंदे, उसे सहसा डर लगता है। बापू को बुरा नहीं कहते, बापू को कुछ नहीं आता, ऐसा कहा करते, वह हर रोज अपने मन को पाठ पढ़ाती है, उसका मन हर रोज गिटपिट महसूस करता है। शादी के किसी भी प्रस्ताव से उसे डर लगता है। उसका जी उड़ जाता है।

लेकिन मनु दीदी को अब कहीं नहीं जाना चाहिए, कहते हैं, उसे किसी से प्यार हो गया है। परसों मनु दीदी के कमरे को इतना अच्छा सजा दिया कि मनु दीदी खुश हो गई। "मेरी शादी के बाद अपना घर सजाने के लिए तुझे ही ले जाऊँगी। लेकिन आना जरूर।" ऋता को उसकी बातें अच्छी नहीं लगीं। इतनी अच्छी जिंदगी चल रही है तो क्या शादी करनी ही चाहिए? आज भी उसे किसी की चिट्ठी आई है। अंग्रेजी में। सचमुच क्या वह चली जाएगी? फिर मेरा क्या होगा? वह एक-दो दिन के ट्रिप के लिए जाती है, तब माँ को भी चैन नहीं रहता। उसके जाने की कल्पना ही सहन नहीं होती। उसे जाने नहीं देना चाहिए, जोर से पकड़कर रखना चाहिए। चिट्ठी कैसे पढ़ेगी? पढ़ते हुए बहुत शरमा जाएगी। उसे लगा कि मनु दीदी है, उसे अंग-अंग में लज्जा खासकर फूट पड़ती है। वह छटपटाती है, आवेश में

चिट्ठी को मसल डालती है। उसे नहीं जाना है। कैसे जा सकती है ? वह चिट्ठी के टुकड़े कर डालती है। उसे जला देती है। फिर डर से काँपने लगती है। अचानक उसे अजीब-सा रोना आता है। मनु दीदी को पता चलेगा तो वह कितनी नफरत करेगी। कभी पास नहीं आने देगी। सच, मनु दीदी आजकल इतनी नाराज क्यों रहने लगी है ? पास में सो जाने पर बेचैन हो उठती है। बड़ा अच्छा लगता है, जब वह अपने आप घर में हँसती है। पर अभी तक वह आई क्यों नहीं ? मुझसे नाराज होकर तो कहीं वह देर से नहीं आएगी ?

सच बात तो यह है कि मनोरमा कब से कमरे में जाना चाहती है। लेकिन डर लगता है। आज तो योगेंद्रनाथ की चिट्ठी आनेवाली है। वह अपने आने के बारे में निश्चित तिथि लिखनेवाला है। बिल्कुल आनी ही चाहिए। कितने दिनों से इंतजार किया है। कर्ज चुकाना चाहिए। गिरवी पड़ा घर छुड़वाकर छोटी बहन की शादी कराना, इसके बाद ही मैं मुक्त हो जाऊँगी—तुम चाहो तो अपनी राह पकड़ लो, बड़ा गुस्सा आता है। वह क्या रंगोली जैसी है ? जब चाहा, पोंछ डाला पैर से ! बड़ा आया 'अपनी राह पकड़ लो' कहनेवाला ! बुद्धु है बिल्कुल। अरे, अभी तक तो राह पकड़ लो कहनेवाला ठीक तरह से कंघी भी नहीं कर सकता। और अपनी सूरत अगर एक छोटे बालक जैसी है तो टाई क्यों लगाते हैं ? टाई लगाने पर भी बात पूरी नहीं होती। उसे पिन लगाई जाती है। नखरेबाज लावणी की मुर की जैसी। देखिए न अब कैसा बेढंगा दीखेगा ! फिर लगता है, वह जो है, वह नहीं है। नपुंसक अफसर-संजीदा टाई जैसा ! और उसकी पत्नी जाती है मोर का हार और क्रिस्टल नायलॉन पहनकर महिला मंडली में, तब उसका नाम होगा जयमाला साहिबा ! नहीं, यह बिल्कुल नहीं चलेगा। वह क्या जयमाला जैसी है ? उस टाई की पिन को निकालकर फेंक देती है। वह इतना रूठ गया था, पिन का कीमती पत्थर टूट गया इसलिए। पर यह कैसी उसकी बात ! वह इतना रूठ गया था कि कुछ समझता ही नहीं और नाम बताते हैं योगेंद्रनाथ ! कैसा आर्य वैदिक युग का लगता है ! और लंबा भी कितना ! किसी का नहीं होगा दुनिया में। लेकिन लगता है कि यह तो उसी के लिए है। उसी का है, दूसरा शोभा नहीं देता। "बहुत सही री।" उसकी माँ ने उसे इतना ही बता दिया था। लेकिन जल्दी पसीज गया। वह अपनी मौसी के घर में ही पला-बढ़ा। घर-परिवार बड़ा था। फिर बक्का नाम की उसकी एक ननद हमेशा के लिए वापस आ गई थी।... वह क्या औरत थी ? खासा लंबा-चौड़ा मर्द सिपाही ! परोसते समय उसके स्तन बड़े अजीब ढंग से हिलते थे। जीना मुश्किल हो जाता। एक दिन दाल

की कटोरी में तिलचट्टा आ गया। मैं खा नहीं सका। तभी वह मर्द सिपाही आ गया डंडा लेकर। "कुत्ते की तरह अनाज को मोहताज पराए घर में आश्रित तू, तुझे इतना घमंड क्यों? चल पी जा वह दाल चुपचाप।"

मनोरमा जोर से उसका हाथ पकड़ लेती है, वह हँस पड़ता है।

"हँसो मत। मुझे बहुत तकलीफ होती है। बक्का का खून पी जाना चाहा होगा तुमने?..."

"वही तो मजे की बात है। तब मैं पुराण बहुत सुनता था। प्रभु रामचंद्र हमारे देवता। दु:ख के पहाड़ की धीरोदात्त बनकर लाँघनेवाले... मैं क्यों डरूँगा? तहसीलदार बन जाऊँगा और बक्का को बड़े शान से अपने घर ले जाऊँगा। फिर उसे पता चलेगा कि मैं कितना अच्छा था! तब मैंने उस पर एक काव्य रचना की थी। खंडकाव्य था : 'मीठा बदला' और उसकी तसवीरें उतारी थीं। सारे घर में सितम ढानेवाली वह हरी मिर्च की आग बेहद शांति से चल बसी। पर मैं भटकता रहा। दीवार पर अपना ही सर फोड़कर लहूलुहान होता रहा। हास्यास्पद बन गया मैं। लेकिन अब सोचता हूँ, प्रभु रामचंद्र अपने मुँह पर दे मारा सुनहरा टुकड़ा है। हम फिदा हो गए। देवता भी अपने भोग से मुक्त नहीं। अरे, पर भोगो ही क्यों? क्या हमने उसे कहा था कि बेटे भुगतो! बेटा तो झूठ और फरेबी बातें बताकर चकमा देता है।"

"कैसी पेचीदा बातें करते हो! मेरी तो कुछ भी समझ में नहीं आया।" अब आने वाले तीन दिनों में सब समाप्त हो जाएगा। घर भी खाली हो जाएगा। मनोरमा को तो पता ही नहीं है कि घर क्या होता है! जब से उसे समझ आई है, वह हॉस्टल में ही रहती आई है। एक बार वह अपनी सहेली के घर गई थी। तब उसे लगता था कि सिनेमा के सफेद परदे के अंदर ही ले चले गए हैं। सिनेमा के घर अगर इतने नकली होते हैं तो हॉस्टल क्या बुरा है?—पर उसकी समझ में नहीं आया कि घर क्या होता है! घर की दीवारें कैलेंडरी और पुरानी बड़ी तस्वीरों से पोती गई थीं और उसके बावजूद हर किसी को अलबम दिखाई जा रही थी। इसका घर कैसा होगा, किसे मालूम! पर कोई अलग नया सा अनुभव होगा। आजकल वह बहुत उतावला और बेचैन हो गया है। परसों चिट्ठी में लिखा था "अब तो मैं बहुत अधीर हो गया हूँ। लगता है कि कुछ भी हो, वह सुख अब हमें नहीं मिलने वाला होना चाहिए और यदि हमने कभी कोई बुरा बरताव नहीं किया और किसी का बुरा नहीं चाहा तो अपना क्योंकर बुरा होगा? इस तरह कातर क्यों होना चाहिए उसे? और अंग्रेजी में चिट्ठी नहीं लिखनी चाहिए न, अपनी होने पर भी लगती है कि किसी दूसरे की

है। उसे छू नहीं सकते। आज भी अगर अंग्रेजी में लिखी होगी तो बहुत गुस्सा करना होगा उससे। कब आने वाला है? आज बताएगा।

पर लगता है कि कमरे पर न जाए। तबादले के बाद यहाँ आई तो उसे कमरा नहीं मिल रहा था। हट्टी-कट्टी जवान लड़कियाँ, इन्हें कमरा देकर कौन पछताएगा। लेकिन वासुदेव अनंत ने कमरा दिया। उसे भी परिवार में सुख मिला। योगेन को बताया भी था कि लगता है उपन्यास की किसी अच्छी माँ के पास रहने आए हैं। पर ऋता का बरताव आजकल कुछ अजीब-सा हो गया है। कभी अकेले नहीं रहने नहीं देती। हरदम काली बोलती रहती है। नुकीले कठवाड़ी धागे से मन को उलझानेवाली कढ़ाई बनाने जैसी। उससे पूरा बदन ढीला और जड़ बन जाता है। आँखें सुस्त हो जाती हैं। फिर उसका हाथ फिरने लगता है। बहुत डर लगता है उससे।

"कितनी देर कर दी मनु दीदी तुमने? मैं कब से राह देख रही हूँ। सवा छह बज भी चुके। चाय-चिउड़ा ले लो और फिर हम चल पड़ेंगे।"

ऋता ने उसकी खादी सिल्क पहन ली है। वह मनुहार के साथ मनु दीदी पर अपनी आँखें गड़ाए है। मनोरमा उसे दूर हटाकर कमरे में आ जाती है। सारा कमरा छान मारती है, बेचैन होकर।

"क्या ढूँढ़ रही हो?"

"मेरी चिट्ठी नहीं आई री आज?"

"इतनी सी बात! मैंने सोचा कुछ और बात है। आज शायद तुम्हारी चिट्ठी नहीं आई। आई होती तो उठाकर टेबल पर नहीं रख दी होती! पर तुम तैयार हो रही हो न? माँ थिएटर पर राह देख रही होगी···हूँ?"

"पर चिट्ठी कैसे नहीं आई? ऐसा तो नहीं हो सकता। आज तो काम की बात थी। वह कभी ऐसा नहीं कर सकता।"

"बस भी करो। सिनेमा के लिए देर हो रही है। बाद में ढूँढ़ लेना। मैंने तुम्हारी साड़ी पहन ली है। बेनी कैसी बनाई है, देखो न!" उसकी तारीफ करना तो दूर की बात, सिर्फ अपनी चिट्ठी की रट लगा बैठी है··· ?

"तेरा सिनेमा गया भाड़ में! जब तक चिट्ठी नहीं मिलती, मैं नहीं जानेवाली। तूने तो कहीं छिपा नहीं दी है? ऐसा मजाक मत कर री दैया?"

"मैं किसलिए छिपाऊँगी तुम्हारी चिट्ठी? मुझे क्या मिलने वाला इससे? तुम्हारी यह हमेशा की बात है। तुम हमारे साथ सिनेमा नहीं जाना चाहती इसलिए

ऐसे बहाने ढूँढ़ रही हो। चिट्ठी के लिए दूसरे को क्या सता रही हो? कल आएगी, नहीं आएगी, ऐसी तो कोई बात नहीं। उलटे हम पर ही इलजाम लगाती हो! हम इतना जी लगाकर करती है—ऐसे मतलबी जन से कभी प्रेम नहीं करना चाहिए। दूसरे के मन को बिल्कुल नहीं समझते।"

"हाँ! नहीं समझती मैं दूसरे के मन की भावना को। मैं नहीं जाऊँगी तेरे साथ। वैसे भी तू मुझे अच्छी लगती ही नहीं, और तेरा हरदम मेरे साथ होना भी। क्यों आती है तू? और मेरी चिट्ठी तूने ही छिपाकर रख दी है।"

"इतनी जली-कटी सुनाने की जरूरत नहीं है। नहीं आऊँगी फिर से।" वह उछलती हुई बाहर चली जाती है।

मनोरमा दिग्भ्रमित हो जाती है। चिट्ठी क्यों नहीं आई? वह ठीक तो होगा न? वैसे वह कुछ ज्यादा ही दुनियावी है। उसे अभी भी मन तक पहुँचकर जुड़ना क्यों नहीं आता? वह धीरे से उसकी नीली मुसकान पर हथेली दबा देती है। "तुम ठीक तो हो न?" वह धीरे से बुदबुदाती है। सच है। समय ही नहीं मिला होगा उसे। या शायद अनजाने आकर चकित कर देना चाहता हो। ऐसा ही होगा। ऋता कहती है, बहुत नाजुक मिजाज है।

वह भागती हुई ऋता के पास जाती है। "मेरा दिमाग ही फिर गया था देख! चिट्ठी नहीं आई न इसलिए। पर हो सकता है, नहीं आई होगी चिट्ठी। होता है कभी-कभी ऐसा। मुझसे नाराज हो गई क्या? ऐसा भी क्या?"

"मैं झूठी हूँ। तुम्हारी चिट्ठियाँ छिपाकर रखती हूँ। क्यों इतनी बातें करती हो हम से? जाओ यहाँ से, नहीं चाहिए हमें ऐसा बनावटी बरताव। तुम ढोंगी हो। जाओ यहाँ से, जाओ! कहा न! कुछ नहीं चाहिए अब, बड़े लाड़ दिखाने आई हो!"

वह मूढ़ बनकर अपने कमरे में आ जाती है। एक तरह से ठीक ही हो गया। आज रात वह सोने नहीं आएगी और मैं ठीक से सो पाऊँगी। मनोरमा की समझ में नहीं आ रहा था कि उसे कैसे कहे! कैसी अजीब बात है! लेकिन चिट्ठी क्यों नहीं आई?

घड़ी में साढ़े नौ बजते हैं और ऋता अपना तकिया लेकर दरवाजे पर खड़ी है। मनोरमा के पैरों का बल ही चला जाता है।

"पुकारा भी नहीं न तुमने? सोचा था, अब बुलाएगी, तब बुलाएगी। लेकिन कैसी हो तुम? झगड़ा तुमने ही शुरू किया और नाराज भी तुम ही बैठी हो! मुझे ही चैन नहीं आया, इसलिए चली आई।"

वह सोने की तैयारी करती है। दूध गरम कर उसे दे देती है। "मैं जानती हूँ, मेरा यहाँ आना तुम्हें बिल्कुल सुहाता नहीं।"

"ऐसी बात नहीं है री!" मनोरमा झेंप जाती है। उसका बदन ठनकता है। उसमें होश नहीं। बहुत दिन तक ठीक से नहीं सोने पर होता है वैसे। नहीं चाहिए यह सब। वह एक ऐसे चक्र में फँस गई है जिससे कभी मुक्ति नहीं है। यूँ ही योगन को याद करने की कोशिश करती है। आधी नींद से उसे लगता है : वह लपटों के बीच से उसे मिलने जा रही है और सहसा व पिघल जाती है। वह बेचैन होकर कराहती है। आधी नींद में करवटें बदलती है। यहाँ अब गरम और जल्दी चलने वाली साँसों का कुछ आ रहा है। धीरे-धीरे पास आ रहा है। मानो पूरे बदन की लाल-नीली जिह्वाएँ लाख-लाख एक हो रही हैं। उसे घेर रही हैं। शोले उठ रहे हैं और उसे निगल रहे हैं। ढीले और गाढ़े।

बदन फट पड़ने की हद तक वह जोर से खींचकर दूर हटाती है। "तू अभी यहाँ से उठ जा, चल निकल जा यहाँ से बाहर!" दरवाजा खोलकर वह उसे बाहर धकेल देती है। उसका बदन काँप रहा है। सिसकी के कारण वह ठीक से बोल नहीं पाती है। पर गला सूख जाने तक वह योगेन का नाम लेकर चीखने की कोशिश करते-करते वह आधे खुले दरवाजे पर ही गिर पड़ती है—उसे उसका नाम ही याद नहीं आ रहा है।

"अब यह लौंडी न जाने कौन सी तोहमत लगानेवाली है! इसे जगह किराए पर दी, तब मैंने मना किया था, पर वासू, तूने नहीं माना। अब देख इसकी एक-एक हरकत को! मेरी बेटी उसे फूटी आँखों नहीं सुहाती। जलती है उससे। चुभती है उसकी आँखों में।"

धूप भीतर आ गई, फिर भी वह नींद से जाग नहीं पड़ी है, पर वह जल्दी से उठ जाती है। निश्चय के साथ। योगेन को तार भेजना है। "फिर कभी कमरे के पते पर चिट्ठी मत डालना और यहाँ से मुझे ले जाओ। अब यहाँ से कहीं भी जाना चाहिए।"

वह इधर-उधर देखे बिना सीधे डाकघर जाती है। तार भेजकर लौट आती है। और उसे बड़ी भारी भीड़ दिखाई पड़ती है दरवाजे पर। ऋता की माँ दहाड़े मारकर सीना पीटती हुई रो रही है। ऋता ने ब्लेड से अपना गला चीर डाला है। खून से लथ-पथ हो गई है, उसकी सिल्क की साड़ी में। वह डर के मारे जम जाती है।

"यही है वह डायन! पहले इसे पकड़ लो। कुचल-कुचलकर मार डालो रे

इसे कोई। इसने मेरी बच्ची को बहकाया। उसके मन में क्या भर दिया कौन जाने? इसने मार डाला रे मेरी बच्ची को। फूटी आँखों सुहाती नहीं थी मेरी बच्ची इसको।"

वह दौड़ती हुई उसके पास आने लगती है। और अचानक मनोरमा को कुछ दिखाई नहीं देता। उसकी घिग्घी बँध जाती है। गले से अजीब-सी आवाज निकलने लगती है। उसकी गरदन लगातार इधर-उधर हिलने लगती है। यथासमय योगेन आ जाता है। वह आज ही आनेवाला था। कल की चिट्ठी में उसने लिखा था। पता पूछते हुए घर को ढूँढ़ता वह आ जाता है।

"मनु, देखो तो, मैं आ गया हूँ। कर्ज चुकाकर घर छुड़वा लिया। अब हम जाएँगे।"

उसकी गरदन लगातार हिल रही है, गले से आवाज लुढ़क रही है और उसे कुछ भी दिखाई नहीं देता।

वह अपनी हँसी का आवेग रोक नहीं पाता।

लेखक-परिचय

जन्म : 10 नवंबर, 1928 • निधन : 2011

मराठी की प्राध्यापिका रहीं। 2 कथा-संग्रह, 3 उपन्यास प्रकाशित। स्त्री के अंतर्मन का व्यापक 'नव' दर्शन उनकी कहानियों की विशेषता है।

□

जब मैंने जाति चुराई

– बाबूराव बागुल

अनुवाद : दामोदर खड़से

मुझ पर जाति चुराने की जो नौबत आई थी, उसकी याद आते ही, मन अग्निकुंड-सा दहकने लगता है। पीड़ा से दिमाग फटने लगता है और अनायास ही लगने लगता है कि इस दुर्भाग्यशाली देश में दलित जाति का होना भयंकर पाप है। यदि पैदा भी हों तो इतना दुःख, अपमान सहना पड़ता है कि मरना अच्छा लगता है··· जहर प्यारा हो जाता है। हृदय का अमृत सड़ जाता है और बचता है सिर्फ तलवार से भी अधिक क्रूर, कठोर आक्रोश! इतनी मानसिक, बौद्धिक यातना मुझे सहन करनी पड़ी थी। यदि और कुछ दिन मैं वहाँ जाति छिपाकर रहा होता तो शायद पागल हो गया होता या नाग के समान जहर लिये हुए मुंबई आ गया होता। अच्छा ही हुआ। वेतन के दिन रामचरण के घर के सामान की चोरी हो गई और इस प्रकार एक ने मेरी जाति की चोरी जाहिर कर दी। वैसे रामचरण तिवारी ने मेरी अपने गुरु की इच्छानुसार खातों में अच्छी-खासी मरम्मत कर दी। और काशीनाथ सकपाल में सामूहिक क्षोभ से मेरी जान बचाई। घटना इस प्रकार है···

···मैं दधना स्टेशन पर सुबह की रोशनी के साथ उतरकर इंजन रोड की ओर बढ़ रहा था। नौकरी मिलने की खुशी से मेरा मन, पाषाण-सा आक्रामक, बारिश-सा पराक्रमी बन गया था। इस भीतरी संबल के कारण मुझे किसी का डर न था। कोई भी पराया नहीं लग रहा था। सब करीबी लग रहे थे। कहीं कोई दुःखद घटना होगी, इसका तनिक भी आभास नहीं था। मेरा मन, शरीर चैतन्य से ओत-प्रोत थे। इसलिए मुझ कोई चिंता न थी। मैं जो भी बोलूँगा, सही होगा। मिट्टी में हाथ डालूँगा तो सोना निकलेगा, ऐसा मेरा विश्वास था। क्योंकि ट्रेन में रात भर जागकर मैंने

कितने ही सुंदर सपने सँजोए थे। इस तरह मैं भोर की हवा-सा बहता जा रहा था। मेरे सामने जा रहे मजदूरों के झुंड को मैंने आवाज दी। सारा झुंड रुक गया। उसमें से बॉयर-फिटर रणछोड़ मेरी ओर मुड़ा, "केम भाई, सूं छे?"

मैंने शुद्ध-साफ गुजराती में अपनी बात कही। रणछोड़ किराए पर मकान देने पर राजी हो गया। उसके साथ बैठा मजदूर आश्चर्यचकित हो मुझे देखने लगा। मेरा कोट, टोपी, धोती, कोल्हापुरी चप्पल, मेरे हाथ की मायकोवस्की की कविता की पुस्तक और दूसरे हाथ का ट्रंक, उस पर बँधे बिस्तर की ओर आश्यर्चचकित हो सब देखने लगे। उन सबके चेहरे पर मेरे लिए आश्चर्य-मिश्रित आदर देखकर, नौकरी मिलने के आनंद को पीकर प्रफुल्लित मेरा मन, प्रेमांध-प्रणयी-सा बहकने लगा था।

इस तरह मैं खुशी में धुत्त हो गया। तभी रणछोड़ ने डरते-डरते पूछा, "पर आप किस जाति के हैं?"

यह सुनते ही मैं क्रोधी मेघ-सा गरज पड़ा, "आपने क्या समझकर मेरी जाति पूछी? मैं कौन हूँ, क्या आप नहीं देख सकते, मैं कौन हूँ...मैं मुंबई का हूँ। सत्य-असत्य से लड़नेवाला, मरनेवाला, शस्त्र और शास्त्र धारण करनेवाला, भारत की मुक्ति और शक्ति देनेवाला...समझे? या और बताऊँ? अपने प्रताप के विजय गीत फिर गाऊँ?" आनंद से उन्मत्त, यह गर्जना करता हुआ मैं आगे बढ़ गया। सारी रात सपने देखकर मस्ती से मेरा मन आगे और निरंतर आगे दौड़ रहा था। और पीछे झुंड की कानाफूसी मेरे कानों में पड़ रही थी। देवजी कह रहा था, "अरे रणछोड़, उसे मत छोड़, किराया मत डुबा। मराठी आदमी है, निडर है, शायद ब्राम्हण हो या क्षत्रिय। वापस बुला ले, जा जल्दी।"

परंतु मेरे आघात से घायल रणछोड़ मेरे पास आने से हिचकिचा रहा था। देवजी से कह रहा था कि उनकी डरपोक हरकतें देखकर मुझे लगा, वे सारे लोग मेरी जेब में समा जाएँगे।

रणछोड़ ने डरते-डरते मेरे पास आकर कहा, "देखिए, नाराज मत होइए। अपरिचित व्यक्ति से हम जाति पूछते ही हैं। ऐसी हमारे देश में प्रथा है। मैंने आपको मकान दे दिया, किराया पाँच रुपए...ठीक है?"

रणछोड़ को टोकते हुए देवजी बोला, "भई, अपनी जाति संग माटी खाओ, पर जाति के साथ हाथी पर बैठने में भी कुछ नहीं धरा। और आपके जैसा आदमी अछूत-दलित के घर जाकर रह नहीं सकता। चोरों के घर घुसकर अपना सर्वस्व

थोड़े ही खो देगा कोई!"

"मेरे सामने, नए भारत के नए नागरिक के सामने, ऐसी बात करना ठीक नहीं। हम सब देश के शिल्पकार हैं। न कोई दलित, न कोई ब्राम्हण।"

"गलती हुई।"

"हाँ, गलती तो निश्चित हुई। इसीलिए तो अपना भरा-पूरा भारत भिखारी हो गया। समझे!"

"परंतु मकान के बारे में क्या? आप आएँगे न?" रणछोड़ अपनी दयनीयता प्रकट करते हुए कहने लगा।

"सोचकर बताऊँगा।"

"अब क्या सोचना। मेरा मकान अच्छा हे। पास ही पीछे पानी का कुआँ है। आम के पेड़ हैं। तरह-तरह के पक्षी वहाँ रोज आते हैं। गाते हैं। हाँ तो आपका आना निश्चित समझूँ?"

रणछोड़ की लाचारी पर, वर्णन कर प्रसन्नतापूर्वक उदार होकर मैंने हामी भर दी। वह आनंदित होकर आग्रह करने लगा, "चलिए, चाय पीएँगे।"

"आप चलिए, मैं अभी आया।" और वह अपने साथ सारे लोगों को लिये हुए तेजी से आगे बढ़ा। मालगाड़ी के डिब्बों की कतारें पार करते हुए, कभी डिब्बे के नीचे से, कभी डिब्बों की शंटिंग बचाकर वह धुएँ से मटमैले वैगन में घुसा। उस वैगन में, चाय-नाश्ते की कैंटीन थी।

कैंटीन में बैठने की कोई व्यवस्था नहीं थी। फिर वह दौड़ता हुआ भीतर घुसा और इशारा करते हुए बता रहा था कि अचानक मेरे कानों में बंदूक की गोली-सा एक कठोर शब्द आर-पार हो गया, "महार।"

"महार", रणछोड़ गरदन घुमाकर चिल्लाते हुए बोला। उसी समय मेरी गरुड़-सी गगनभेदी उड़ान जमीन पर आ गई। आनंद से प्रफुल्लित मन अचानक ही रक्तहीन-सा हो गया। मेरे खून की चेतना गायब हो गई। आँखों के सामने तब के संवाद शैतान बनकर नाचने लगे। मैं अपनी ही जगह चिर दिए गए घाव-सा स्तब्ध रहा।

बड़ी खुशी में अपना जो व्यक्तित्व मैंने खड़ा किया था, उन कामगारों ने मनु को मानने वाले धर्म के अनुसार, मेरी जाति तय कर दी थी। और कैंटीन से किसी ने मुझे दूध की मक्खी-सा निकाल फेंका। अब क्या करूँ? इसी उधेड़बुन में था कि रणछोड़ का प्रश्न मेरे कानों से टकराया।

"तिवारीजी, महार यानी क्या भाई?"

और तिवारीजी, अपनी नीम-हकीमी पर नियंत्रण पाते हुए बोले, ''महार, यानी महाराष्ट्रियन? श्री शिवजी के आदमी? लड़नेवाला?"

"नहीं पंडितजी, वैसा नहीं है। मैं डॉ. बाबासाहब आंबेडकर के पंथ का··· जाति का···मेरा नाम काशीनाथ सकपाल, मुंबई का रहनेवाला काली चौकी के पास का।" काशीनाथ की आक्रामक आवाज सुनकर मुझे कुछ सांत्वाना मिली। मेरे कलेजे की थरथराहट कुछ शांत हुई।

तिवारी जिज्ञासावश तत्काल बोला, "अस्पृश्य यानी अछूत···"

"आपका शब्द ठीक है पंडितजी" काशीनाथ ने तिवारी का उपहास करते हुए कहा। उधर तिवारी भड़क गया और चिल्लाया, "मारो साले अछूत को!"

"मारो", भीतर बैठे सभी चिल्लाए। होंठों तक पहुँचता कप नीचे रखा, दोनों हाथ जेब में डाले, छाती, गरदन सीधी करते हुए काशीनाथ ने सिंह गर्जना की, "आओ, कोई भी आओ। तिवारी तू भी आ जा, रणछोड़ तू भी, आ ए बुड्डे तू भी आ, मौटया तू भी आ, कोई भी आओ, तीनों भी आओ। एक···दो···तीन आओ उठो।"

परंतु कोई भी नहीं उठा। सब भीगी बिल्ली की तरह काशीनाथ को टुकर-टुकर ताक रहे थे और उधर काशीनाथ पूरे जोश में था। वह ललकार रहा था। अत्यंत जोश में कह रहा था···। "आता हूँ, तुम्हारे फोरमैन को भारत का संविधान बताऊँगा और सबको जेल भेजूँगा। सबको नौकरी से हाथ धोना पड़ेगा समझे?" काशीनाथ रोबदार कदमों से बाहर आया।

भीतर प्रत्येक व्यक्ति डर गया था। उन सबमें नागाजी पांचाल अत्यंत घबराया लग रहा था। वह हमेशा फोरमैन ऑफिस की ओर देखता। अचानक खड़ा होकर वह चिल्लाया, "दौड़ो, वह मुंबई का अछूत यदि फोरमैन को लेकर आया तो सबकी नौकरी जाएगी। सत्यानाश होगा। भागो!" बस, सब भीड़ उठकर भागने लगी। उनकी डरपोक हरकतें देखकर तिवारी भड़क उठा, "बैठो, अभी मैं हूँ, भैया से कहकर उसी से हटवा दूँगा।"

उनका भाई फोरमैन क्लर्क होने के कारण कुछ लोगों को दिलासा मिला और कुछेक की जुबान पर गालियाँ तक आ गईं। प्रत्येक व्यक्ति गालियाँ बकता हुआ इंजिन रोड की ओर बढ़ने लगा। उसकी 'मरम्मत' करने की योजना बनने लगी। उनका क्रोध देखकर मैं इतना दुःखी हुआ कि वहाँ एक पल भी रुकने की बजाय, मुंबई वापस लौट जाना ही अच्छा लग रहा था। उन लोगों का तिरस्कार असहनीय

था। परंतु घर की गरीबी याद आते ही, बीमार बैल की तरह गरदन झुकाए फोरमैन के ऑफिस की ओर बढ़ गया।

झुकी हुई गरदन और लड़खड़ाते कदम देखकर देवजी सहानुभूति से पूछता है, "अचानक क्या हो गया ?··· थक गए क्या ? लाइए बक्सा मुझे दे दीजिए। जल्दी जाइए और उस मुंबई के अछूत से सीनियर हो जाइए। साला भूत के समान भयंकर है। जल्दी जाइए, बक्सा मैं सँभालता हूँ। यहाँ चोर बहुत हैं और वे सारे चोर कायर ही हैं।"

'ना'। जातिचोर के कारण और उनकी तीव्र जातीय भावना-देखकर, मैंने उसकी सहानुभूति की तनिक भी कद्र नहीं की। कदम-कदम पर मुझे अपना ही डर लगा रहा, फोरमैन-ऑफिस में न जाना ही ठीक होगा, ऐसा संघर्ष मेरे मन में उठ रहा था। फाँसी के तख्ते पर जा रहे कैदी-सी मेरी मनोदशा थी। किसी तरह मैं फोरमैन-ऑफिस की सीढ़ियों तक पहुँचा। अति चिंता के कारण सबकुछ भूलकर स्तब्ध खड़ा था।

तूफान बना काशीनाथ झटके से बाँह छुड़ाकर अलग हो गया। भर्र से जेब का चाकू निकालकर चिल्लाया, "हट जाओ···खलास कर दूँगा।"

"अरे भाई, तुम पर क्या गुजर रही है, मैंने सब सुना है। मैं भी मुंबई का ही··· तुम्हारा अपना···।" रणछोड़ को पास आते देखकर मैंने जाति की बात गले के नीचे ही रखी। उधर वह लगातार गालियाँ बकता घटित घटनाओं का उल्लेख करता तूफान के समान निकल गया।

उसके अपमान से मैं आगबबूला हो गया। नौकरी छोड़ने के उद्देश्य से सीढ़ियाँ चढ़ने लगा और फाँसी को गले लगाने वाले शहीद के समान, फोरमैन क्लर्क माताप्रसाद तिवारी के टेबल के पास जाकर खड़ा हो गया। माताप्रसाद के पास एक स्टूल पर रामचरण तिवारी बैठा था। मैं हर तरह से तैयार था।

"क्यों, उस आवारा अछूत के साथ, क्या बातें कर रहा था ?"

और उसके ख्वाब के टुकड़े-टुकड़े करने के उद्देश्य से मैंने कहा, "कौन अछूत ? आग भी अछूत होती है, सूर्य भी अछूत है, मृत्यु भी। पंचमहाभूत भी अछूत है।"

"आखिर तुम्हारा मतलब क्या है ? क्या तुम भी मुंबई के हो ?···"

नौकरी की परवाह तो थी ही नहीं। तिवारी की ही ऊँची आवाज में मैंने कहा··· हाँ, मैं मुंबई का···। यह नगर, जो क्रांति का विश्वविद्यालय है। जिस मनु ने आदमी

को कौड़ी मोल कर दिया है। इस दिव्य देश को मुंबई के आदमी ने मुक्ति दिलाई है। उस नगरी का मैं श्रमवीर नागरिक हूँ। मेरे हाथों में भारतीय विकास की पटरियाँ हैं।"

"क्या?" उसने घबराकर कहा। रामचरण की आँखें आश्चर्य से छलछला रही थीं। उसके प्रश्न पूछते ही मैंने उन्हीं वाक्यों को फिर दोहराया।

"उस अछूत की बातें सुनकर तू मुझे मुंबई की बातें मत सिखा। मैं माताप्रसाद हूँ।" "मैंने उसे लहूलुहान कर नौकरी को तिलांजलि देने की बात सोच ली थी। इसलिए बोला मैं! नए सार्वजनिक सुखों का शिल्पकार...मानवता के लिए लड़नेवाला...मरनेवाला जुझारू! मुंबई मेरी बस्ती है।"

"बको मत", वह गुस्से में चिल्लाया।

"मैं बक नहीं रहा। नए भारत का मंत्र बता रहा हूँ। नई भाषा में नए भारतीयों का परिचय दे रहा हूँ।"

"चुप! सीधे बात कर नहीं तो..."

"सीधे ही तो बोल रहा हूँ। मैं श्रमवीर नागरिक हूँ, मनु के पिछले देश को दिव्य-भव्य करनेवाला।"

"आप कवि हैं?" रामचरण का चेहरा आनंद से खिल उठा। वह मेरी ओर उत्सुकता से देख रहा था। उसकी इस भावना की अवहेलना मेरे लिए असंभव बात थी। मैंने नम्रतापूर्वक उसके प्रश्न का उत्तर दिया, "जी हाँ, तिवारीजी।"

"वाह-वाह", रामचरण झट से उठा और मुझसे हाथ मिलाने के लिए उसने दोनों हाथ आगे कर दिए। इस बीच दंभी माताप्रसाद चिल्लाया, "रामचरण!"

रामचरण नाराज हो नीचे बैठ गया और माताप्रसाद ने अत्यंत तुच्छ दृष्टि से प्रश्न पूछा, "नाम क्या है?"

उसने जैसे ही कलम दवात में डुबोई, मुझमें नौकरी का लोभ जाग गया। घर की गरीबी की याद आते ही मैंने जो उदंडता की थी, उसके लिए पश्चाताप होने लगा और नौकरी के लिए मैंने अत्यंत नम्रतापूर्वक अपना नाम बताया।

जैसे ही उसने मेरा नाम लिख लिया। मेरे द्वारा की गई उसकी अवहेलना का मुझे पश्चाताप होने लगा। मैंने कहा, "माफ कीजिए..."

वह खुश हो गया और सम्मान मिलता देख बोला, "तुम हिंदी हमारी तरह बोल लेते हो। बिल्कुल ब्राह्मणों जैसी।"

उदास होकर उसे सम्मान देने की इच्छा में मैं बोला, "साहब, हिंदी संत तुलसी की, कवि कबीर की, निराला की, प्रेमचंद की है।" मेरे इस उदाहरण से

भावुक और भोला रामचरण खुश हो मन-ही-मन गद्गद होने लगा। माताप्रसाद अचानक बोला, "सर्टिफिकेट्स कहाँ हैं?"

मैं क्षण-भर विचारमग्न खड़ा रहा। फिर बेफिक्र हो, पर नम्रता से बोला, "गलती से घर रह गए।" और मेरा झूठ पच गया या नहीं, यह पढ़ने लगा।

"कहाँ तक पढ़े हो?"

"नॉन मैट्रिक। कला-साहित्य की ओर विशेष रुचि होने के कारण आगे पढ़ नहीं पाया।"

"अपने वाले यहाँ गलती खा जाते हैं। इसलिए वे अछूत बेरोक-टोक आगे बढ़ जाते हैं। और रेलवे में तो इतनी सुविधा है कि यदि काशीराम ने तय कर लिया तो कल क्लर्क बन सकता है। वह भी तुम्हारी तरह नॉन मैट्रिक हो जाएगा। इसलिए जल्दी सर्टिफिकेट मँगवा लो समझे।"

"जी साहब!" नम्रता ओढ़कर मैंने उसे प्रणाम किया। और यह तय कर डाला कि किसी भी हालत में इसे सर्टिफिकेट नहीं दिखाना चाहिए।

"जाओ। तुम बाद में आए, फिर भी मैंने तुम्हें स्वीकार बना दिया।"

"तुम्हारे आने से पहले ही रणछोड़ ने बताया था। और देखो इसके साथ ज्यादा मत रहना। इसकी शायरी ने इसे बरबाद कर दिया है। समझे...जाओ।"

मैं नीचे उतरकर अपना ट्रंक उतारकर उसे उठाने लगता हूँ। तभी अचानक आगे जाकर रामचरण मेरे हाथ से ट्रंक लेते हुए बोला, "छोड़िए भी, आज से आप मेरे गुरु। मुझे कविता समझाया कीजिएगा।"

रामचरण की श्रद्धा देखकर मैं घबरा गया। परंतु वह मुझसे अपनत्व और सद्भावना से बोल रहा था। उसकी श्रद्धा और स्नेह के सामने मैं असहाय हो गया। और उसके अपनेपन ने मेरे रोगी मन को भी प्रसन्न कर दिया था। मैं अपना क्रोध, अपराध भूलने लगा था। मैं उससे बातें करता आगे बढ़ रहा था। अचानक काशीनाथ की अत्यंत संतप्त आवाज मेरा कलेजा चीर रही थी, "मैं अछूत हूँ। इसलिए संडास, पेशाब घर की बजाय यहाँ दीवारों के पास की गई गंदगी मैं साफ नहीं करूँगा।"

"तुम्हें वही करना पड़ेगा। झाड़ना ही पड़ेगा" निचली जाति का मुकादम, माताप्रसाद के हुकुम की तामील कर रहा था। इसे देखकर रामचरण खुश हुआ। और मेरी व्यग्रता को अंत नहीं मिल रहा था। काशीनाथ मुकादम पर चिल्ला-चिल्लाकर अपनी झुंझलाहट व्यक्त कर रहा था। इस झगड़े को देखने के लिए बहुत से कामगर इकट्ठे हो गए। मुकादम को उत्तेजना भी दे रहे थे और इस गड़बड़ी की आग पहले

दिन ही सुलगकर काशीनाथ की नौकरी पर आँच न आने पाए, इसलिए मैंने मुकादम के पास जाकर कहा, "मुकादम साहब, इस प्रकार के हलके-फुलके काम जवान, सशक्त और पढ़े-लिखों से क्यों करवाते हैं? ये अपंगों के लिए···इसलिए!"

मुझे आगे बोलने का मौका न देकर तिवारी आवेश में आकर बोला, "अर्थात् अपंग, बूढ़े, ब्राह्मणों के लिए ये काम होते हैं? वाह उस्ताद!"

तिवारी के इस उत्तर से काफी लोग खुश हो गए थे। मुझ पर नाराज भी हुए। कुछ लोगों की आँखें मेरी ओर शंका से देख रही थीं। तिवारी का "वाह उस्ताद" यह शब्द मुझे चुभ गया था। फिर भी मैंने कोई उत्तर नहीं दिया, क्योंकि उन शंकाग्रस्त आँखों से मैं डर गया था। फिर भी कुछ तो उत्तर देना चाहिए। इसलिए मैंने कहा, "तिवारी, तरुणाई देश की अमर और अद्‍भुत संपत्ति है। वह पंचमहाभूतों के समान प्रचंड छठवीं शक्ति है। इस दीन-दुःखी देश को छोड़कर तरुणाई का इतना अपमान कहीं नहीं किया जाता। इसलिए इस देश की दसों दिशाओं में दुःख के अलावा कुछ नहीं··।"

मेरी बात किसी को अच्छी नहीं लगी। उलटे बहुतों के होंठ मेरी जाति जानने के लिए फड़फड़ा रहे थे। यह देखकर मेरे पेट से चिनगारी उठ रही थी। काशीनाथ के लिए मैं चिंतित था। परंतु वह भी जिद पर अड़ा था। मुकादम भी बात सुनने की हालत में नहीं था और लोग काशीनाथ के खिलाफ थे। मैंने हृदय की वेदना दबोच ली और आगे बढ़ गया।

इस पहले दिन के साथ ही हर सुबह दुःख का पहाड़ बनकर मेरे सिर पर ढहती थी और इसके नीचे, मेरी मेहनत से बना मेरा व्यक्तित्व टुकड़े-टुकड़े हो रहा था। काशीनाथ तो रोज आग पर जलता। रोज किसी-न-किसी बात से उसका किसी-न-किसी से झगड़ा हो जाता। इसलिए अधिकांश कामगार उससे दुश्मनी से पेश आते। उसकी छोटी-मोटी गलतियाँ भी न पचतीं। लोगों के छलपूर्ण व्यवहार के कारण वह हर आदमी के साथ संशय से पेश आता। पागलों की तरह कल्पनाओं में अकेले में भी झगड़ता। हमेशा जेब में चाकू रखता। उसकी कल्पना की उग्रता मैं समझ सकता था। इस परदेश में गरीब माँ-बाप के अत्यंत अभिमानी उग्र जीवन की ऐसी अवहेलना न हो, इसलिए मैं उसे सँभाल रहा था। अकेले में मिलता तो उसे समझाने की मैं कोशिश करता। उसे शांत रखता। गुस्से में अंधा होकर किसी पर चाकू न चला दे, इस बात की ओर मैं विशेष ध्यान देता। और मेरी यह सहानुभूति लोगों की नजरों में न खटके, इसका भी विशेष ध्यान रखना पड़ता। इस सावधानी के

कारण मैं अपने आपको दुर्बल, डरपोक, मूर्ख करार देकर खुद को कोसता रहता।

और इसी बीच माहौल में मैं स्वयं प्रत्येक व्यक्ति से बड़ी सावधानी से पेश आता। बेलगाम बातें करनेवाला मैं, प्रत्येक शब्द नाप-तोलकर बाहर निकालता। डरपोक खरगोश की तरह, लोगों को देखकर छिपने की कोशिश करता। मुंबई की भीड़ की गंगा में डुबकी लगानेवाला, अनेकों के बीच तितली के समान व्यस्त हो जाने वाला मैं, जाति चोरी का रहस्य खुल जाने के डर से अकेला, घनघोर अँधेरे में घुसता और वहाँ सबको कोसता…रोता। मुझे अपना समझने वाले रामचरण को भी अपने-आप से अलग रखता।

मेरे इस व्यवहार से रामचरण जख्मी हो रहा था। फिर भी वह मुझे न छोड़ता। हर रोज दसों बार मेरे पास आता। रविवार को खाने का निमंत्रण आग्रहपूर्वक दे जाता। कई बार वह आग्रह कर हताश हो जाता और मैं उसे दानवी कठोरता से नकारता रहता। वैसे वह चिढ़कर भाई की तरह डाँट-डपट करता। उसकी यह श्रद्धा देखकर मेरे हृदय में लपटें उफान मारतीं।

इस तरह मैं भीतर-ही-भीतर एक यातना सह रहा था, जैसे कोई मुँह दबाकर मुक्कों से पीट रहा हो। पगार का दिन पास आया। नौकरी छोड़ देने के फैसले के साथ मैंने छुट्टी का आवेदन दे दिया। सर्टिफिकेट लाने का कारण बताने के बाद माताप्रसाद ने तत्काल छुट्टी मंजूर कर दी। न जाने कैसे रामचरण को यह मालूम हो गया और वह दीन-याचना करते हुए मेरे पीछे पड़ गया। पगार के दिन मेरे घर खाना खाने आइए। उसके आग्रह का मैं शिकार हो गया और हामी भर दी।

पगार मिली। नौकरी छोड़ूँ या नहीं, यह मरा हुआ सवाल, फिर जीवित होकर मुझे मेरे घर की दु:ख, लाचारी दिखाने लगा। नौकरी की गरज बताने लगा। और मैं फिर बैचेन हो उठा। अपनी गलती पर भीतर-ही-भीतर रोने लगा। निश्चित निर्णय पर पहुँचने के लिए अँधेरे कमरे में बैठकर सोचने लगा। लगातार सिगरेट पीता गया। परंतु जाति जाहिर हो जाने के बाद की अपमानजनक जिंदगी के लिए मैं मानसिक रूप से तैयार नहीं हो पाया। और इधर नौकरी छोड़ने के लिए मन तैयार न होता।

मैं इसी उधेड़बुन में था, तभी काशीनाथ की आवाज से चौंक पड़ा…"मास्टर…"

"आइए काशीनाथ, भीतर आइए।" जातिभेद की जंगली रूढ़ि से लहूलुहान काशीनाथ मेरे आग्रह-निवेदन करने पर भी अपने भाई के कमरे में आने से हिचकिचा रहा था। और वह बाहर ही खड़ा रहा।

"आइए भी…मैं भी आपका ही हूँ…" उस शौर्यशाली युवक के अपने ही भाई

के पास आने के संकोच को देखकर मेरा गला भर आया था। सत्यकथा बताने के लिए मेरे शब्द होंठों तक आ गए थे। परंतु रणछोड़ की धमकी को याद कर मैं मौन रह गया और वापस न लौटने वाले आँसू, धोती की छोर से पोंछ रहा था।

"मास्टर, यदि आपने मुझे प्रत्येक झगड़े से बचाने की, सँभालने की कोशिश न की होती," तो मेरे हाथों इन दो भूतों में से रणछोड़ या रामचरण का खून हो गया होता! फिर मेरे बूढ़े माँ-बाप और पत्नी का क्या होता?

"मास्टर, मेरा स्वभाव बहुत गरम है। मेरा बड़ा जँवाई बड़ा दुष्ट आदमी है। वह मेरी बहन को रोज छलता है, मार-पीट करता है। और मैं उसका छल-मारपीट देखकर इतना भड़क उठता था कि मुझे भोजन तक अच्छा न लगता। जब मैं मैट्रिक में था, तब उसका छल और बढ़ गया। उसे सीधा करने के लिए मैंने गुंडों की मदद ली और उसे खूब पीटा। और यहीं से मेरा स्कूल हमेशा के लिए बंद हो गया।"

"मास्टर, मैं यह नौकरी छोड़ दूँगा··· अब मुंबई जाऊँगा, जो भी काम मिलेगा, करूँगा, मैट्रिक पास करूँगा···कॉलेज जाऊँगा···वकील बनूँगा। नहीं, अब एक कामगार ही रहकर नहीं मरूँगा। भयंकर, अति भयंकर जीना है यह···" यह कहते-कहते उसकी आँखों से चिनगारी फूट पड़ी। तलवार से तीक्ष्ण मन के काशीनाथ का संपूर्ण दुःख-दर्द मेरी आँखों में साकार हो उठा, उसी प्रकार मेरा मन भी भर आया था।

"सकपाल,··· मैं भी नौकरी छोड़ दूँगा। यहाँ रहना तो जीवित मरण है, मरण भोगते-भोगते जीना। हम साथ ही चलेंगे, मुझे भी अपने भीतर का दुःख तुम लोगों को सुनाना है। काशीनाथ, मैं तुम्हारा ही···!" मैं उससे माफी माँगकर जाति चुराने की कथा सुनाने ही वाला था कि काशीनाथ को दरवाजे पर, मेरे पास खड़ा देखकर, वैरभाव और तिरस्कार से चिढ़ा हुआ, रणछोड़ पशुओं-सी निर्भयता से बोला, "क्या चल रहा है! कल मुंबई जा रहे हैं तो क्या मेरा कमरा भी भ्रष्ट करते जाएँगे?"

"गधे···आ तेरी लाश गिराता हूँ।" काशीनाथ अचानक अत्यंत प्रक्षुब्ध होकर सर्रर से पीछे मुड़कर रणछोड़ पर टूट पड़ता है। बाहर निकला रणछोड़ सीधे घर के भीतर भागा। जाति-भेद के दानव से काशीनाथ के दिमाग में हुए परिवर्तन से मेरा कलेजा धक् से रह जाता है। मैंने उसे झट से पीछे खींच लिया। वह पिघल गया। मुझ पर निढाल होकर वह मेरे कंधों पर किसी बच्चे-सा पड़ा रहा। थोड़ी ही देर में जेब से लपलपाता हुआ चाकू लेकर, अँधेरे में गायब हो गया।

मैं भयभीत होकर अँधेरे में अपनी ही जगह से उसे टटोलता हूँ। मैं दीया-बत्ती और खाने की सुध-बुध भी भूल गया हूँ। अपनी ही जगह खड़े देखकर मेरा दिमाग फटने लगता है।

"उस्ताद···" श्रावणधारा-सा आनंदित, भागता हुआ आकर रामचरण कहता है। उसकी आवाज सुनकर 'धेड़' जाति की अनेक गंदी गालियाँ देता हुआ रणछोड़ फिर बाहर आ गया। रामचरण के पूछते ही वह अत्यंत क्रोधित हो, सारी घटना सुनाने लगा और मुझे भी घसीटने लगा। मेरी जाति पर शंका करने लगा। बस इतना सुनते ही रामचरण उस पर उखड़ गया। अपने ब्राह्मणत्व के अहंकार से पूरित वह रणछोड़ पर चढ़ाई करने लगा। रणछोड़ भी अपनी क्षत्रिय जाति की श्रेष्ठता सिद्ध करते हुए रामचरण को नीचा दिखाने की कोशिश करने लगा और मैं उनके इस युद्ध के बीच भीतर जाकर अपने ट्रंक, बिस्तर तैयार कर बाहर आ गया। रणछोड़ के दरवाजे पर खड़े होकर मैंने उसकी पत्नी को किराया दिया और आगे बढ़ा।

रामचरण झगड़ा बीच में ही छोड़कर मेरे पीछे भागा और कुछ गुस्से में बोला, "आपको मैंने भोजन का निमंत्रण दिया है। लेने आऊँगा, यह कहकर गया था। फिर भी आप मुझसे एक शब्द न बोलते हुए बाहर निकल गए।"

मैं उस पर मौन-दृष्टि डालता हूँ और फिर गरदन नीची किए अँधेरे में आगे बढ़ने लगता हूँ।

"उस्ताद! बोलिए क्या हुआ? रणछोड़ ने आपका अपमान किया? मारा?··· मारा क्या··· ? बोलिए, साले की टाँग तोड़ डालूँगा। बोलिए···"

"कुछ नहीं।" मैं सिर्फ गरदन हिलाकर कहता हूँ। वैसे उसकी आवाज भर्रा गई थी। वह अपनी जगह खड़ा रहकर ही दोनों हाथ हवा में क्रोध से उछालते हुए भर्राए कंठ से कहने लगा, "परंतु मैंने आकर कितनी बार प्रार्थना की कि आप उस अछूत के साथ बात मत कीजिए···"

"क्यों? वह और मैं एक माँ के, एक भाषा के बेटे हैं। उसके नीचे जो धरती और ऊपर जो आकाश है, वही मेरे नीचे-ऊपर है।"

"आप गरुड़ के समान भर्र से ऊँचे निकल जाते हैं। थोड़ा नीचे उतरिए। हम साधारण कामगार हैं।"

"इसलिए हम नवीनता के रचनाकार हैं, जीवन के प्रति उत्तरदायी हैं।"

"उस्ताद! चलिए, घर चलें।"

"रामचरण, क्षमा करें। अभी-अभी मैंने बहुत जहर नीचे उतारा है और नहीं पचता अब, बस। कृपया मेरे साथ चलिए। आपको एक महत्त्वपूर्ण बात बतानी है।" मैं उसे जाति चुराने की घटना सुनानेवाला था।

"नहीं, गुरुजी सरस्वती बहुत दुःखी होगी। वह मुँह में पानी तक न रखेगी। आज सारा दिन खटकर···"

मेरे नहीं कहते ही वह सीधे मेरे पैर पकड़ने नीचे झुका। उसकी अपार श्रद्धा से गद्गद हो मैंने कहा, "मित्र चलो, तुम्हारे प्यार की खातिर मैं मौत भी सह लूँगा। चल।"

हम दोनों चुपचाप उसके कमरे के सामने खड़े थे। वह बड़ी खुशी से आवाज देता है, "सरस्वती, बाहर आ। इनको प्रणाम कर।"

और हमारी प्रतीक्षा करती बैठी सरस्वती पाँवों की पायल झनकाती मंद-मधुर चाल से बाहर आती है। मेरे नहीं-नहीं कहने के बावजूद गोरी, आकर्षक, छरहरी, चमकीले काले बालों वाली सिंदूर भरी माँग वाली, लाल सुर्ख बिंदी लगाए प्रसन्न प्रकृति की सरस्वती, छाती तक आँचल ओढ़कर अपने पति से उम्र, रूप व रंग में कम उस्ताद के पैरों की वंदना कर निकल गई। भारतीय नारी की यह प्रतिभक्ति देखकर मेरे मन में खलबली मच गई।

उसके पीछे-पीछे वह भीतर गया और बालटी भर गरम पानी, तेल की कटोरी, साबुन की कोरी टिकिया लेकर बाहर आया और बड़े उत्साह से बोला, "यहाँ बैठिए, स्नान कीजिए···मैं तेल लगाता हूँ।"

वैसे मैंने शरमाते हुए कहा, "भाभी को पैर छूने को कहकर एक गलती कर दी। पर अब मैं आर नहीं सह सकता।''

''परंतु इसमें क्या बात है? अतिथि भगवान् का रूप होते हैं।'' सरस्वती दरवाजे के पीछे से बोली।

"नहीं, नहीं···मैं पहले अधमरा हो गया हूँ। अब मर जाऊँगा।"

वह हँसी। मैं हाथ-पैर धोकर भीतर चला गया। काशीनाथ को मैंने कैसे रोककर रखा यह प्रसंग रणछोड़ ने नमक-मिर्च लगाकर बता दिया था। इस बात की याद आते ही लगा कि रामचरण शायद इसलिए मुझसे स्नान करने का अधिक आग्रह तो नहीं कर रहा है। यह शंका मन में उठते ही मैंने कहा, "हम बाहर ही खाना-खाने बैठेंगे।

"रहने दीजिए, आप एक ब्राह्मण के गुरु हैं। भीतर चलिए।" मेरा हाथ खींचते हुए वह मुझे भीतर ले गया।

"पर मैं ब्राह्मण नहीं···"

"क्या फर्क पड़ता है! आप मेरे गुरु हैं···। वह मुझे पाट पर बैठाता है। सरस्वती हम दोनों को हवा पहुँच सके, इस हिसाब से पंखा झल रही थी। सरस्वती की यह सेवा मेरे लिए सजा के समान थी। रामचरण के आग्रह से मेरी बैचेनी और

बढ़ जाती। जोखिम की जो कसरत मैं कर रहा था, इतनी क़सरत, दुनिया में किसी को न करनी पड़ी होगी।"

भोजन होते ही रामचरण ने बाहर बैठक तैयार कर ली थी। सरस्वती के आते ही उसने अपनी शायरी शुरू की। मैं अपनी बेचैनी दूर करने के लिए उसकी प्रेम-कविताओं पर वाह-वाह कर रहा था। सरस्वती खुश होगी, इसलिए मैं बीच में कविता रोककर उसका अर्थ समझाता हूँ। मैं उससे उऋण होने की कोशिश कर रहा था। भीतर-ही-भीतर उस देवी से घबराया हुआ था। काफी रात बीत जाने के बाद वह आनंदित हो भीतर चला गया। और मेरे मन की वेदना का उफान नींद आने के बाद ही थम सका था।

अचानक चारों ओर के लात-मुक्कों से मेरी नींद खुल गई। रामचरण का पूरा कमरा लोगों से खचाखच भरा हुआ था। उनके कुछ लोग, मैंने जाति चुराई इसलिए, क्या-क्या गालियाँ बक रहे थे। और कुछ, घर में घुसे साँप को कुचलने-सा मुझे कुचल रहे थे। अति-भक्ति वाला रामचरण भयंकर भूत-सा मुझे प्रश्नों के साथ लताड़ रहा था। उसकी पत्नी ने मेरी जो सेवा की थी, उसी की चिढ़ उसके मन में थी और इसलिए उसका क्रोध शांत न होता। पल-पल वह उग्र होता गया।

मैंने जीवित बचने की आशा ही छोड़ दी थी। दुःख से, लांछन से मेरी जीभ गल चुकी थी। रामचरण का दानवी रूप देखकर मेरे मुँह से एक शब्द भी नहीं निकल रहा था। मेरी आँख में आँसू का एक कतरा भी नहीं था। जिधर झुकता, उधर ही लुढ़क जाता।

और परपुरुष के सामने कभी न जाने वाली सरस्वती भीतर से ही चिल्ला रही थी, "उनका दोष नहीं। वे इधर आ ही नहीं रहे थे। बहुत आग्रह के बाद भी नहीं आए। उनका सबकुछ चोरी चला गया। उन्हें छोड़ दीजिए। नहीं तो मैं उन पर बिछ जाऊँगी···।"

इतने में हो-हल्ला मचा। लोग कमरे से भागने लगे। एक-दूसरे को चिल्लाकर बताने लगे, "वो, मुंबई का धेड़-मवाली हाथ में छुरी लेकर आदमी काटने बढ़ रहा है। भागो ···भागो···।"

तभी सरस्वती भीतर से विद्युत् की गति से बाहर आई और एक झटके से पति को खींचकर भीतर ले गई। दरवाजे की कुंडी चढ़ाकर मेरे पास बैठ गई और अपने आँचल से मेरे सिर-मुँह का खून पोंछने लगी। उसकी आँखें चौकस थीं। और माँ के स्नेह से पूरित उसके कोमल हाथ मेरे जख्मों को सहला रहे थे।

इतने में तूफान-सा हाथ में चाकू नचाता काशीनाथ भीतर घुस चिल्लाता है, "मास्टर, कमाल कर दिया।"

उसकी शाबाशी मुझे अभी-अभी पड़ी मार-सी जख्मी कर गई। और उसे देखते ही सरस्वती झट से उठकर दरवाजे की ओर पीठ टिका अपने सुहाग की रक्षा के लिए खड़ी हो गई।

"हट जाओ।" हाथ का चाकू उछालता काशीनाथ चिल्लाया। वैसे वह जवाबी हमले की तैयारी में ही खड़ी थी। काशीनाथ उसका अपमान न करे, उसकी चूड़ी तक जख्मी न हो, इसीलिए मैंने घायल अवस्था में ही उठकर कहा, "चल काशीनाथ…।"

जैसे ही वह मुझे सहारा देकर दरवाजे की ओर मुड़ता है, वह तेज गति से झपटी और अब तक दबाकर रखे आँसू मेरे पैरों में सींचकर उतनी ही तेज गति से दरवाजा खोलकर रामचरण की ओर भागी। अब उसे तनिक भी डर नहीं रहा। और हम अपनी राह निकल पड़े।

मेरा सबकुछ चोर ले जा चुके थे। रामचरण ने सारे सर्टिफिकेट फाड़ डाले थे। मेरी गरदन झुकी हुई थी और कदम लड़खड़ा रहे थे। भीतर क्रांतिमान शहर-सी, खलबली मची थी और काशीनाथ हाथ में नंगा चाकू नचाता हुआ ललकार रहा था।

बस्ती से बाहर आने के बाद काशीनाथ कहता है, "मास्टर, चलिए अब पुलिस स्टेशन।"

"नहीं।"

"आपने इन मूर्खों की मार क्यों सही?"

"मैंने कहाँ उनकी मार खाई है? मुझे तो मनु ने मारा है! चल काशीनाथ…!"

लेखक-परिचय

जन्म : 13 दिसंबर, 1924 • निधन : 9 अक्तूबर, 1989

सामाजिक आंदोलन और दलित साहित्य के प्रणेता। 3 कथा-संग्रह, 2 उपन्यास, दलित-साहित्य, क्रांति-विज्ञान संबंधी ग्रंथों के रचयिता। 'जब मैंने जाति चुराई'—दलित साहित्य की बुनियाद-कथा सिद्ध हुई।

□

शुभ वर्तमान

– भारत सासणे

अनुवाद : दामोदर खड़से

बारिश की सुस्त शाम में सिमरन ने कुछ नोट्स लिखे थे, उसे याद आ रहे हैं। नोट्स याद आ रहे हैं, क्योंकि वे महत्त्वपूर्ण हैं। और उन नोट्स ने उसे बताया है एक अर्थ में। सिमरन अंग्रेजी में नाटक लिखती है। उन नाटकों का मंचन होता है। अधिक नहीं, पर मुट्ठी भर बुद्धिजीवियों के सामने होती है। वह सुपरिचित है। यहाँ आस-पास वह इतनी नहीं जानी जाती लेखिका के रूप में। वैसे वह सोच-विचार मराठी में करती हैं। नोट्स भी मराठी में लिखती है। पर बाद में वह नाटक अंग्रेजी में लिखती है।

उसके द्वारा लिखे गए नोट्स निम्नानुसार हैं—

1. सच को सबूत की आवश्यकता नहीं होती। सत्य स्वयं ही, स्वयं ही सबूत होता है, पर सत्य यानी क्या ?
2. प्रेम करने की और अपने पर प्रेम करवा लेने की सबकी मूलभूत इच्छा होती है। पर प्रेम का डर लगा तो ?
3. सही और गलत का निर्णय कैसे होगा ? नैतिकता के माध्यम से जाँचकर देखा जाए ? पर फिर नैतिकता यानी क्या ?
4. भविष्य के लिए लिया कोई भी निर्णय भूतकाल से प्रेरणा देकर प्रकट हुआ होता है। उदाहरण के लिए, 'मैं वैसा करूँगा' यह जब कोई व्यक्ति कहता है, तब उसकी 'वैसा' करने की आवश्यकता भूतकाल से आई हुई होती है। यानी 'कल' नहीं ही। यानी 'कल' अस्तित्व में ही न हो तो 'आज' उस पर विचार करना कितना सही ? अत: अपनी क्रिया का भविष्य नहीं होता क्या ?

सिमरन को अंग्रेजी नाटक लिखना है। परंतु, उपर्युक्त नोट्स के अनुसार उसके पात्र अब इन प्रश्नों को प्रस्तुत करेंगे। उनसे टकराने वाले हैं। बारिश की सुस्त शाम। सिमरन पेंसिल का उपयोग करती है। सिमरन स्तब्ध बैठी है। परंतु उसके पात्र प्रत्यक्ष में अवतरित होने से पहले ही अचानक सिमरन से मिलने अग्निहोत्री आते हैं। यह उनका सांकेतिक नाम है। क्योंकि वे धूम्रपान करते हैं। वे सिमरन की एक सहेली गार्गी के पिता हैं। वे अचानक इस तरह हमेशा नहीं आते। इस बार वे आत्ममग्न विमनस्क-से लगते हैं। सिमरन देखती है कुछ आश्चर्य से। इसके बाद जो संवाद होता है, वह इस प्रकार है—

"गार्गी आई थी यहाँ?"

"नहीं।"

"हमारा उस पर प्रेम नहीं है क्या?"

'किसका? आपका? गार्गी पर? यह कोई सवाल है क्या?"

"पर उसने हम पर अविश्वास व्यक्त कर अपना विवाह स्वयं ही तय करने के लिए यह सब क्या चला रखा है?"

"मालूम नहीं! किसने, गार्गी ने?"

"तुम्हें नहीं मालूम? राजेश नामक एक लड़का है?"

"हाँ! वह मालूम है मुझे··· उसका उस पर प्रेम···'

"पर हम हैं न अभी···"

"मतलब?"

"उसका भला-बुरा देखकर उसके लिए क्या हमने लड़का तलाश न कर दिया होता? अच्छा घर न देखते? यह कौन आवारा··· ?"

"पर प्रेम···"

"प्रेम वगैरह नहीं होता···सच नहीं होता! तुम लेख-वेख लिखती हो। तुम्हें मालूम होगा। मतलब समझ में आएगा।"

"प्रेम नहीं होता?"

"नहीं होता! वह एक संकल्पना है।"

"संकल्पना?"

"हाँ! यदि है तो केवल काम-व्यवहार होते हैं।"

"व्यवहार?"

"वह तुम्हें बाद में समझ में आएगा! पर वह अपने आप यह सब क्यों कर रही है?"

बारिश हो रही है धीरे-धीरे, तंतुवाद्य छेड़ने-सी। हवा मंद है। नम वातावरण। अग्निहोत्री बेचैन होकर कमरे में घूम रहे हैं। सिमरन उन्हें देखती है। क्यों उसके सामने कोई नाटक प्रस्तुत किया जा रहा है? अग्निहोत्री चक्कर लगाते-लगाते ठहर जाते हैं। सिगरेट सुलगाते हैं। फिर धुएँ का एक छल्ला नीला-सफेद। आँखों में एक अलग-सी चमक। जैसे चेहरे पर 'फ्लड लाइट' आ पड़ा। जैसे वे सिमरन को देख ही नहीं रहे हैं। क्यों उनकी नजर दूर कहीं! जैसे वे इस क्षण किसी नाटक के पात्र हों। और जैसे स्वयं से ही संवाद कह रहे हों! सिमरन उनसे बात तो कर रही है, पर जैसे वह उनके स्तर की है ही नहीं।

"उसने ऐसा क्यों किया?"

"कैसा?"

"वह कोई राजेश।"

"नहीं...नहीं मालूम।"

"फिर?"'

"मैं, हमने कुछ तो किया होता, पर उसने स्वयं ही..."

अग्निहोत्री फिर अचानक वहाँ से निकल जाते हैं। जैसे उनके संवाद गुम हो गए या वे स्वयं ही गुम हो गए। बाद में सिमरन विचार करती हुई बैठी थी, तभी नाटक में नाटककार द्वारा जैसा तय किया था, गार्गी आती है दरवाजे से अचानक।

"पापा यहाँ आए थे?"

"अभी यहाँ से गए हैं।"

गार्गी बेचैन है। उसकी भी आँखें चमक रही हैं, जैसे नाटक के पात्र। वह भी दूर देखती है। उसके भी तन में कुछ खलबली है। सिमरन पेंसिल उठाती है, पर लिखती नहीं। वह कुतूहल से देखती है, गार्गी की ओर।

"मतलब आए थे! विश्वास ही नहीं!...पीछा..."

"पीछा कैसा? तू पहले आई या बाद में?"

"वह ठीक है!...अच्छा, क्या कह रहे थे?"

सिमरन थोड़े में बताती है। फिर पूछती है—

"पर तूने उन्हें बताया क्यों नहीं?"

'उन्हें? उन्हें कहाँ समय है हमारे लिए...?"

"पर राजेश के बारे में बताना तो था..."

"मतलब?"

वह आश्चर्य से देखती है। जैसे उसके लिए वह अबूझ पहेली है। बरसाती हवा ठंडी दीवार पर टँगा कैलेंडर उड़ता है, नाचता है। पन्ने फड़फड़ाते हैं।

"मतलब वैसा कहा?"

"कहा···कहा कि वह राजेश या कोई, उसे पहचानते नहीं।"

"वे पहचानते हैं! अच्छी तरह पहचानते हैं।"

अब सिमरन को अधिक आश्चर्य लग रहा है। वह गार्गी को सबकुछ विस्तार से बताने के लिए कहती है। उसका विवरण इस प्रकार है—

पापा जैसा बता रहे हैं, वैसा कुछ भी नहीं है। वे राजेश को पहचानते हैं। केवल पहचानते ही नहीं, बल्कि उसने उनकी किसी तरह कोई मदद भी की है। पर वे उसे पहचानने से इनकार कर रहे हैं। दूसरा, वे प्रेम के बारे में बोल रहे हैं आज। पर हममें से किसी पर उनका प्रेम नहीं दिखा। सच तो यह है कि हमारे लिए वे समय निकाल सकते हैं। परंतु, वे अपनी बेटी के लिए समय नहीं देते हैं।"

"पर क्यों?" सिमरन का सवाल।

"क्यों, यह तो निश्चित नहीं मालूम! पर शादी वगैरह तय करने की जो मैंटिलिटी चाहिए, वह उनके पास नहीं है।"

"ऐसा कैसे होगा?"

"ऐसा ही है।"

"वे गैर-जिम्मेदार हैं, ऐसा नहीं है। उन्हें जिम्मेदारी उठाना मुश्किल लगता है, इसलिए वे हमेशा पलायनवाद स्वीकार करते हैं। अब यदि बेटे ने नौकरी खोज ली स्वयं तो ठीक है। बेटी ने यदि स्वयं विवाह तय कर लिया तो इतना क्या गजब ढा दिया?"

"तूने तय किया है?"

"नहीं भई! अभी नहीं।"

"मतलब अभी तय नहीं?"

"अभी राजेश की तरफ से प्रस्ताव आना बाकी है।"

"शाबाश! यानी उसने अभी पूछा ही नहीं? फिर पापा···"

"क्या बता रही हूँ···! वे कह रहे हैं, वैसा नहीं है···"

"मतलब शादी-वादी कुछ नहीं?"

"है! शादी करनी है। पर उनसे मुझे पूछना है।"

"शाबाश!"

सिमरन हँसने लगती है और गंभीर हो जाती है। उसे समस्या दिखती है। यह हर स्त्री का प्रॉब्लम है। पर पापा कहते हैं, वे स्वयं ही लड़का ढूँढ़ लेते। तो वैसा क्यों नहीं हुआ ?

"पापा पर तुम्हारा विश्वास नहीं ?"

"वे स्वयं पर अधिक प्रसन्न रहते हैं। दूसरों की तुलना में अपने पर समय खर्च करना उन्हें भाता है।"

"पर तुम बेटी हो उनकी।"

"हम किसी से उनको प्रेम नहीं।"

"संक्षेप में यह है कि वह (पापा) आश्चर्य की हद तक आत्मकेंद्रित हैं। उन्होंने अपने आप से प्रेम किया है। बच्चों के लिए समय दे सकते हैं, पर वे समय नहीं देंगे। इसकी बजाय वे अपना कुछ-कुछ काम करते रहेंगे। अच्छा, ऐसा आदमी असमर्थ नहीं होता। वह जिम्मेदारी लेना नहीं चाहता। इसलिए जिम्मेदारी टालता है। राजेश के साथ मैं (गार्गी) विवाह करने वाली हूँ, यह सुनकर उनके अहंकार को ठेस पहुँची। घर का केंद्र, केंद्र-बिंदु स्वयं को कोई मान ले तो सारे निर्णय उससे संबंधित, उसके अनुसार होते रहना उसे सहज और स्वाभाविक लगता है। अन्यथा निर्णय किसी दूसरे द्वारा लिया गया तो उसे (आत्मकेंद्रित व्यक्ति को) वह असह्य हो जाता है। फिर भाषा बदल जाती है कि क्या हमने न ढूँढ़ा होता ? इसने क्यों जल्दी की ? यह इस संदर्भ में कितना गंदा शब्द है!''

"नहीं! उन्होंने वहाँ यह शब्द कहा ही नहीं।"

"पहले कहा था!''' इसीलिए मैं घर से बाहर आ गई।"

"हँ ऽ ?"

"मतलब गुस्से में! फिर घर जाने वाली हूँ''' राजेश मेरे बारे में पूछता है।"

"वह क्यों नहीं पूछता ?"

"वह मैंने उससे नहीं पूछा।"

"फिर ?"

"फिर पापा आ गए तो मैं चली गई हूँ, ऐसा बता देना।"

गार्गी जाती है। नाटक के पात्र की तरह। परंतु उसकी और पापा की समस्या सिमरन की समझ में ठीक से नहीं आई। वह स्तब्ध बैठी रहती है, कुछ आश्चर्य से। ऊपर लिखे नोट्स वह फिर से पढ़ती है। अब वह पात्रों को आमंत्रित करती है, क्योंकि उसे नाटक लिखना है। और अब वे पात्र नोट्स के आधार पर सवाल खड़े करेंगे। सवालों से

टकराएँगे। तर्क करेंगे।

बारिश होती है और खिड़की का परदा हिलता है। कमरे का छाया-प्रकाश हिलता है। स्तब्धता हिलती है। सिमरन देखती है। उसके नाटक का एक पात्र है—सद्दू। वह धीवर है। मंद जलाशय में वह किसी दीवानगी से प्रेरित होकर नाव खेता रहता है। एक मूल्यवान् रत्न उनके हाथों से गहरे तालाब में गिर गया है। गुम हो गया है। सद्दू उसे खोज रहा है। ढूँढ़ रहा है। रत्न उसका नहीं है। रत्न धीवर का नहीं, रत्न रानी का है। उसने समय माँग रखा है उम्र भर का। कभी-न-कभी वह उसे खोजकर लौटा देगा। रानी ने समय दे रखा है उम्र भर का। सद्दू रत्न खोज रहा है। रत्न गिरा है, यह सत्य है। रत्न अस्तित्व में ही नहीं, यह सत्य है। उसे पूरी उम्र ही रत्न-सी लगती है। दो सत्य एक-दूसरे से टकराते हैं। सत्य यानी क्या, वह सिमरन के नोट्स हैं। परदा हिलता है। हवा बहती है। बारिश हो रही है। प्रकाश मंद होता है। पानी की हलकी सी दूर उठ रही आवाज। सद्दू आता है। सिमरन देखती है, सुनती है—

सद्दू : यदि रत्न अस्तित्व में नहीं था, तो जो गिरा पानी में वह क्या था? रत्न का अस्तित्व था, यह सत्य है!…पर वह सत्य भूतकाल का सत्य है। आज हाथ में वह रत्न नहीं… यह भी सत्य ही है।…पर वह वर्तमान काल है।…जो निकल गया, उससे प्रेरणा लेकर जो आने वाला है, उसका स्वागत करने की प्रेरणा लेना योग्य नहीं क्या सत्यवती?

सिमरन : सत्य यानी क्या?

सद्दू : जो दिखाई देता है, पर रत्न आज दिखाई नहीं देता, पानी की सतह में है।…वह दिखाई नहीं देता, इसलिए वह सत्य नहीं, ऐसा नहीं।…वह है, इसलिए सत्य है।

सिमरन : पूरी उम्र ही रत्न के समान है। उसे व्यर्थ गँवा देना सत्याभिलाषा है क्या?

सद्दू : शब्द! शब्द दिया है, रानी को।

सिमरन : शब्दों का कहीं कोई अस्तित्व होता है? पर प्रेम का अस्तित्व होता है। परंतु आपका गैर मौजूद स्वप्निल रत्न पर प्रेम है। वह रत्न खोजना है बच्चों को नजरअंदाज कर?… इसलिए उस प्रेम का डर लगना चाहिए।

परदा गिरता है। हवा आती है। प्रकाश का प्रवाह बदलता है। सिमरन पेंसिल उठाती है। जो लिखना है, अंग्रेजी में लिखना है। परंतु उनके पात्र प्रकट होने से पहले ही गार्गी की माँ आती है, नाटककार द्वारा जैसा तय कर दिया गया है। फिर सद्दू

आता है, छिप जाता है परदे के पीछे। पलकों के पीछे। गार्गी की माँ भी वैमनस्क। उसकी भी आँखें चमक रही हैं। जैसे कोई पात्र। वह सिमरन को देखती है और नहीं भी देखती।

"गार्गी आई थी यहाँ?"

"अभी नहीं।"

"और उसके पिता?"

"वे भी आए थे! खोजते! गए!"

"क्या कह रहे थे?"

सिमरन बताती है। संक्षेप में दोनों के विचारों को। गार्गी की माँ सुनती है। उसे आश्चर्य होता है। उसे कुछ कहना है, उस पर। सच तो यह है कि सिमरन से इसका कोई संबंध नहीं है। परंतु, उस क्षण वहाँ केवल सिमरन ही है। इसलिए गार्गी की माँ को कुछ कहना है प्रतिवाद के रूप में। और जो उससे कहना है, वह सार्वजनिक है। किसी अज्ञात दर्शक को संबोधित कर जैसे उसे कुछ कहना है, वह कहती है,

"पर वह सच नहीं है सिमरन।"

"सच नहीं? सत्य नहीं?"

"चाहो तो अर्धसत्य कहो!···वे दूसरों से प्रेम नहीं कर सकते। परंतु उनका स्वयं पर प्रेम है, यह सत्य नहीं।"

"क्यों नहीं?"

"उन्हें तो स्वयं से डर लगता है। जो स्वयं से स्वयं ही डरता है, वह स्वयं से प्रेम कैसे कर सकता है?"

"डर स्वयं से?"

"और द्वेष भी!···स्वतः से द्वेष।"

"वह कैसा है?"

"फुलफिलमेंट पुरुषों का स्वप्न होता है।···वह न होने पर वह स्वयं से डरता है।"

"फुलफिलमेंट! प्रतिपूर्ति···यानी प्रतिपूर्णता?"

"दोनों शब्दों में फर्क है सिमरन!···तुम्हें यह मैं बताऊँ?"

"सॉरी।···मैं अंग्रेजी में लिखती हूँ न! पर परिपूर्णता?"

"···उन्हें डर और गलती की भावना···"

"आपको जी—सेक्स कहना है क्या?"

"शब्द कोई भी उपयोग किया तो फर्क क्या पड़ेगा?''' तुम्हें आगे मालूम होगा।'''स्त्री प्रेम को महत्त्व देती है, उस क्रिया को नहीं।"

"मैंने भी इसी तरह सुना है। पर उस बारे में फुलफिलमेंट यानी!''' "

"इसलिए उसको अपने से भी प्रेम नहीं है।'''डर ही है उसकी जगह।"

"पर राजेश को पहचानते नहीं'''कहते हैं! वह झूठ है।"

"झूठ भी'''सच भी!'''उन्होंने उसकी मदद ली है।'''यह फिर अहंकार को दुखाकर।'''अब वह दामाद?"

"आपत्ति कहाँ है?"

"है! वह पुरुष की बात होती है।"

"तो?"

"वह गुस्से से घर छोड़कर निकल आई है। खोज रही हूँ मैं!" सिमरन स्तब्ध। बाद में कहती है, "पर पापा को यह शादी वगैरह मान्य नहीं है क्या?"

"कौन कहता है?'''वे स्वयं थोड़े कहीं जाने वाले हैं?"

"अब वह उलझता जा रहा है जीजी!'''वे स्वयं नाराज हुए हैं'''उनकी शिकायत भी है!'''पर फिर भीतर से उन्हें मान्य है?"

"सच और झूठ!'''कैसे बताऊँ, सिमरन?"

"फिर सत्य यानी क्या?"

"सत्य यानी मेरा सिर!'''खोज यानी सत्य!'''मैं जाती हूँ खोजने बाप-बेटी को!"

गार्गी की माँ जाती है। बारिश फिर बरसती है। परदा हिलता है। हवा आती है। प्रकाश मंद होता है। 'सद्‌दू' आता है। उसे अकसर नाव खेने की आवाज सुनाई देती है। फिर भी उसने सुनी है गार्गी की माँ की बात कुछ-कुछ। वह दूर क्षितिज की ओर देख रहा है। धीवर लोग आँखों पर हाथ रखकर देखते हैं वैसा। फिर वह बोलने लगता है।

सद्‌दू : सत्यवती! खोज यानी सत्य आदि होगा तो मेरा कहना योग्य है। मैं जिस चीज की तलाश में हूँ, वह सत्य की तलाश नहीं है क्या?

सिमरन : वह संदर्भ जीजी का अलग था।'''उन्हें अपने आदमी की खोज करनी है।

सद्‌दू : और मुझे भी! मैं रत्न को खोजना चाहता हूँ। गुम हुए रत्न की तलाश। और मुझे बताओ, गुम हुए सत्य को सबूत की जरूरत है? सत्य स्वंय ही एक सबूत नहीं है।

सिमरन : पर फिर सत्य यानी क्या?···इन लोगों के अलग-अलग वर्जन्स सत्य नहीं हैं?

सद्दू : सत्य यानी छलाँग, पानी में! सत्य यानी गुम हुए रत्न की तलाश! गुम हुए श्रेय की खोज! सपनों की तलाश! दिए गए वचन की तलाश! अपनी तलाश!

सिमरन पेंसिल उठाती है। हँसती है। परदा हिलता है। हवा आती है। बारिश होती है। मंद हवा बाहर। पर अन्य पात्र आते ही नहीं। उससे पहले आभास होता है। सद्दू छिप जाता है। परदे के पीछे। पलकों के पीछे। नाटककार द्वारा बताए अनुसार राजेश प्रवेश करता है। वह भी नजरों से तलाश करता है। अन्यमनस्क लग रहा है।

"गार्गी आई थी?"

"हाँ! और पापा और जीजी भी!"

"अच्छा!···तो?"

"तो, गए सभी।"

"क्या बोले?"

सिमरन संक्षेप में राजेश को बताती है। वह विस्मय से देखता है। हाथ मलता है। वह कुछ कहना चाहता है। बारिश हो रही है। हवा बेलगाम है। उसकी आँखें चमक रही हैं। जैसे पात्र के चेहरे पर 'फ्लड लाइट' का प्रकाश। उसे बात करनी है।

"पर वह सच नहीं है।"

"सच नहीं?···सत्य नहीं?"

सिमरन कौतूहल से, आश्चर्य से पूछती है। उसे परदे के पार से सद्दू के हँसने की आवाज सुनाई देती है। वह ध्यान नहीं देती। फिर प्रश्नार्थक देखती है।

"सच नहीं! अभी ऽ, सुनकर उन्हें गुस्सा आया वगैरह सच नहीं।···मैंने ही उन्हें बताया था कि गार्गी और मैं···"

"पापा को? तुमने बताया था?"

"हाँ।"

"परंतु, मैं उसे पहचानता नहीं, यह वे कहते हैं।"

इस पर वह हँसता है, थोड़ा गंभीर होता है। सिमरन पूछती है—

"और तूने उनकी मदद···"

"हूँ ऽ! वह तो एक अलग अध्याय है। मैंने अपनी ओर से उनकी कोई मदद नहीं की।"

"नहीं?"

"नहीं! मेरी ओर से उन्होंने मदद ली नहीं!···मैंने ही मदद की, पर उन्हें नहीं,

गार्गी को···गार्गी के लिए! मतलब ऊपर से दिखने वाली मदद पापा को, पर सही अर्थों में मदद गार्गी की हुई न?"

"मतलब?"

"उनका एक मोटी औरत से संबंध है, मैंने देखा है···"

"आं? यह तो नया ही···"

"पर ये लज्जास्पद बातें! गार्गी के पिता वे! क्यों बोलें?"

"अच्छा, उनको जाने दें···पर तू और गार्गी···"

"हाँ, यह सच है।"

"अरे पर तूने अभी तक उससे कहा नहीं है?"

"क्या नहीं कहा?"

"शादी का।"

"हाँ ऽ! यह मुझे मालूम है, पर···"

"तुम्हें मालूम है? लड़की से लड़के को कहना होता है?"

"मालूम है!···पर लड़के की ओर से शादी के लिए पूछा जाए, ऐसी सिचुएशन लड़की द्वारा तैयार करनी होती है, पर वह कहती है कि उसने पूछा है! पर वह मुद्दा विवाह का और अत्याचार का भी है।"

"···लड़की के रिस्पेक्ट का यह मुद्दा है।"

"इसमें अब जल्दी किसे है? इस जल्दी के बारे में लगता है कोई विवाद हुआ है।"

"जल्दी! हाँ, ऐसा कुछ उसने कहा···"

"जल्दी किसे है? गार्गी ने ही कहा है कि जल्दी न होने पर भी जल्दी मचानी चाहिए।"

"मतलब, सत्य क्या है, राजेश? सच क्या है?"

"सत्य यानी क्या? इंतजार करना? कन्फ्यूजन?"

"फिर?"

"फिर मैं जाता हूँ, अब उसे खोजने···"

राजेश जाता है, हवा बहती है। परदा हिलता है। बारिश होती है। प्रकाश मंद होता है। प्रकाश के मंद-मंद वलय उठते हैं। सिमरन को आश्चर्य होता है। सिमरन स्वयं ही रहस्यमयी हँसी हँसती है। वह पेंसिल उठाती है। वह स्वयं से पूछती है, सत्य यानी क्या? वह पूछती है, सभी वर्तमान में और भविष्य में क्यों नहीं जीते? इसके बाद बारिश कुछ बढ़ती है। इसके बाद वह स्वयं से पूछती है कि भविष्य में

जो निर्णय लेना है, उसकी प्रेरणा भूतकाल से लेना सही या गलत? इस पर प्रकाश फिर मंद हो जाता है। सद्दू आता है। वह दु:खी है। बाद के संवाद :

सद्दू : मुझे केवल इतना माालूम है कि हर व्यक्ति भूतकाल में डुबकी लगाता है और खोजता है खोया हुआ सुख। खोया हुआ सच। खोया हुआ रत्न। राजेश गार्गी से पूछता है, परंतु वह पूछने के लिए आवश्यक वातावरण तैयार नहीं कर रही,यह उसका कहना है। इसलिए वह उस क्षण की राह देख रहा है। उसे उस क्षण की तलाश है। पर वे क्षण आगे हैं। भविष्य में! इसकी प्रेरणा भूतकाल में है।''और उसे लगता है कि वह पूछे। वह क्षण कल आनेवाला है! पर भावनाओं की खींचातानी, गलतफहमियाँ, झगड़े-झंझट-टेंशन आज हैं। और गार्गी की माँ? और पापा? फिर सत्य यानी केवल खोज? उपलब्धि है या नहीं?

सद्दू : सत्यवती!''मैं वह रत्न हासिल करके रहूँगा।'' मेरी खोज जारी रहेगी। हम सबकी खोज जारी रहेगी।''सबको यह शाप है।

सिमरन कुछ उपहास से ताली बजाती है। बारिश बढ़ती है और हवा आती है, परदा हिलता है। नाटक की कॉपी के पन्ने फड़फड़ाते हैं। पेंसिल कुछ थर्राती है। फिर प्रकाश मंद हो जाता है और आहट आती है। वैसे तो सद्दू को कहना है, उसे विवाद करना है, पर नियमानुसार वह छिप जाता है, परदे के पीछे-पलकों के पीछे और सिमरन से मिलने रघुनाथ आते हैं। नाटककार द्वारा निर्धारित वे एक डाइरेक्टर हैं, नाटक के। अब कुछ पिछड़ गए हैं, पर उनका बड़ा योगदान है। वलय है। वे बुद्धिमान निर्देशक हैं। पर वे बहुत दिनों बाद यहाँ आए हैं। प्रकाश मंद हो जाता है। इसलिए फिर रघुनाथ प्रवेश करते हैं, मानो कोई द्वंद्वी। विंग से आते हैं। ठिठकते हैं। दूर देखते हैं। हाथ में पाइप। शानदार सूट पहने हुए। दीवार पर लगा चित्र देखते हैं। तालियाँ कोई नहीं बजाता। वे इधर-उधर देखते हैं। हँसते हैं, सिमरन की ओर देखकर। पर सिमरन विस्मय में है। वह स्तब्ध ही रहती है। पेंसिल थर्राती है। पन्ने, कॉपी के फड़फड़ाते हैं। उसमें से सद्दू और सत्यवती काँप जाते हैं। उसमें से नाव चलाने की आवाज आती है। लहरों की आवाज आती है। बारिश बढ़ती है। बारिश हो रही है। सिमरन को पुराने दिन याद आते हैं। उसका उनकी ओर और उनका उसकी ओर उड़ान भरना याद आता है। पर वह भूतकाल और अब रघुनाथ यहाँ आए हैं। बाद का संवाद ऐसा—

"सिमरन!"

"आप अचानक—बिना बताए—आई मीन''"

"मुझे तुमसे कुछ बात करनी है।"

"बातें करनी हैं? पर···बैठिए न!"

"मुझे कुछ बताना है। मन हलका करना है।"

"बैठिए न, पहले।"

वे बैठते हैं। सिमरन उनकी ओर देखती है। उनकी आँखें चमकती हैं। जैसे कहीं से 'फ्लड लाइट' उन पर पड़ा हो। जैसे उनकी आँखें दूर कहीं···सभागृह के अँधेरे में ही खोई हुई कुछ तो खोज रही हैं। सिमरन देखती है, उनकी ओर देखते हुए स्थिर शांत होती है। हँसती है, निर्विघ्न-सी। रघुनाथ व्याकुल। पाइप मुँह में रखते हैं, अपनी प्रसिद्ध स्टाइल से। आत्मक्लेशपूर्ण नजर दूर कहीं।

"तुम्हारे सद्दू की तरह मैं भी खोया हुआ रत्न खोज रहा हूँ। खोया हुआ क्षण···खोए हुए सपने ढूँढ़ रहा हूँ।"

"सिमरन चौंकती है। परदे के पीछे 'सद्दू' चौंकता है। पन्ने फड़फड़ाते हैं। उतरता नाटक थर्राता है।"

"आपको···कैसे···मालूम हुआ?"

वे मूढ़ हँसी हँसते हैं। दूर कहीं देखते हैं। धीरे-धीरे वे अन्यमनस्क दिखने लगते हैं।

"परंतु, मैंने अभी तक वह नाटक लिखा नहीं है।"

"तो क्या हुआ?···तुमने थीम बताई थी! संदेश भी भेजा था।"

"मैंने थीम सिर्फ 'अमुक' को ही सुनाई थी।"

"वही! 'अमुक' ने मुझे वह थीम सुनाई और मैं यह नाटक निर्देशित करूँ, तुम्हारी यह इच्छा भी बताई।"

"मैंने यह इच्छा व्यक्त की थी, वह सही है; क्योंकि डायरेक्टर अच्छा होना चाहिए।"

"मैं···मेरा···तुम पर प्रेम है सिमरन!"

परदे के पीछे से सद्दू हँसता है, खूब जोर से। परदा हिलता है। इसके कारण साँस थर्राती है। बिजली चमकती है। नाटक का अमूर्त शरीर सिहरता है। सिमरन के होंठ सिहरते हैं। पर उसके प्राण नहीं सिहरते। वह फिर भी कुछ तो दूर कहीं सुनने-सी शांत रहती है।

"मतलब? और, इतनी देर से?"

"स्त्री राह देखती है, उससे पूछे जाने की। वह आयोजन भी करती है, पूछे जाने का।"

"आयोजन?"

"निमंत्रण!"

"कैसे?"

"सद्दू का पात्र! उसका खोया रत्न खोजना! उसका भूतकाल में डुबकी लगाना!...फड़फड़ाना! तलाश करना! जीवन दाँव पर लगाना!...अतल सागर में अकेले घूमना!...इसमें मैं स्वयं को देखता आया!...इसमें से वह संदेश या तुम्हारी इच्छा की इसे मैं ही डायरेक्ट करूँ, नाटक!...तब मैं समझा!"

"समझा? मतलब मैंने यह आयोजन किया था कि आप मुझे वैसा कहें, बताएँ?"

"नाराज मत होना!...अंतत: यह भी भाषा है।...वह समझ में आ जाए तो मानव-मन की उलझनें भी समझ में आ जाती हैं।"

"तो आपकी समझ में कुछ नहीं आया।"

"मैं झूठ नहीं बोलता!...अपनी छटपटाहट मैंने बताई! वह सही है।"

"मतलब वह सत्य है! कबूल की जरूरत नहीं होती! पर तब सत्य यानी क्या?"

"यही! स्त्री का आयोजन! उसका चतुर निमंत्रण! पुरुष की स्वीकृति! खोए क्षणों की खोज! रत्न की प्राप्ति करना? ध्येय-साफल्य खोजना, यही सत्य।"

"पर देर हो गई, ऐसा नहीं लगता?"

"वह भूतकाल था।...परंतु, उसी में से चिनगारी लेकर मैंने यह अलाव सँभालकर रखा है, जो भविष्य में ऊष्ण बनेगा, है न?"

सिमरन हँसती है। सद्दू रह नहीं पाता और परदे से बाहर आता है। वह सिमरन को देखकर दु:खी हो जाता है। ठंडी साँसें लेता है। प्रकाश मंद हो जाता है।

सद्दू : क्या है इसका अर्थ? रत्न खोजना, यह सच होगा तो रत्न का महत्त्व क्या? केवल खोज ही साफल्य में रूपांतरित होती है क्या? सत्यवादी, सत्य के रंग कितने?

सिमरन : पगले! सत्य के अलग रंग नहीं होते! छटा अलग होगी शायद!... क्योंकि सबका और सब लोगों का रंग एक ही होता है।

सद्दू : पापा स्वयं से प्रेम करते हैं, ऐसा गार्गी का कहना है। वे स्वयं से डरते हैं, ऐसा गार्गी की माँ का कहना है।...राजेश पूछे, ऐसा गार्गी को लगता है और वह इंतजार करती है। और वह पूछने पर सूक्ष्म आयोजन करे, ऐसा उसे लगता है। इसमें

रत्न खोकर, गिर गया न, गहरे पानी में! सत्यवती, फिर सत्य क्या है? रत्न या उसकी खोज? या भूतकाल और उसमें से बाहर आनेवाला भविष्यत? फिर वर्तमान काल कहाँ से खो जाता है? सत्यवती!

सिमरन : कल का आश्वासन आज नहीं दिया जा सकता और भूतकाल तो समाप्त ही हो चुका है। रत्न हाथ से फिसल गया, फिर गया वह भूतकाल! खोज और फलित यह भविष्य और वर्तमान दोनों।

सद्दू : मुझे जाना चाहिए!...मेरी नाव मुझे बुला रही है।

सिमरन : सत्य की छटाएँ होती हैं : वे अलग-अलग होती हें!...इस कारण एक ही कथन सही नहीं होता, यह शुभ वर्तमान मेरी समझ में आ गया है! धन्यवाद सद्दू!

सद्दू : धन्यवाद? किसलिए? उलटे मैं तो संशय में अटक गया हूँ।

बारिश हो रही है। हवा आती है। प्रकाश कुछ बढ़ता है। रघुनाथ आश्चर्य से सिमरन की ओर देखते हैं। स्टाइल से पाइप पकड़ते हैं, दाँतों में। उनकी आँखें चमकती हैं।

"क्या कहा तुमने? और क्या विचार करती है?"

"कुछ नहीं!"

"शुभ वर्तमान या ऐसा ही कुछ कहा तुमने! क्या यह नाटक का नाम है?"

"नाम अच्छा ही है, नाटक का!"

"उधर परदे की ओर क्या सिमरन?"

"उधर? शायद खोया हुआ भूतकाल का क्षण! शायद मेरा नाटक।"

"उधर?"

रघुनाथ कुछ बेचैन, कुछ भ्रमित।

"मुझे...मुझे यह कहना था, सिमरन कि..."

"अब बहुत देर हो चुकी है, रघुनाथ, यह मैं आपको कैसे बताऊँ, मैं इसका विचार कर रही थी!...उसमें से सारा सच नहीं होता! जो होता है, उसका भविष्य के भवितव्य से संबंध नहीं होता। बिकॉज़् इट इज अ पास्ट।"

"देर हो गई?"

"देर हो गई।"

इस तरह दृढ़ता से कहते हुए उसके प्राण नहीं सिहरे। दुःख होता नहीं। वह शांत, स्थिर रहती है। कोई क्या अर्थ निकाले, यह अपना-अपना सवाल होता है, वह

स्वयं से कहती है। प्रेम से डर भी लगना चाहिए, वह स्वयं से कहती है। सद्दू अब पलकों के पीछे चला गया है। उसकी रत्नों की खोज जारी रहेगी। उसकी छटपटाहट जारी रहेगी। निष्कर्ष नहीं, पर निष्कर्ष की आहट लग सकती है, यह शुभ वर्तमान प्रकट हुआ है। वह कहती है, स्वयं से और शांत बैठती है। पेंसिल थरथराती है। पन्ने फड़फड़ाते हैं। उनमें से लहरों की आवाज आती है। अथाह गहराई की आवाज आती है। बारिश की धुआँधार शाम। वह उन नोट्स की ओर देखती है। उन नोट्स ने उसे एक अर्थ से बचाया है।

...बारिश की एक मंद शाम में सिमरन ने कुछ नोट्स लिखे, इसकी याद उसे आती है। उसके पेंसिल से लिखे तिरछे-तिरछे अक्षर हैं। उसने लिखा है, 'सत्य को प्रमाण की आवश्यकता नहीं होती'...इत्यादि याद है उसे, बारिश की मंद शाम और शुभ वर्तमान!

लेखक-परिचय

जन्म : 27 मार्च, 1951

जिलाध्यक्ष के रूप में सेवानिवृत्त। 16 कथा-संग्रह, 3 उपन्यास, 3 नाटक, 5 लेख-संग्रह प्रकाशित। कई राज्य पुरस्कारों सहित अनेक महत्त्वपूर्ण सम्मानों से अलंकृत।

□

बिपत

– सदानंद देशमुख

अनुवाद : भगवान वैद्य 'प्रखर'

जयराम का समूचा शरीर बुरी तरह जकड़ गया था। टीस उठ रही थी पूरे शरीर से। कुम्हार की मटका गढ़ने की मुंगरी से मसलवा लेना पूरा शरीर, यानी ठनक जाती रहेगी, ऐसा लगने लगा उसे। काम ही इतना है तो देह का कचूमर तो निकलना ही है। खेती-बाड़ी के काम करने में कुछ नहीं लगता उसको। पानी भरना, भला यह भी कोई मर्द का काम है? कदापि नहीं। स्साला··· यह तो औरत जात का काम है। कभी किसी मर्द को भरते देख लेता था तो उसे हिजड़ा कहता था मैं। पर, इस साल गाँव के सारे ही मर्द 'हिजड़े' हो गए हैं। दो मील पर स्थित, इजू सेठ लाहूटी के बगीचे से पानी लाना पड़ता है। क्या खाक ला पाएगी औरत जात? कुछ हैं हट्टी-कट्टी, वे लाती भी हैं। पर अपनी औरत तो बीमारी के कारण सूख गई है। हड्डियों का ढाँचा रह गया है। उसके सिर पर हंडा रखा तो वहीं जमीन पर बैठ जाएगी। साँस फूल जाएगी। जान निकल जाएगी, उसकी।··· इधर कुछ दिनों में तो हालत और भी खराब हो चुकी है। जर्जर हो चुकी है···।

अब तक पानी भरने का काम कमली के जिम्मे था। पर ब्याह हुआ; वह ससुराल चली गई और यह पानी की बला मेरे पीछे लग गई। दोनों को अधिक पानी नहीं लगता, फिर भी आठ-दस हंडे तो लाने की पड़ते हैं न! उसी में अपना कचूमर निकल जाता है। दो मील से, धूप-ताप में सिर पर पानी लादकर लाना, बच्चों का खेल थोड़े ही न है···।

बाहर की खाट पर पड़े-पड़े उसका इस प्रकार कुढ़ना जारी था। इस बीच पड़ोस के रंगनाथ को चुहल सूझी। आकर सीधे खाट की चौखट पर बैठ गया। उतने

भर से खाट का ढाँचा चरमरा गया।

"अरे···अरे···चौखट पर मत बैठ, यार! चौखट पूरी खोखली हो चुकी है भीतर से। टूट-टाट जाएगी तो नीचे सोना पड़ेगा, साँप-बिच्छू की आशंका के दिनों में।"

जयराम का ऐसा कहना भर था कि रंगनाथ अनायास चौखट से खाट की रस्सी पर खिसक लिया। खाट ने फिर एक बार 'कुचू···कुचू' किया। अब जयराम उठकर ही बैठ गया। रंगनाथ का मुँह तकने लगा। उसके माथे, मुँह, गरदन से पसीना बह रहा था।

"क्यों रे भाई, इतना पसीना-पसीना क्योंकर हो गया?"

"पानी भर लाया घर का। वह भी काँवड़ से।"

"क्यों···क्या आज मालिक के ड्रम से नहीं लाया पानी?"

"नहीं···मालिक नाराज होता है···कहता है, सारे बैल खप्पल और चोटिल हो चुके हैं। उन्हें बे-मतलब बेजार मत करो, कहता है। ऐन बोआई के वक्त बीमार हो गए तो बोआई नहीं हो पाएगी। सारे खेत परती रह जाएँगे। फिर जमीन बेचकर भीख माँगनी पड़ेगी। ऐसा कहना है मालिक का···। इस कारण बैलगाड़ी पर अब केवल मालिक के घर लेकर जाता हूँ। अपने घर का काँवड़ से ही भरता हूँ।"

"तुम्हारा मालिक भी ठीक ही कहता है। अनगिनत मवेशी हलाल हो चुके हैं इस साल। बुरे हाल हैं बेचारों के। चारे-पानी की इतनी कमी कभी नहीं हुई, पिछले दस-बारह सालों में। आदमी का चाहे जो हो, पर प्रभु···इन मूक मवेशियों पर तो दया करो! बिना चारे-पानी के कितने ही जानवर काल के मुँह में समा रहे हैं। बेचारे···!"

कहते-कहते अनायास सामने की गोशाला की ओर ध्यान गया। वहाँ एक अकेला बैल खूँटे से बँधा था। उसका साथीदार पंद्रह दिन पूर्व ही भूख से परास्त होकर मौत के मुँह में समा चुका। अब यह दूसरा भी उसी मार्ग पर था। बुरी तरह कमजोर हो चुका था, वह हड्डियों का ढाँचा मात्र प्रतीत हो रहा था। बड़ी-सी खोपड़ी पर बड़े से सींग। बोझ बन गए हैं उस पर। भार असह्य होने के कारण व्याकुल को रहा हो जैसे। सोच रहा हो कि कोई काट ले उसके ये सींग। उन विशाल सींगों के कारण गरदन, सिर को पीड़ा हो रही होगी!··· शरीर पर भारी संख्या में किलनी चिपके हुए। कुकुराँछी की टोलियाँ लगातार मँडराती हुई। लेकिन उन्हें पूँछ से भगाने की शक्ति उसमें नहीं। बल ही नहीं रहा शरीर में। चारा नहीं, भरपेट पानी नहीं। कड़बी की पुल्ली का भाव तीन-चार रुपए हो गया। आदमी के खाने की जवार पाँच

रुपए किलो! एक की बजाय आधी भाकरी खाकर गुजारा करना पड़ रहा है। ऐसे में, बैल के लिए कहाँ से लाएँ चारा? कहाँ से लाएँ हरी घास? आसपास हरियाली का नामोनिशान नहीं रहा। लावारिस मवेशियों ने खाकर सब चट कर डाली। ऊँचे पेड़ों की पत्तियाँ आदमियों ने खरोंचकर पहले ही खिला दी है पशुओं को। अब पशुओं को जंगल में खदेड़ो, तब भी नहीं जाते। उन्हें मालूम हो चुका है कि वहाँ अब कुछ शेष नहीं है, उनके खाने के लिए आसपास पत्थर और मिट्टी के सिवा कुछ भी बाकी नहीं है। वृक्षों के केवल पंजर खड़े हैं, उनपर हवा के लिए भी हरियाली नहीं है। ऐसे दिखते हैं, जैसे मृत व्यक्ति को जमीन से उकेरकर खड़ा किया गया हो।

"थोड़ी देर पहले हंडा भरकर लाने के लिए गया था तो आज फिर चार मवेशी दिखाई दिए बस्ती में। सुभाना चमार चमड़ी छील रहा था। किसके मर गए?

"क्या पता? खैर, उसमें अब कोई आश्चर्य भी न रहा। लेकिन ऐसे में अगले साल खेती कैसे होगी भाई? हल में किसे जोतकर बोआई, गोड़ाई करूँगा···कुछ समझ में नहीं आता···।"

कहते हुए जयराम जल से बाहर निकाली गई मछली की तरह तड़प उठा। गोशाला की ओर देखते हुए वह फिर बोला, "और अगर इस साल भी अच्छी बारिश नहीं हुई तो समझ लो, दुनिया के आधे लोग मर जाएँगे। पानी के बगैर तड़प-तड़पकर। पशु तो मर ही गए हैं आधे से अधिक। अब आदमियों की बारी है समझो।"

उसकी इस प्रकार की बातें सुनकर रंगनाथ के रोंगटे खड़े हो गए। उन मरनेवालों में अपना भी नंबर तो नहीं न होगा? इस कल्पना मात्र से वह बैचेन हो गया। जयराम हाथ की उँगलियों का प्रश्नचिह्न बनाकर गोशाला में बँधे डंगर-बैल की ओर टकटकी लगाए देख रहा था। देखते-देखते उसके मन में कोई अशुभ विचार कौंध गया।

आँगन में रखी नाद में से उसने गागर की सहायता से आधी बालटी पानी निकाला। गोशाला में बँधे बैल के सामने रखा तो बैल ने आँख उठाकर भी नहीं देखा, उस ओर। शायद बीमार आदमी की तरह, उसकी खाने-पीने की इच्छा ही मर गई। बेजान आँखों से, सिर पर के सींग तौलते हुए, जयराम को निहारने लगा। देह पर कुकुरौंछी के झुंड मँडरा ही रहे थे। आहट पाकर उनमें से कुछ ने अपना रुख बदला और वे अब जयराम के शरीर के इर्द-गिर्द मँडराने लगीं। कुछ कीड़े, मच्छर उड़कर कचाकच काटने लगे। उसे बेहद कोफ्त हुई। पर क्या करे? कोई

उपाय नहीं। कैसे नष्ट करें इन कुकुरौंछी और किलनियों को? बैल की देह पर कोई पाउडर-वाउडर डाला तो उसे चाटकर बैल ही न गचक जाए? 'स्साला··· हरेक ने छल किया है अपने साथ।' कहते हुए इधर-उधर आँखें घूमीं तो गोशाला से मक्खियाँ का झुंड शोर मचाते हुए इधर-उधर चक्कर काटकर बैल के निचले शरीर पर अर्थात् जंघा में बैठ गया। अब वहाँ नोच-खसोट शुरू हो गई। जयराम रुआँसा हो गया। कोई उपाय समझ में नहीं आ रहा था। उसका दिल भर आया। वह टकटकी लगाए हताश-सा बैल को निहारने लगा। उधर बैल की आँखों से अश्रुधारा बह निकली। अपने मालिक का अपने प्रति प्यार देखकर उसका दिल भर आया। जयराम ने फिर एक बार बालटी उसकी ओर खिसका दी। बैल ने सम्मान रखने के लिए मात्र सूँघी। और···नहीं चाहिए अब···कुछ भी नहीं चाहिए—असहाय आँखें मानो कह रही थीं। सिर पर विशाल सींग बोझ बन चुके थे। असह्य होने पर उसने गरदन सामने की ओर लंबी कर दी। 'अब और नहीं सहा जाता···नहीं सहा जाता अब!' टुड्डी जमीन पर टिकाते हुए उसकी आँखों ने कहा जयराम से। उसके बाद जैसे सबकुछ बरदाश्त हो गया उसे।

उसने भरी हुई बालटी उठाकर पुनः नाँद में उडेल दी। कहीं और रखने की कोई गुंजाइश ही नहीं थी। कुत्ते, गधे, आते हैं···पी जाते हैं···गिरा देते हैं। पानी की एक-एक बूँद 'अमृत' जो हो गई है आज।

"क्या, नहीं पी रहा है पानी?" खाट पर बैठे रंगनाथ ने पूछा तो नकारात्मक सिर हिलाकर बैल की ओर देखते हुए बैठा रहा। अब बैल ने आँखें मूँद ली थीं। कुकुरौंछी, किलनी, मच्छर-मक्खियाँ, कीड़े-मकोड़े नोंच रहे थे। वे यातनाएँ वह आँखें मूँदकर चुपचाप बरदाश्त किए जा रहा था।

"भाई रंगनाथ!"

"क्या है?"

"लगता है, बैल के सींग काट लेने चाहिए।"

"भला क्यों?"

"वे मतलब का भार हैं उसकी खोपड़ी पर···अब सँभलते नहीं हैं उससे वे। है क्या तुम्हारे घर आरी···?"

"मेरे घर कहाँ है आरी? कुल्हाड़ी है।···पर आरी का क्या काम? ला सकते हैं कहो तो, रामा कारपेंटर के घर से। पर, नाहक क्यों बैल की पीड़ा बढ़ाना सींग काटकर···।"

"तुम यह कैसे कह सकते हो?"

"और नहीं तो क्या? सींग काटोगे तो वहाँ से खून निकलेगा। फिर वहाँ छेद हो जाएँगे। नासूर पड़ जाएँगे। सीधे भेजे तक जाएँगे। फिर वहाँ कीड़े, इल्लियाँ हो जाएँगी। इससे पीड़ा और बढ़ेगी...।"

रंगनाथ की ये बातें सुनकर लगा, जैसे कलेजे पर कीड़े-इल्लियाँ बिलबिला रही हैं! सिर चकराने लगा। उदास लगने लगा। वह कल्पना ही असह्य हो गई।

"ठीक है तुम्हारा कहना! पर अब और आगे कुछ न कहो...पता नहीं कैसा लगने लगा है।" कहते हुए रंगनाथ को आगे और कुछ कहने से मना कर दिया। भीतर से मन भर आया था।

दिल दहल गया। लगा जैसे सूखने के लिए डालने के पूर्व किसी ने निचोड़ लिया हो।

□

ठीक उसी समय बाहर से शौच से निबटकर पत्नी आ गई। पूरी तरह खुरच लिये गए वृक्ष की भाँति खप्पड़...। ऐसे चल रही थी जैसे एक-एक कदम सौ मन का हो। नाँद के पास की दीवार पर टमरेल टाँग दिया। दाहिने हाथ की उँगलियों पर नाँद का पानी लिया। बायाँ हाथ जमीन पर रगड़ा। उसपर अर्घ्यदान दिए गए समान पानी छोड़ा। फिर एक बार बाएँ हाथ से वैसे ही पानी लिया। उसमें की दो बूँदें पाँव के तलवों पर छिड़कीं गोमूत्र की तरह। फिर दो-चार लीं। अधिक पानी खर्च करने की कोई गुंजाइश ही नहीं थी। पानी की एक-एक बूँद मानो अमृत हो गई है।

"काफी खस्ता हो चुकी है भाभीजी की हालत, क्या हुआ है?"

"एक साल से वैसे ही हालत खराब थी। स्साला...रोज आधा सिर दुखते रहता है। कुछ सूझता नहीं उसके कारण। खाना-पीना नहीं, काम-धाम नहीं। उसपर, कल से डिसेंट्री लग गई है। अरी सुनती हो...कुछ फर्क पड़ा है कि नहीं?"—बोलते-बोलते उसने पत्नी से पूछ लिया। पत्नी ने नकारार्थी सिर हिला दिया और वहीं दीवार की आड़ लेकर छाँव में बैठ गई। पीठ दीवार से टिका दी। धँसी हुई आँखों से दोनों की ओर टकटकी लगाए देखने लगी।

"तो कोई दवा-पानी तो कराना था न!" रंगनाथ बोला।

"कहाँ से कराना दवा-पानी? डॉक्टर को क्या अपने दाँत निकालकर देंगे।... केवल चार पायली जवार बची है घर में। वह भी पिछले साल की। दाल नहीं, कोई दाना नहीं, सब्जी के लिए कुछ नहीं, लगातार चटनी के साथ भाकरी खाए जा रहे हैं।

उस पर भी तेल की एक बूँद नहीं। पानी की दो-चार बूँदें डालकर भरपेट खाना…। उसके कारण डिसेंट्री…।"

सुनकर रंगनाथ को दया आ गई। कहने लगा, "मेरे पास भी कुछ नहीं है यार! नहीं तो दिए होते, दस-पंद्रह रुपए उधार। मालिक से तो पहले ही उधार ले रखे हैं। वह अब कुछ नहीं देता। बुरी तरह कड़की चल रही है, मेरी भी। अच्छा…ऐसा क्यों नहीं करते आप लोग…"

"कैसा?"

"ये डंगर-बैल बेच क्यों नहीं देते कसाई को…पाँच-पचास, जो भी मिल जाएँगे…तो कुछ दवा-पानी हो जाएगी।"

सुनकर वह ऐसे चौंक गई जैसे किसी ने दाग दिगा हो!

"नहीं-नहीं, ऐसी कोई सलाह न दो…दवा-पानी की कोई जरूरत ही न रही अब। भाकरी खाना ही बंद कर दिया है मैंने। उससे अपने आप ठीक हो जाएगा सब।" कहते हुए उसकी साँस फूल गई। धँसी हुई आँखों के साथ तेज साँस लेने लगी वह। कँपकँपी छूट गई उसे।

"स्साला…एकाध बार बे-मौसम पानी ही बरस जाता तो जरा राहत मिल जाती। गरमी कम हो जाती।"

"पर अभी तो दो महीने दूर है बारिश।" रंगनाथ ने कहा।

"इस साल के क्या आसार हैं बारिश के…कोई समाचार? तुम सुनते होगे न मालिक के टी.वी. पर समाचार वगैरह…"

"सुनता हूँ कभी-कभार। बेमौसम बारिश के बारे में तो कुछ नहीं है। पर हाँ इतना जरूर सुना है कि सरकार काफी पैसा यानी कई करोड़ रुपये खर्च करनेवाली है, पानी के लिए। कहते हैं, दिल्ली से पैसा आनेवाला है, जल-आपूर्ति के लिए…"

"तो पानी कहाँ से लाएँगे भला?"

"लाएँगे टैंक भर-भरकर बाँध-बाँध से। या पानी के कुँओं से। तमाम गाँव-देहात में जल-आपूर्ति होनेवाली है अब। बोरवेल भी खोदे जाएँगे…"

"अरे पर कब? क्या प्राण जाने पर? और तुम्हें बताऊँ, उन बोरवेलों का कोई भरोसा नहीं। अरे, जो खोपड़ी में ही नहीं, वह नाक में कहाँ से आएगा भला? धरती के उदर में ही बाकी नहीं रहा पानी तो कहाँ से आएगा?"

"पर सरकार अपनी ओर से कर ही रही है प्रयत्न। वैसे…सरकार भी क्या-क्या करेगी भई…तब भी बहुत कुछ करती है लोगों के लिए, ऐसा कल रामभाऊ कह रहे

थे। उसमें से अपनी समझ में भला क्या आता है··· ?" इतना कहकर वह फीकी हँसी हँसा।

रंगनाथ यह सब बतला रहा था पर जयराम और उसकी पत्नी चुपचाप बैठे थे, जैसे उन्हें किसी से कोई लेना-देना न हो।"

"सुना है, आदमपुर में खोदा गया है एक बोर कुआँ। कहते हैं उसमें खूब पानी लगा है। मन नदी के किनारे पर। तो एस.टी. स्टैंड की तरह ही आड़ा पाइप बिछाकर दस-बारह नल लगाए गए हैं। कहते हैं, अब पूरा गाँव वहाँ से पानी भरता है। सुना है, रेल चल गई है पानी की। दिन-रात मोटर चलती रहती है।"

यानी कैसे होगा वह सब···जयराम मन-ही-मन उस दृश्य की कल्पना करने लगा। तो दूसरा मन उसे इससे परावृत्त करने लगा—'··· छोड़ो···जाने दो। हो-न-हो कैसे भी···उससे अपना कुछ लाभ है क्या ? नहीं न ? तो मारो गोली।' वह कल्पना-लोक से बाहर आ गया।

"अब धीरे-धीरे अपने भी गाँव में कुछ योजनाएँ। सरकार चुप नहीं न बैठी है। वैसे, मुझे भला उसमें क्या समझ आता है ? पर, सुनी-सुनाई बातें हैं। मालिक के बैठक में चलती रहती हैं। हम सुनते रहना···"

रंगनाथ की ये गप्पें चल ही रही थीं तो पत्नी में फिर मरोड़ उठी। जैसे-तैसे खड़ी हुई और टमरेल भरकर शौच के लिए खुले में निकल गई।

"क्या कहें, बड़ा बुरा समय चल रहा है हमारा"—पत्नी की दिशा में निहारते हुए विकल होकर कहा जयराम ने। लगा जैसे कड़ी धूप में नंगे पैर होने से तड़प उठा हो!

"अरे, तुम ही क्या, पूरा महाराष्ट्र ही मुसीबत में है, इस साल। कल रामभाऊ कह रहे थे, ऐसा कभी नहीं भुला पाएँगे, बिन वर्षा का यह ब्यानवे साल···"

"स्साला···होने को दो लड़कियाँ हुईं। पर ब्याह होकर अपनी-अपनी सुसराल चली गईं। उनसे में कोई लड़के के रूप में पैदा हुई होती तो आज वह लड़का जवान होता। कुछ काम-काज करता। जरा सहारा हो जाता। पर, क्या करें···ईश्वर की मरजी···।"

जयराम यह बोल ही रहा था तो एक गधा आ गया। जल्दी-जल्दी, जैसे कोई महत्त्वपूर्ण काम हो उसका। और उसने नाँद में मुँह डाल दिया। गटागट पानी पीने लगा। अकस्मात् ध्यान जाते ही जयराम जान की बाजी लगाकर दौड़ पड़ा उस ओर। "अरे हूड···हूड···।" कहते हुए उसने नाँद में मुँह डालनेवाले गधे पर एक

लात जमा दी। जल्दबाजी में, कोई लाठी-वाठी लगी नहीं थी हाथ। गधा भी टस से मस होने को तैयार नहीं। निर्लज्ज होकर गटागट पानी पिए जा रहा था। तो पास पड़ी बालटी उठाकर पीठ पर दे मारी। 'खड़ाल''धड़ाल' आवाज हुई। उसके साथ ही गधे ने दुल्लती झाड़ी। घुटने उस तेज दुल्लत्ती की चपेट में आ गए। मरणांतक पीड़ा हुई। हाथ से बालटी खड़ाल''धड़ाल आवाज करते हुए छूट गई। घुटने मलते हुए वह नीचे जमीन पर बैठ गया। इस बीच गधा तेजी से पलायन कर गया।

रंगनाथ भागता हुआ आया। नीचे बैठे जयराम को कंधे पकड़कर खड़ा किया। वह अपने बल पर खड़ा होने को तैयार नहीं। मुरदे की तरह घसीटते हुए उसे खाट तक लाया। घुटने मलते हुए वैसे ही विकल अवस्था में बैठा रहा। पसीना निकल आया था उसे।

"अपने गाँव में बड़ी परेशानी है यार''इन गधों से। सारे मवेशी''गाय, भैंस, बैल सब मर रहे हैं, पर स्साले ये गधे देखो, कैसे मोटा रहे हैं! इधर से उधर भागते रहते हैं सारे गाँव में''।"

"उनका क्या है''कूड़े के ढेर को सूँघ-सूँघकर कुछ भी खाते रहते हैं। उस पर ये इस प्रकार परेशान करते रहते हैं। मेरा तो मन करता है, गाँव के तमाम गधों को एक जगह इकट्ठा करके उन्हें मार डालना चाहिए। ये लकड़ेवालों ने लक्कड़ ढोने के लिए पालकर रखे हैं, पर पूरे गाँव को बड़ी परेशानी है इनसे। जबकि उन्हें कुछ भी तकलीफ नहीं है। उनका क्या है''कान पकड़कर लाया और दुम पकड़कर भगा दिया। अपना काम निबट गया कि छोड़ दिए गाँव में खुले''। अपने पीछे बे-मतलब की बला!''पिछले साल हम लोगों को काफी तकलीफ हुई। गाँव खोरा के खलियान में। रात के समय चना, गेहूँ पर धावा बोल गए। पांसे डाले और पकड़ा इनको। उनमें से कुछ तो मारकर फेंक दिए। कुछ को लँगड़ा कर दिया। एक गधेवाले ने तो केस कर दी थी हमारे मालिक पर। तो थानावालों ने कहा, 'हम नीम अँधेरे आकर पंचनामा करेंगे।' मालिक के नाम की रिपोर्ट कहने पर वे कहाँ आते हैं, इतनी जल्दी! सारे ही पहचान के। तो मालूम हम लोगों ने क्या किया? रातोरात सारे गधों को ट्रक में भरकर पहाड़ के उस पार ले जाकर छोड़ दिया। एक लंगड़े गधे छोड़ दिया था वहीं, उसे रात में कुत्तों ने नोच-नोचकर खा लिया। एक कान यहाँ तो दूसरा पैर उधर खड़की के खेत में। ऐसा सब फैल गया। अगले दिन पुलिस आई तो उनको यहाँ-वहाँ क्या मिला, जानते हो''गधे की लीद! और हाँ''एक पैर का खुरा। मालूम''। बडा मजा आया। किसी का कुछ बिगाड़ न सके गधेवाले।"

"मैं भी अब एकाध को मार ही डालता हूँ। मुझे भी रोज की झंझट है यह। दोपहर तक खेत में काम करो। उसके बाद झख मारके दो मील से पानी लेकर आओ और रात में ये गधे आकर सारा पानी पी जाते हैं। सुबह उठकर देखो तो रात की भरी हुई पूरी नाँद बिल्कुल खाली···। नाक में दम आ गया है इनके कारण। हम लोग पानी खर्च होने के डर से दो दिन में एक बार नहाते हैं। येन-केन-प्रकारेण पानी बचाते हैं और गधे रात में आकर सुपड़ा साफ कर जाते हैं।"

जयराम दु:खी होकर रह गया था। दोनों हाथों से दोनों घुटने मलना जारी रखा था ही। काफी दर्द हो रहा था। पसीना निकल आया था।

"पानी दूँ क्या पीने के लिए?"

"हाँ, ले आओ जरा···।"

तत्काल रंगनाथ उठा। घर में गया। उसकी आहट से एक मरियल सा कुत्ता भीतर से भागकर बाहर निकला। उसके मुँह में भाकरी का टुकडा था। दुम दबाकर रंगनाथ के पैरों के बीच से तेजी से भाग गया। जयराम ने बैठे-बैठे ही 'अरे हाइ··· अरे हाइ' करके हाथ हिलाए। पर कोई लाभ नहीं हुआ। पत्नी ने द्वार खुला छोड़ दिया था, इस कारण वह उसे अनगिनत गालियाँ देने लगा। वह वहाँ थी कहाँ! शौच के लिए गई थी।

रंगनाथ पानी लेकर बारह आया। लोटा जयराम को थमाकर वहीं खाट पर बैठ गया। जयराम एकैक घूँट पानी पीने लगा मानो अमृत-पान कर रहा हो। पानी पीकर लोटा धरती पर रख दिया। अब पीड़ा कुछ कम हो गई थी। पर, मुँह से लगातार गालियाँ निकल रही थीं। गधे के लिए···कुत्ते के लिए···पत्नी के लिए···अपने भाग्य के लिए···।

"स्साला···रोज ही रतजगा करना पड़ता है। गधे न आ जाएँ, यह ध्यान रखो। आ गए तो नींद से उठकर उन्हें भगाओ। दिनभर मरते दम तक काम करो और रात में यह क्लेश! ऊब गया है अपना मन तो अब। रात-रातभर जागते रहो। खटका हुआ कि दौड़ो अंधेरे में नींद को तिलांजलि देकर···। सारी रात जारी रहती है यह भागम-भाग।···ढक्कन रखो, चाहे जो रखो···। हाथ मारकर चले जाते हैं···चुपचाप इनकी तो मैं···।"

वह बेचैन हो गया तो रंगनाथ कहने लगा, "छोड़ो, जाने दो जयराम, काहे को अपनी जान जलाते हो! इसकी बजाय तुम एक काम क्यों नहीं करते···?"

"कौन-सा?"

"इस नाँद को यहाँ से निकालकर घर के भीतर क्यों नहीं रखते ले जाकर?"

"अरे हाँ यार ···!"

ऐसा कहते हुए वह रंगनाथ पर एकदम खुश हो गया। पर, फिर अपने आप पर बौखलाया। भला बताओ ···इतनी सी बात मेरी समझ में नहीं आई! कितनी रातें पागलों की तरह जाग-जागकर गुजारीं। भूत की तरह गधे की रखवाली करता रहा। मानता हूँ, काफी हिस्सा मिट्टी-पत्थर के बीच में धँसा हुआ है नाँद का। तब भी क्या हुआ? एक प्रहर का काम है। नाँद खोदकर बाहर निकाला और भीतर ले जाकर बिठा दिया।··· इस विचार मात्र से उसे भारी राहत महसूस हुई। लगा, जैसे तृषार्त-भूमि को जल मिल गया! बड़ी चिंता मिटनेवाली थी। अब उसे घुटने की पीड़ा कुछ कमतर लगी।

इसी बीच पत्नी लौटकर आ गई। नाँद के पास गई तो देखा, पानी का स्तर नीचे चला गया है।

"ऊई माँ। यह पानी कैसे कम हो गया नाँद में का? मैं देखकर गई थी, तब तो गले तक भरा था। अब तो आधा भी न रहा। कहाँ चला गया पानी?"

उसने पति से प्रश्न किया तो वह मानो सूखे गेहूँ के खेत में लगी आग-सा भड़क उठा। बौखलाकर बोलने लगा।

"बड़ी साहूकार की तरह पूछ रही हो···कहाँ गया पानी? शर्म नहीं आती? ऐदी···खटारा कहीं की···नाँद खुली छोड़कर गई थी। घर का दरवाजा खुला छोड़कर गई थी। कुत्ता रोटी लेकर चला गया। नाँद पर ढक्कन नहीं रखा। गधा सारा पानी पी गया।···पर, तुम्हें भला क्यों हो उसकी चिंता? ये आड़े का बैल है न, पानी भरने के लिए···खुद बीमारी का ढोंग करके कराहते-काँखते बैठी रहती है। स्साला···कौड़ी का सहारा नहीं है। फिजूल का सिरदर्द है इसका···।"

बहती धारा की तरह उसकी बड़-बड़ शुरू हो गई। उधर उसकी गालियों से, बातों से पत्नी मानो गरमी में उठने वाली आँधी की चपेट में आए समान बावली हो गई। उसके बावजूद वह मरियल आवाज में बोलने लगी। गहरे कुँएँ से आनेवाली लग रही थी उसकी आवाज।

"मेरी हालत पतली हो गई है डिसेंट्री से। मुझे कुछ सूझ नहीं रहा है। पर, तुम तो थे न दरवाजे पर बैठे हुए। तो क्या अंधे हो गए थे? मुझे आलसी···खटारा कह रहे हो! पर, मुझे भी कौन-सा सुख है इस घर में, इतनी गल गई हूँ, पर धेले की दवा नहीं दी। चलो···नहीं दी तो न सही। पर कभी आग्रहपूर्वक कहा! तो उसके लिए कि

मुँह का स्वाद बिगड़ जाता वैसा करने से? तो···वह सब तो गया भाड़ में और लगे टनाटन गालियाँ बकने!···कितना बरदाश्त करूँ? हे भगवान्, इसकी बजाय तो मर ही जाना ही बेहतर है।"

ऐसा कहते हुए वह विलाप करने लगी। आँखों से अश्रु बहने लगे। उनके मुँह में जाने से मुँह का स्वाद नमकीन हो गया। पर, कोई सुध नहीं। इससे वह किंकर्तव्यविमूढ़ हो गई।

···सही तो है। क्या सुख है, अपनी पत्नी को भी? सारा जन्म अपने साथ जानवरों की तरह खट रही है। एक-एक पैसा जुटाकर दो पुत्रियों के ब्याह किए। उसपर ये फसल की बरबादी के साल। सिर दुःखता था, तब भी लगी रही काम पर। अब दो दिन से बीमारी से त्रस्त है। उसपर मैं उसे कितना कुछ बोले जा रहा हूँ! गलत किया है मैंने।···गलत ही किया। उसे भी किसका भरोसा है, मेरे सिवा? और मुझे उसके सिवा?···अब नहीं लड़ना चाहिए। नहीं बिगड़ना चाहिए···।" कहते हुए उसके मन में मानो ममता का सोता फूट पड़ा।

"अरी, पर तुम तो अपने मन की मालकिन हो न, जाओ न अस्पताल में। बेच डालेंगे स्साले को दो-चार किलो जवार। तुम सुख से रहोगी तो सब···। क्यों भाई रंगनाथ···।"

पति के आवाज की मिठास छू गई उसे। जरा सुकून मिला। आँसू पोंछ डाले। नाक निचोड़कर जमीन से पोंछ लिया।

"कोई जरूरत नहीं जाने की। फिजूल का खर्च। ठीक हो जाएगा सब अपने आप। भाकरी खाना ही बंद कर दिया है मैंने अब। तो कहाँ से आएगी···? अपने आप बंद हो जाएगी।"—कहते हुए वह उठी। किसी प्रकार चलते हुए वह नाँद तक गई। उसपर टोकरी ढँककर रख दी। किसी प्रकार कदम बढ़ाते हुए वह घर के भीतर गई। नहीं हो पा रहा था, तब भी झाड़ू लगाने लगी। इस बीच रंगनाथ खड़ा हुआ। परछाइयाँ लुप्त हो चुकी थीं। सूर्यास्त हो चुका था। साँझ घिरने लगी थी।

"अच्छा, मैं चलता हूँ अब। जरा मालिक के बँगले पर एक चक्कर लगा आता हूँ।"

"क्या चारा-पानी निबट चुका है?"

"वह काम नारायण सपकाल के जिम्मे है। अपने जिम्मे है केवल पानी भरना···।"

कहते हुए उसने अँगड़ाई ली। हाथ ऊपर उठाकर जम्हाई ली। उसकी देखा-

देखी जयराम को भी जम्हाई आ गई। इसके उपरांत गली से निकलकर रास्ते पर जाने लगा तो जैसे कुछ याद आ गया। तुरंत दो कदम पीछे आया और कहने लगा, "वह काम भूलना मत!"

"कौन-सा?"

"नाँद खोदकर घर में बिठाने का। उससे यह रोज-रोज रतजगा करने की झंझट नहीं रहेगी।"

"हाँ-हाँ, अच्छा आइडिया दिया है तुमने। अभी ही खोद लिया होता पर अँधेरा हो चुका है। कल नीम-अँधेरे में पहला काम वही करता हूँ। आज के दिन तो जागना है ही। आधा नाँद पानी है। उसकी रखवाली करनी पड़ेगी।"

"टोकरी रखकर उसपर पत्थर रख देना चाहिए बड़ा सा।"

"रोज वही तो करता हूँ। तब भी बदमाश गिरा ही देते हैं आइडिया से···। हम लोग भले ही उन्हें 'गधा' कहें, पर बड़ी चालाक जात है। हम जागते रहते हैं, तब तक नहीं आते। सोते बराबर दाँव साध लेते हैं।" कहते हुए जयराम हँस पड़ा। रंगनाथ भी हँसा और आगे बढ़ गया।

रंगनाथ ने पैर खाट पर लंबे तान दिए। सबकुछ अकड़ गया था।

जरा शरीर ढीला पड़ा ही था कि गली में से आते हुए गधे पर नजर पड़ी। वह नाँद की ओर बढ़ रहा था।

यह पहले वाला न था, दूसरा था।

जयराम हड़बड़ाकर उठा। आहट सुनकर गधा बिदक गया। उसने सोचा होगा, खाट पर पड़ा आदमी सोया हुआ है। पर यह तो एकदम उठ खड़ा हुआ। पीछे मुड़ते समय गधा गली में जरा देर ठिठका। फिर मुड़कर तेजी से भाग गया। उसका पीछा करते हुए जयराम को जो मिले, वे पत्थर उठाकर गधे की दिशा में उलटे-सीधे चला दिए। वे कहाँ लगनेवाले थे! तेजी से पलायन करते हुए गधा शौच के खुले मैदान की ओर भाग गया और आगे जाकर मुँह से, नाक से मिट्टी खोदकर सूँघने लगा। गरदन ऊपर करके उसने ठुड्डी इधर-उधर हिलाई। इसके उपरांत लंबे सुर में 'व्हाय चिक···व्हाय् चिक' करके लयबद्ध तरीके से चीखने लगा।

उसे गालियाँ देते हुए वह पीछे मुड़ा। साँस फूल गई थी उसकी। तेजी से साँस लेते हुए वह सबसे पहले नाँद के समीप गया। उसपर पत्नी ने जो टोकरी ढककर रखी थी, उसने एक पत्थर और रख दिया उसपर।

पुन: आकर खाट पर लेट गया। खाना पकते ही पत्नी ने उसे जगाया। भोजन

करने बैठा। बिना तेल का बेसन और भाकरी···। बीवी ने कुछ खाया न था। उसने जबरन उसे भाकरी का एक टुकड़ा और एक चम्मच भर बेसन खाने पर मजबूर किया।

अब घर के भीतर का दीया बुझाकर बाहर हवा में निकल आए। पत्नी की खाट आज उसी ने बिछा दी। उतने भर से वह सुख अनुभव करने लगी। वह अपनी खाट पर, यह अपनी खाट पर, ऐसे ही सो गए।

वह सारा दिन भूखी थी। इस कारण उसे झट् सुस्ती आ गई। सो गई।

"पीने के पानी की मटकी लाई क्या बाहर?"—उसने पूछा तो कोई जवाब न मिला। उसने देखा, वह सो चुकी है। वह खुद उठा। पानी की मटकी लाकर खटिया के नीचे रखी। उसपर ढक्कन के रूप में हमेशा की तरह चौड़ी पटिया रख दी और सो गया।

खाट पर पड़े-पड़े टकटकी लगाकर आकाश निहारने लगा। दूर तक चाँदनी बिछी हुई थी। रास्ते पर की बिजली का बल्ब टिमटिमा रहा था। पर उसका प्रकाश इधर आँगन में नहीं पहुँच पा रहा था।

खाट पर पड़े-पड़े देखा, कुम्हार के घर के पिछवाड़े से जरा सा प्रकाश आ रहा था। ठंडी हवा चल रही थी। आँखें निंदियाने लगीं। इस बीच गधे की आहट हुई।

उसने उठकर देखा। कोई नहीं आया था। आँखें अलसाने लगीं। तब भी उसने सोचा, आज सतर्कता बरतनी ही है। ढक्कन रखा हुआ है पर, महा-चतुर जात है। आइडिया से टुड्डी लगाकर ढक्कन गिरा देते हैं। मैं सोऊँगा और गधा सारा पानी पी जाएगा। पर आज नहीं छोड़ूँगा। हुआ तो एकाध को खत्म ही कर दूँगा। मारकर घसीटते हुए उधर शौच के मैदान के पार ले जाकर डाल दूँगा··· रात में लावारिश कुत्ते नोंचकर खा जाएँगे। किसने मारा···कैसे मारा···किसी को खबर होने की कोई गुंजाइश ही नहीं।···किसी को कुछ पता नहीं···।

ऐसा निश्चय करके वह फिर उठ बैठा। कुंडी खोलकर घर में गया। वहाँ से रखवाली के समय साथ रखी जानेवाली लठिया लेकर बाहर आया। फिर लगा, शायद दरवाजे में कुंडी लगाना भूल गया। मुड़कर दरवाजे की ओर देखा, पर अँधेरे के कारण कुछ दिखलाई न दिया। अलसाया हुआ फिर उठा। दरवाजे को हाथ लगाकर परखा। कुंडी चढ़ी हुई थी। पर उसका खुद पर विश्वास न था। ताला लगाने का कोई कारण न था। चोर को मालूम है कि अपने घर में कटोरे-मटकी के सिवा कुछ नहीं है। चोरों की अपेक्षा जानवरों का और कुत्तों-गधों का ही भय अधिक था।

दरवाजा ठेलकर घुस जाएँगे घर में और खा जाएँगे चार पायली जवार।···तब हम लोगों को क्या कंकड़-पत्थर खाना! स्साला···इन कुत्तों और गधों की माँ की तो···! तंग करके रख दिया है इन्होंने···जीना हराम कर रखा है···।

एक ओर इस प्रकार का विचार-चक्र चल रहा था। दूसरी ओर, अभी-अभी लाकर रखी लठिया पर हाथ घुमाया जा रहा था। फिर सोचा, यह लठिया अधिक कुछ काम की नहीं है। एक वार किया पीठ पर तो टूट जाएगी। और गधा तो मरने से रहा। जबकि मुझे आज गधे का काम तमाम किए बिना चैन नहीं मिलनेवाला···! उसे छत पर रखे काले डंडे का स्मरण हो आया। वह उठा। लठिया लेकर भीतर गया और छत पर से काला डंडा निकालकर ले आया। लठिया भीतर छोड़ दी। दरवाजे पर कुंडी चढ़ा दी। बाहर आकर डंडे पर हाथ घुमाने लगा। कान तक ऊँचा, तेल-पानी पिलाकर बढ़िया चिकना किया हुआ, गहरा काला। खास बबूल के पेड़ का डंडा लाकर खाट के समीप रख दिया। इस डंडे के एक ही रट्टे से गधे का काम तमाम हो जाएगा। दूसरे की जरूरत ही नहीं पड़ेगी···इस प्रकार सोचते हुए सतर्कतापूर्वक लेट गया।

काफी प्रतीक्षा की, लेकिन गधा नहीं आया। उसके बाद पता नहीं कब उसे नींद आ गई। तो किसी समय नाँद पर आहट सुनाई दी। 'खड़खड़-धड़धड़' आवाज सुनकर वह उनींदा हो गया। अँधेरा था। उनींदी आँखों से उसने देखा···लगा, गधा नाँद में गरदन डालकर पानी पी रहा है। वह पूरी शक्ति जुटाकर उठा। ऊँघती आँखों से अस्पष्ट दिखाई देनेवाला डंडा उठाया। नाँद की ओर बढ़ा, पदचाप की आवाज न होने देते हुए। नाँद पर झुके गधे पर पूरी ताकत से डंडा जमाया। एक बार में काम तमाम, विजयश्री हासिल किए समान फिर दूसरा वार किया।

उसने देखा कि गधा वहीं नाँद में निश्चेष्ट हो चुका है। हिलना-डुलना बंद। उसने हाथ का डंडा एक ओर फेंक दिया और गधे को उठाने लगा तो पाँव के पास टमरेल बजा। उसका दिल दहल गया। हाथ लगाते बराबर मानो बिजली का करंट छू गया उसे। समझ गया। नाँद पर पत्नी को मार डाला है, न कि गधे को। पसीना छूट गया। कलेजा धक···धक करने लगा। शरीर काँपने लगा। अब उसकी आँखों से नींद पूरी तरह गायब हो चुकी थी। सबकुछ स्पष्ट हो चुका था···। पत्नी शौच के लिए जाना चाहती थी। नाँद पर झुककर टमरेल से पानी ले रही थी तो अँधियारे में, संताप के कारण कुछ दिखाई नहीं दिया। लगा, गधा ही है। और ऐसा घालमेल हो गया। प्राणों की बाजी लगाकर उसे वैसे ही ऊपर उठाया। देखा, सबकुछ समाप्त

हो चुका था। वह निर्जीव गट्ठर बन चुकी थी। सिर...हाथ...पाँव...छाती...नाड़ी... धड़कन सब बंद हो चुकी थी। उसका जोर से चीखने को जी चाहा, पर सफल नहीं हुआ। आवाज ही लुप्त हो चुकी थी। बस, नैनों से अश्रुधारा बरस रही थी उसपर। आवाज बिल्कुल नहीं। किसे बुलाएँ...कैसे बुलाएँ...आवाज ही नहीं निकल रही है।

वह उसे सीने से लगाए, बार-बार उसकी आँखें खोलने का यत्न करने लगा। उसका चेहरा निहारने लगा। वह शांत प्रतीत हो रही थी। कहीं से खून निकल रहा था। वह खून से लथपथ हो गया। अँधेरे में चोट दिखाई नहीं दे रही थी। आँखों से अश्रुधारा...बदन से पसीना...और खून...वह बुरी तरह भीग गया। पत्नी की देह को अपने आगोश में लिये वह सिसक रहा था। व्यग्र था वह...गोशाला में बैठे गाय-बैल आकुल नैनों से उसकी व्यग्रता निहार रहे थे...जबकि दूर कहीं से गधों के ताल-सुर में हींसने की आवाजें बराबर आ रही थीं।

लेखक-परिचय

जन्म : 1959

मराठी के प्राध्यापक के रूप में सेवा। 9 कथा-संग्रह, 4 उपन्यास, 1 कविता-संग्रह, 2 निबंध-संग्रह प्रकाशित। राज्य स्तर के कई पुरस्कारों से सम्मानित। 2004 में 'बारोमास' उपन्यास के लिए साहित्य अकादमी सम्मान। कई रचनाओं का हिंदी, अंग्रेजी, उर्दू व अन्य भारतीय भाषाओं में अनुवाद। 'बारोमास' पर हिंदी में फिल्म का निर्माण।

□

नया श्मशान

– उत्तम कांबले

अनुवाद : सूर्यनारायण रणसुभे

करीब-करीब तीस घंटे से भी अधिक समय से सिद्धार्थ की लाश ट्रैक्टर से जुड़ी ट्रॉली के नीचे दबी थी।

ईंटें भरकर चढ़ाई की सड़क पर निकला हुआ यह ट्रैक्टर उलट गया। ट्रॉली पर बैठा हुआ सिद्धार्थ ट्रॉली के नीचे दब गया था। ट्रॉली के चारों ओर लगाई गई लोहे की नुकीली पट्टियों में से दो पट्टियाँ उसके शरीर के आर-पार होकर जमीन के भीतर दो-तीन मीटर गइराई तक धँस गई थीं।

नया श्मशान—लाश पर ईंटों का अंबार··· एक पट्टी पीठ में से दूसरी गरदन में से बाहर निकल गई थी।

लाश को बाहर निकालने का प्रयत्न हुआ, परंतु उसे बाहर निकालने के लिए हिला दिए गए नुकीली पट्टियों के कारण शरीर चिरने लगता। गरदन चिरने लगती, इस प्रकार के प्रयत्न से लाश को बाहर निकाला जा सकता था, परंतु उससे लाश के टुकड़े-टुकड़े हो जाते।

इस दुर्घटना के बाद वहाँ खून की धारा बह निकली थी। ट्रैक्टर के पास दो-चार फीट तक खून फैल गया था। पीठ, पेट से बाहर निकल खून ईंटों पर भी फैल चुका था। पानी को सोंख लेने की आदत के कारण ईंटों ने सिद्धार्थ का खून अपने शरीर में जज्ब कर लिया था। सिद्धार्थ के पेट की अँतड़ी भी बाहर गिरी हुई दिखाई दे रही थी। संपूर्ण दृश्य थरथरी पैदा करने वाला था। ट्रैक्टर का ड्राइवर सोनेवाडी के पटेल का भाई था। दुर्घटना के बाद वह भाग गया था। ईंट ढोनेवाले चार-पाँच मजदूर भी घ़ायल हुए थे। उन्हें उपचार हेतु कहाँ ले गए, इसे पूछनेवाला कोई नहीं था।

सिद्धार्थ पंद्रह वर्ष का था। नौवीं कक्षा में पढ़ता था। दीपावली की छुट्टियाँ शुरू हुईं थीं। इसलिए ईंट ढोनेवाले ट्रैक्टर पर वह मजदूरी के लिए जाया करता था। मजदूरी के पैसे परिवार को देकर वह उन्हें थोड़ी-बहुत सहायता कर रहा था।

आज भी वह एकदम सवेरे ट्रैक्टर पर काम के लिए गया। शाम पाँच बजे तक वापस आ जाऊँगा, ऐसा उसने अपने माँ-बाप से कहा था। हफ्ते के बाजार से वह अपनी बहन के लिए कपड़े खरीदने वाला था, परंतु पाँच बजे सिद्धार्थ लौटा ही नहीं। उसकी मौत की खबर लेकर दो-तीन लोग लौट आए। सोनेवाडी से दो-तीन कि.मी. पर स्थित कुसलेवाड़ी के पास ट्रैक्टर पलटी खा चुका था।

बेटे की मौत की खबर सुनकर सिद्धार्थ के पिता तानपा और माँ गोकुल बाई पर मानो आसमान ही टूट पड़ा। रोते हुए, छाती पीटते हुए कुसलेवाडी की दिशा में दौड़े।

कुसलेवाडी तक पहुँचने के लिए किसी भी प्रकार के यातायात के साधन नहीं थे। एम.टी. की एक ही बस उस गाँव से गुजरती। सवेरे सात और शाम के पाँच बजे। बीच के समय में जाना हो तो पैदल ही जाना पड़ता।

तानप्पा और गोकुल रोते-रोते दौड़ने लगे। उनके पीछे उनकी जाति के चार-पाँच स्त्री-पुरुष भी निकले।

सिद्धार्थ तानप्पा का सर्वगुण संपन्न लड़का था। वह स्कूल में भी सीनियर था। हमेशा प्रथम श्रेणी में उत्तीर्ण होता। स्कूल में वह सभी का चहेता था। उसका परिवार दरिद्रता में डूबा हुआ था। मजदूरी कर वे पेट भरते। माँ-बाप दोनों ही मजदूरी पर जाते। परंतु उस छोटी सी मजदूरी से दो बेटे और एक बेटी, पाँच सदस्यों के परिवार की गाड़ी खींचने में काफी परेशानी होती। सिद्धार्थ बड़ा हो गया और वह भी छुट्टी के दिनों में अथवा कभी-कभी स्कूल न जाकर मजदूरी करने लगा। बाल-मजदूर होने के कारण उसे ज्यादा मजदूरी नहीं मिलती, पर बावजूद इसके वह मजदूरी पर जाता। ईंटों को ढोने वाले ट्रैक्टर पर मजदूरी थोड़ी अधिक अर्थात् दस रुपए मिलती। सिद्धार्थ की आयु के अनेक लड़के ट्रैक्टर पर मजदूरी हेतु जाते। सिद्धार्थ भी जाने लगा। बेटा अब कमाने लगा है, इसकी खुशी तानप्पा को थी। उसे सिद्धार्थ पर अभिमान था। वह पढ़-लिखकर बड़ा आदमी बने, अच्छे वेतन की नौकरी उसे मिले और परिवार की सारी जिम्मेदारियाँ वह पूरी करे, ऐसा स्वप्न तानप्पा देख रहा था। सिद्धार्थ के नौवीं में जाने पर अब स्वप्न-पूर्ति का समय निकट आ गया है, ऐसा उसे लग रहा था। उस परिवार में इतनी पढ़ाई करनेवाला सिद्धार्थ पहला लड़का

था। वह अपनी जाति के सभी लोगों के पत्र लिखता। आए हुए पत्र पढ़कर सुनाता। राशनकार्ड के लिए प्रार्थना-पत्र भरकर देता। पूरी गली के लोगों के मन में उसके प्रति सम्मान का भाव था।

तानप्पा और गोकुल दौड़ ही रहे थे। हाँफने लगते तो रुक जाते। एक-दूसरे के गले लगकर रोते। कौन, किसे धीरज दे, समझ में नहीं आ रहा था। फटा हुआ कलेजा, बिखरे हुए स्वप्न और भरी हुई आँखें लेकर वे एक-दूसरे की ओर देखते... और फिर वे कुसलेवाडी की ओर दौड़ने लगते। उनके पीछे दौड़नेवालों में उनकी जाति के पंच नाना, पड़ोस का राणा और भूतपूर्व उप सरपंच धनवा थे। वे भी तेज कदमों से चल रहे थे। बीच-बीच में वे भी दौड़ने लगते। दौड़ते-दौड़ते ही वे तानप्पा और गोकुल को समझाते। धीरज रखो—कहते। परंतु गोकुल और तानप्पा का रोना इतने जोरों से था कि पीछे से कौन क्या बोल रहा है, पर उन दोनों को सुनाई ही नहीं पड़ता। दौड़ते-दौड़ते तानप्पा शायद एक-दो बार गिर भी गया था। वह उठकर खड़ा होता, रोता और फिर दौड़ने लगता।

कुसलेवाडी गाँव अब सामने दिखलाई देने लगा। गाँक के इस ओर दुर्घटना हुई थी। धीरे-धीरे गाँव के टीले पर सड़क और वहाँ इकट्ठी भीड़ दिखलाई देने लगी। तनप्पा और उसकी पत्नी के पैरों में गति आ गई। दुर्घटना का स्थान दस-बीस कदम और रहा कि दोनों दहाड़ मारकर रोने लगे। सभी की नजरें कसमसा जाएँ, इतनी जोर की दहाड़ थी। दुर्घटना के पास रुकी भीड़ स्तब्ध हो गई। सभी की नजरें तानप्पा और उसकी पत्नी की ओर लगी रहीं। वे दोनों हिरन की तरह दौड़े। ट्रैक्टर के पास की भीड़ हट गई। सिद्धार्थ की लाश के पास तानप्पा और उसकी पत्नी अक्षरशः गिर पड़े। दुःख की आँधी बह रही थी, ऐसा चित्र निर्माण हुआ। गोकुल बाई ने लाश के पास लोटते हुए सिद्धार्थ के मुँह पर रखा टॉवल दूर किया। वह उसे चूमने लगी। तानप्पा लाश के हाथ-पैर को चूमने लगा। "लाश को हिलाइए मत, वहाँ से हट जाइए"—ऐसी सूचना भीड़ में से कोई दे रहा था। गोकुल का आक्रोश बढ़ ही रहा था।

तानप्पा के पीछे-पीछे नाना, राणा, धनवा भी आए। वे भी जोर-जोर से रोने लगे। तानप्पा को धीरज देने लगे। रोने की उस आवाज से पूरा परिसर थरथरा रहा था। कुसलेवाडी के स्त्री-पुरुष, बच्चे दुर्घटना वाली जगह पर जा रहे थे। भीड़ बढ़ती जा रही थी। हर एक के होंठों पर अफसोस था।

दोनों जब रुक गए तो लाश बाहर निकालने के लिए हलचल शुरू हुई। बाजार के पास के पुलिस-थाने पर सूचना देने बजा साइकिल से गया। ट्रॉली पूरी तरह

पलटी खा जाने के कारण वह जमीन में फँस चुकी थी, इस कारण उसमें स्थित सभी ईंटें भी ट्रॉली के पेट में ही छिप गई थीं। बाहर फेंकी गई ईंटों को निकालकर भीड़ ने उनका ढेर लगा दिया था। ट्रॉली के नीचे ईंटें अलबत्ता निकालना कठिन था। उन्हें निकालने का प्रयत्न करने पर ट्रॉली हिलने लगती। उसके नोकदार हूक हिलने लगते और सिद्धार्थ की लाश थिरने लगती।… अब क्रेन लाकर ट्रॉली ऊपर-ही-ऊपर उठाई जाए… यही एक मात्र विकल्प था। परंतु इसके पूर्व पुलिस को जाकर पंचनामा करना जरूरी था। पुलिस कब आएगी, क्रेन मिलेगी क्या, ऐसे अनेक प्रश्न थे। जानकार लोग अपने तरीके से काम कर रहे थे। कुछ ने तानप्पा और गोकुल को लाश के पास से हटाकर दूर पेड़ के नीचे बिठा दिया। लाश का खुला चेहरा देखने की हिम्मत वैसे किसी में भी नहीं थी। लाश के मुँह पर फिर से टॉवल रख दिया। लाश के मुँह से जीभ बाहर निकल चुकी थी। सिर फट चुका था। दोनों आँखें अब बाहर निकल आएँगी, ऐसी अवस्था में थीं।

□

दो-तीन घंटे बाद बजा लौटा। बाजार पेठ के पुलिस थाने में वह गया था। वह क्या संदेश लाया, यह जानने को भीड़ उत्सुक थी। बजा निकट आया। उसने साइकिल स्टैंड पर लगाई। उद्विग्नता से वह बोला, "थाने में पुलिस ही नहीं है। किसी मंत्री का कार्यक्रम तहसील में है। सभी बंदोबस्त के लिए उधर गए हैं। रात में जब लौटेंगे, तब कुछ करेंगे, ऐसा वहाँ के अमलदार ने कहा है।"

बजा का उत्तर सुन सभी सन्न हो गए। अब लाश का क्या किया जाए, कितनी देर तक उसे इसी स्थिति में रखा जाए, ट्रॉली कैसे निकाली जाए, अगर समय बीतता गया तो लाश फूलती जाएगी, उसकी दुर्गंध फैलती जाएगी, ऐसी चर्चा काफी होने लगी। कोई कहता कि लाश फटे तो फट जाए, पर उसे बाहर निकालना चाहिए, तो कुछ कहते कि पंचनामा हुए बगैर ऐसा नहीं किया जा सकता।

नाना ने कहा, "अरे, कुसलेवाडी के सरपंच को बुला लीजिए न!"

भीड़ में से किसी ने कहा, "अजी वह भी गया है, मंत्री के कार्यक्रम में।

नाना, "तो फिर पुलिस पटेल को तो बुला लीजिए।"

उसी आदमी ने फिर से उत्तर दिया, "वह पीछे रहेगा क्या नाना? वह तो सरपंच से भी पहले वहाँ पहुँच गया है। आसपास के किसी गाँव में… नहीं है। पुलिस-पटेल भी नहीं।"

नाना, "ऐसा करेंगे, तहसील ही किसी को भेज देंगे।"

नाना की बात सबको ठीक लगी। फिर से बजा पर ही जिम्मेदारी आ गई तहसील जाने की। किसी भी प्रकार की शिकायत न करते हुए वह साइकिल पर सवार हुआ और तेजी से पैडल को घुमाते हुए आगे बढ़ गया।

देखते-देखते रात हो गई। दुर्घटना के पास अब तक खड़ी भीड़ धीरे-धीरे निकलने लगी। तानप्पा, गोकुल, नाना, गणा, धनवा तथा दो-तीन लोग वहाँ बैठे हुए थे। वे सभी बजा की ही प्रतीक्षा कर रहे थे। परंतु उसे भी वापस लौटने में देरी होने वाली थी। एक तो तहसील काफी दूर थी और उस पर रात का समय।

रात के दस बज गए। नाना ने दो लोगों को ट्रैक्टर के पास बैठने के लिए कहा, शेष सभी पेड़ के नीचे चले गए। ट्रैक्टर के पास स्थित उन दोनों ने अलाव जलाया। पास के जंगल में जाकर अँधेरे में ही उन्होंने अलाव के लिए लकड़ियाँ, गत्ते, सूखा गोबर आदि इकट्ठे किए। सड़क पर, कुसलेवाडी में अँधेरा ही था। लाश की दुर्गंध से सियार, कुत्ते निकट न आएँ, इसलिए पहरा देना जरूरी था। मध्यरात्रि में उन दोनों ने ट्रैक्टर में लटकाई गई रोशनी निकाली और उसी का उपयोग अलाव के लिए किया। स्टेपनी जब जलने लगी, तब भयंकर धुआँ हुआ। आँखों में उँगली डालने पर भी कुछ दिखलाई नहीं दे रहा था। उसी अवस्था में वे दोनों ट्रैक्टर के पास बैठे रहे।

रात के नौ बजे थे। साइकिल की आवाज सुनाई देने लगी। पेड़ के नीचे लेटा हुआ नाना उठकर खड़ा हो गया। बजा ही आ रहा था साइकिल पर हाँफते हुए, वह पेड़ के पास आया। नाना कुछ पूछे, इसके पहले ही उसने कहा, "नाना, मंत्री का कार्यक्रम चल रहा था। मुकाम के लिए मंत्री तहसील में ही रहने वाले हैं। उनके गए बगैर छुटकारा नहीं, ऐसा पुलिस ने कहा। मंत्री कल सवेरे दस बजे जाने वाले हैं। उसके बाद दो बजे तक वे पहुँच जाएँगे, ऐसा पुलिस ने कहा है।"

बजा का उत्तर सुनकर नाना, गणा, तानप्पा सभी उदास हो गए। कल दोपहर तक लाश हिलेगी नहीं। तानप्पा सिसकी भरने लगा। रोते-रोते ही उसने कहा, "नाना, इतनी बुरी मौत क्यों आ गई मेरे बेटे को… ? मेरा बेटा कितना गुणवान था; पर ऐसी मौत इतनी विद्रूप!" नाना ने तानप्पा को समझाया। तानप्पा का रोना सुनकर गोकुल भी रोने लगी। नाना ने उसे भी समझाया। रात आगे बढ़ रही थी।… सिसकियाँ भी बढ़ रही थीं। स्टेपनी के धुएँ से सारा परिसर काला हो चुका था।… ट्रैक्टर के नीचे दबी लाश अपने छुटकारे की शायद प्रतीक्षा कर रही थी।

□

दूसरा दिन निकला। दुर्घटना की जगह पर भीड़ बढ़ गई। कुसलेवाडी,

सोनेवाडी के सरपंच, पुलिस पटेल आए। उनके आए बगैर कुछ भी नहीं होने वाला था। ट्रैक्टर का मालिक सोनेवाडी का था। परंतु शादी-ब्याह के कारण बाहर गया हुआ था। ट्रैक्टर का ड्राइवर जो भाग गया था। लौटा नहीं था। दुर्घटना वाली जगह की ओर लोग आते, वापस चले जाते। बाजा ने तहसील के थाने की ओर जाने के लिए साइकिल निकाली। आ रहे हैं, आप आगे निकलिए, ऐसा ही संदेश आता। बाजार गाँव की पुलिस आने को तैयार थी, परंतु उनके यहाँ गाड़ी नहीं थी। तहसील के पुलिस ने कहा कि हमें ले जाने के लिए आप अपनी ही गाड़ी की व्यवस्था कीजिए, हम आ जाएँगे। आखिर में तहसील को दो मोटर साइकिलें और बाजार गाँव के थाने के लिए एक मोटरसाइकिल भेजी गई। बस, अब निकले, ऐसा कहते-कहते पुलिस पहुँची शाम के समय। दुर्घटनाग्रस्त स्थान पर पहुँचते ही उन्होंने पलटी खाए ट्रैक्टर पर एक नजर डाली। भीड़ को हटाते हुए उन्होंने पहला प्रश्न किया कि अरे, क्रेन कब आ रही है ?"

पुलिस के इस प्रश्न पर खामोशी पैदा हुई। क्रेन कहाँ है और वह कब आनेवाली है, इस संबंध में किसी को कोई जानकारी नहीं थी। अधिकांश को लगा कि पुलिस ही क्रेन को ले आएगी। परंतु ऐसा कहने की हिम्मत किसी ने नहीं की। कोई भी उत्तर दे नहीं सका था। अंत में भूतपूर्व उपसरपंच राणवा आगे आया। उसकी और हवलदार कानकातरे की थोड़ी सी जान-पहचान थी। वह तानप्पा की ही जाति का था। राणवा ने कहा, "साहब, हमें कौन क्रेन देगा जी ? हम तो आप लोगों की ही राह देख रहे थे।"

कानकातरे ने कहा, "वजनदार हैं उत्तर! पर पुलिस थाने में कैसे होगा भला क्रेन। ठीक है, तहसील भेज दीजिए, किसी को। शर्मा क्रेन वाले से मिलने के लिए कहना। क्रेन आई नहीं कि तुरंत ट्रॉली को उठाएँगे और शुरू करेंगे पंचनामा।"

नाना ने एक की बजाय दो साइकिलवालों को तहसील भेज दिया। घटना स्थल पर पूरी खामोशी थी। पुलिसवालों ने अपना काम शुरू किया। ट्रॉली के चारों ओर घूम आए। उनके पीछे हवलदार कानकातरे और एक कॉन्स्टेबल रजिस्टर बँधी थैली को लेकर दौड़ रहे थे। बहुत देर तक वे दोनों आपस में बात कर रहे थे। ट्रैक्टर किसका, उसका ड्राइवर कौन, ट्रैक्टर में कितना बोझ था, वह कहाँ निकला था, ऐसे ही प्रश्न चर्चा में आ रहे थे। ट्रैक्टर सोनवाडी के पटेल का था। पूरी तहसील में उसका वजन था। उसे भी बुलाने के लिए पुलिस ने एक को भेज दिया था। कई कामों की शुरुआत हुई है, ऐसा समझकर हवलदार कानकातरे बोले, "देखिए जी,

क्रेन आई नहीं कि एक घंटे में सबकुछ निपटा देंगे। उसके आए बगैर कुछ भी होने वाला नहीं है। तब तक हम कुसलेवाडी के सरपंच के यहाँ जाकर आते हैं।"

'यहाँ से क्यों जाते हो?', ऐसा प्रश्न पूछनेवाला भीड़ में कोई भी नहीं था।

कुसलेवाडी का सरपंच, हवलदार और कॉन्स्टेबल एक ही मोटरसाइकिल पर निकले धूल उड़ाते हुए।

सरपंच के घर गए हवलदार भी दुर्घटनास्थल पर नहीं आए। क्रेन आ गई कि हमें बुलावा भेजो, ऐसा संदेश उन्होंने भेज दिया था। कोई धीरे से बोल रहा था कि सरपंच के घर पर पार्टी शुरू हो गई है, बोतल खोली गई है, मुरगी पक रही है।

तहसील को गए हुए लोग रात में दस बजे लौटे। शर्मा क्रेनवाला पड़ोस के गाँव में गया हुआ था। उसे लौटने में आठ बज गए। रात में क्रेन काम नहीं करती। बिजली बंद है। सवेरे भिजवा देता हूँ, तब तक चार सौ रुपए जमा करें, ऐसा संदेश क्रेनवाले ने दिया था।

बड़ा गंभीर प्रश्न पैदा हो चुका था। एक तो क्रेन आ नहीं रही थी और अगर आ जाए तो चार सौ रुपए देना था! इतने पैसे लाएँ तो कहाँ से, किससे? रातभर पैसे इकट्ठे करने के सदंर्भ में चर्चा शुरू हो गई। किसी ने कहा कि पैसे तो सोनेवाड्री के सरपंच से माँगे जाएँ। उसी के ट्रैक्टर ने तो दुर्घटना की है।

यह सुझाव सब को पंसद आया। सवेरे उठने के बाद नाना और गणा सोनेवाड्री जाएँगे, यह तय हुआ। फिर से रात शुरू हुई। लाश के पास फिर से अलाव जलाया गया। लाश से दुर्गंध धीरे-धीरे फैलनी शुरू हो गई। धुएँ के कारण उसका अहसास नहीं हो रहा था। लाश फूलने की शुरुआत हो चुकी थी।

पेड़ के नीचे लेटे हुए तानप्पा और गोकुल बाई को अब रोने की क्या, साँस लेने की भी ताकत नहीं रह गई थी। अपने बेटे की लाश के तीन-तेरह होते हुए वे चुपचाप देख रहे थे।

□

शर्मा की क्रेन को तहसील से निकलने में ग्यारह बज गए। दो-चार मील वह निकल गई कि पंक्चर हो गई। स्टेपनी ठीक नहीं थी। क्रेन का ड्राइवर फिर से तहसील गया। वहाँ उसने पंक्चर हुए पहिए को छोड़ा और दूसरी स्टेपनी लेकर क्रेन के पास आया। स्टेपनी लगा दी। धीमी गति से क्रेन निकाली। दुर्घटनाग्रस्त स्थान पर पहुँचने में उसे एक घंटे से अधिक का समय लगा। जब वह वहाँ पहुँचा, भीड़ काफी बढ़ चुकी थी। धूप के कारण भीड़ पसीने से लथपथ थी और क्रेन की प्रतीक्षा

करते-करते चिढ़ काफी बढ़ चुकी थी। क्रेन के पहुँचते ही हवलदार कानकातरे ने क्रेन ड्राइवर को कम-से-कम एक हजार गालियाँ दी होंगी। ड्राइवर ने इन गालियों की उपेक्षा कर अपना काम शुरू कर किया। घंटे भर की कोशिश के बाद पलटी हुई ट्रॉली सुलट गई। सुलटी होते समय लाश की फिर से चीर-फाड़ हुई ही। लोग दुःख व्यक्त कर रहे थे। आँखों से आँसुओं को पोंछते हुए लोग ड्राइवर को 'जरा धीरे से' ऐसी सलाह दे रहे थे। लाश खुली हो गई। लाश को पास के पेड़ के नीचे रखा गया। गोकुल सिसकियाँ भरती हुई लाश को गले लगाती रही। फिर से रोना-धोना शुरू हो गया। हवलदार ने सबको डाँटा। फिर से खामोशी छा गई। तब तक नाना और गणा सोनेवाड़ी से लौटे थे। उन्हें पटेल ने पैसे दिए थे। पुलिस ने पंचनामा पूरा किया। ट्रैक्टर के मालिक ने ट्रैक्टर का इंश्योरेंस नहीं कराया था। ट्रैक्टर के कागजातों से इसका पता चला। हरजाने के लिए ट्रैक्टर मालिक के खिलाफ ही मुकदमा दायर करना होगा। लाश को तहसील में स्थित सरकारी दवाखाने में पोस्टमार्टम हेतु ले जाने के लिए क्रेनवाले से कहा गया। लाश के साथ दो लोगों को भेजा गया। दो पुलिसवाले भी क्रेन ड्राइवर के पास बैठ गए। क्रेन ड्राइवर ने पूरी विनम्रता से हवलदार से कहा, "साहब, लाश ले जाने के लिए क्रेन में जगह नहीं है। पर क्या ट्रैक्टर है साहबजी, ट्रॉली से जोड़ा दुगाड़ी, यह क्रेन है।"

हवलदार को गलती समझ में आ गई। उसने बैलगाड़ी करने की सलाह दी। अलबत्ता वे खुद क्रेन से तहसील की दिशा में निकले।

नाना ने बैलगाड़ी की व्यवस्था की। दो-चार चादर में लाश के टुकड़ों को जैसे-तैसे रखा गया। लाश के साथ गाड़ी में दो और लोगों को बिठाया गया। सोनेवाड़ी के और लोगों को लेकर वह भी निकला।

□

नाना, तानप्पा, गोकुल बाई, धनवा, बजा और शेष सभी लोग सोनेवाड़ी में जब पहुँचे, तब तक रात के सात बज चुके थे। किसी भी क्षण तहसील में लाश आने वाली थी और अंतिम संस्कार के सिवा उसे अधिक समय तक नहीं रखा जा सकता था। जाति के सभी लोग तानप्पा के घर के सामने विचार करने बैठ गए थे। नाना ने तीन-चार लोगों को गड्ढा तैयार करने हेतु टिकाव, फावड़ा देकर बाँध पर भेज दिया। लाश आने के पहले पटेल की कोठी पर जाकर अनुमति लाने की जरूरत थी। वर्षों से पटेल के बाँध पर ही लाशों को गाड़ा जाता था। प्रेत गाड़ने के लिए दलितों के पास स्वतंत्र श्मशान—भूमि नहीं थी। एक ही बाँध पर वर्षों से प्रेतों को गाड़ा

जाता था। पटेल की सात पीढ़ियों से यही परंपरा जारी थी। प्रेत गाड़ने के लिए ले जाने के पूर्व पटेल की मौखिक अनुमति ली जाती थी और आज तक तो अनुमति नकारी नहीं गई थी। लाश को उठाने के लिए जो अरथी बनाई जाती थी, उसके लिए जरूरी बाँस भी पटेल के बाग से लेने की रीति थी।

तानप्पा, धनवा को लेकर नाना, पटेल की अनुमति लेने उनकी कोठी पर गए। पटेल कोठी के सामने ही कुरसी डालकर बैठे थे। नमस्कार-नमस्कार के बाद नाना सीधे विषय पर ही आए। अत्यंत दुःखी स्वर में परंतु पूरी विनम्रता के साथ उन्होंने कहा, "पाटील साहब, तानप्पा के बेटे की लाश को गाड़ने के लिए बाँध पर ले जा रहा हूँ। अरथी के लिए बाँस चाहिए, वह भी आपके बगीचे से लिये हैं। आपके कान में डालने के लिए आया हूँ।"

ऐसे काम के लिए झट से अनुमति देनेवाला पटेल इस समय गंभीर हो गया। कुछ भी न बोलते हुए वह कुरसी पर बैठा रहा।

काफी देर तक प्रतीक्षा के बाद, पटेल कुछ नहीं बोल रहा है, यह समझकर नाना ने कहा, "पटेल साहब, अब विचार क्या कर रहे हैं? जाने दीजिए हमें। बस्ती के जवान शायद गड्ढा खोद चुके होंगे। दो-तीन दिन से लाश वहीं पड़ी रही। दुर्गंध मार रही है। कीड़े भी शायद पड़ेंगे अब।"

इतना कहने पर भी पटेल खामोश रहा।

नाना तब परेशान होकर बोले, "पटेलजी, अब कुछ बोलिए, इजाजत दीजिए।"

एक दीर्घ साँस लेते हुए पटेल ने नाना से प्रश्न किया, "मेरी अनुमति के बगैर बाँध पर गड्ढा बनाने के लिए आपने लोगों को भेजा ही कैसे?"

नाना—"कैसे मतलब? आपको पता है कि वर्षों से यही रीति चलती आई है।"

पटेल—"पर अब मैं उसे बदलने की सोच रहा हूँ। इसके बाद आपमें से किसी को भी मेरे बाँध पर लाश गाड़ने के लिए जगह नहीं देने का निर्णय मैंने ले लिया है। वैसे जगह देने का मुझ पर कोई कानूनी बंधन भी नहीं है।"

नाना—"ऐसे कैसे होगा पटेलजी?"

पटेल—"होगा, ऐसे ही होगा।"

नाना—"पर यह सब अचानक कैसे क्या हो गया? हमारी कोई गलती हुई हो तो क्षमा कीजिए। पर लाश को गाड़ने के लिए जगह दे दीजिए।"

पटेल—"गलती हो गई है आप लोगों से। पहले गलती दुरुस्त कीजिए। फिर लाश को गाड़ने पर विचार कीजिए।

नाना कुछ भी समझ नहीं पा रहे थे। कौन सी गलती हो गई, समझ नहीं पा रहे थे। फिर अधिक परेशान होकर बोले, "पटेल साहब, ऐसा मत कीजिए। जगह दे दीजिए हमें।"

इतनी देर तक खामोश बैठे तानप्पा का गला भर आया। वह अचानक आगे आया। पटेल के पैरों पर सिर रखकर कहने लगा, "पटेल, ऐसा मत कीजिए। मेरे बेटे की लाश की दुर्दशा पहले की काफी हो चुकी है, अब मैं यह सब देख नहीं सकता। उसे गाड़ने के लिए जगह दे दीजिए, पटेल, आपकी सब सुनूँगा मैं।"

पटेल कुरसी पर से उठ खड़े हो गए और तानप्पा की आँखों में आँखें डालकर कहने लगे, "ठीक है, अगर तू सुनना चाहता है तो मैं जो कह रहा हूँ, उसे ध्यानपूर्वक सुन। दुर्घटना के लिए हरजाना माँगने के लिए तू मेरे खिलाफ कोर्ट में जाने वाला है। ऐसा पुलिसवालों ने मुझसे कहा है। अरे, तुझे थोड़ी भी समझ है या नहीं? अरे पटेल के खिलाफ वसूली के लिए कोर्ट जाएगा तू? मुझे अपराधी साबित करने की ठानी है तूने? पूरी जिंदगी मैं कभी कोर्ट नहीं गया हूँ। अब तेरे कारण मुझे यह दिन भी देखना पड़ेगा! वर्षों से लाशें गाड़ने के लिए मैंने जगह दी आप लोगों को। कई बार खाने के लिए अनाज दिया है मैंने। उसकी वसूली क्या कभी माँगी है मैंने? अब आप लोग मुझे कोर्ट में खींचने वाले हैं! क्या बात है, वाह! क्या अच्छा पुरस्कार दे रहे हैं आप लोग मुझे!''' मेरे खिलाफ हरजाने का मुकदमा आप नहीं करेंगे, मेरे भाई को दंड या कैद हो, ऐसा कोई बयान आप कोर्ट में नहीं देंगे, ऐसा पहले लिखकर दो, फिर लाश को गाड़ने के लिए जगह दे दूँगा। आप लोगों के लिए मैंने इतना कुछ किया है, उसका थोड़ा तो अहसान मानो। गाँव को अस्पृश्यता निवारण का पुरस्कार मैंने दिलवा दिया है। वर्षों से अरथी बाँधने के लिए बाँस देता रहा। अब सबका हरजाना माँगू मैं?"

पटेल की बातें सुनकर सब लोग चकरा गए। क्या बोलें और क्या न बोलें, कुछ समझ में नहीं आ रहा था। यूँ तो हरजाना माँगने के लिए काफी दिन थे। पुलिस वालों के कागज-पत्र तैयार होने में दो-चार महीने लगने वाले थे। पर पटेल अभी से अड़कर बैठ गया है। इस दुर्घटना का कोई असर उस पर न हो, भाई को भी कुछ न हो, इसलिए वह तानाप्पा को तंग कर रहा था। उसमें तानप्पा की कोई गलती नहीं थी। सारी गलती पटेल की थी। पर वह तंग कर रहा था। वह खुद् को बचाने की पूरी कोशिश कर रहा था। ट्रैक्टर का बीमा पटेल ने ही कराया नहीं था। थोड़े से धीरज से धनवा ने कहा, "सबकुछ ठीक है पटेल, पर तानप्पा का बेटा, जो गुजर गया है।

पटेल—"हाँ, पता है मुझे वह सबकुछ। मैंने क्या सोच-विचारकर मारा है

उसे? वहीं आया था रोजगार माँगने। और तू बता धन्वा, मेरे खिलाफ हरजाने के लिए प्रार्थना-पत्र देने का अर्थ अन्न खाए थाली में मूतने जैसा है कि नहीं? मुझसे हरजाना लेकर इसका बेटा जिंदा होने वाला है क्या?"

नाना—"जिंदा तो नहीं होगा, परंतु थोड़ा-बहुत हरजाना तो मिलेगा तानप्पा को। कमाई करने योग्य था वह लड़का।"

पटेल—"फालतू कुछ बोलो नहीं। हरजाना नहीं मागूँगा, ऐसा लिखकर दो पहले। नहीं देना है तो अपने-अपने खेतों में गाड़ दो लाश को। वहाँ बनाओ श्मशान भूमि।"

पटेल की इस बात से वातावरण गंभीर हो गया। एक तो लाश को गाड़ने के लिए तानप्पा के पास अपनी जमीन नहीं थी। धनवा और नाना के पास था जमीन का टुकड़ा। पटेल के सुझाव पर तीनों में से कोई कुछ नहीं बोला, परंतु प्रत्येक के मन से सुप्त रूप से विद्रोह सुलग रहा था। दुर्घटना पटेल के ट्रैक्टर ने की थी। उसके भाई ने की थी। ड्राइवर के पास गाड़ी चलाने का लाइसेंस तक नहीं था। पटेल ने ही अपने इस भाई को छिपाकर रखा था। सिद्धार्थ की कोई गलती नहीं थी। बिना मतलब के उसकी जान चली गई थी। अब हरजाना न माँगना और भी बड़ा अन्याय था। अपने बेटे को खो बैठे तानप्पा का हरजाने को नकारकर नुकसान होनेवाला था। तीनों के मन में यही विचार चल रहा था। तीनों ने गरदन झुका ली थी। पटेल कटारी नजरों से उनकी ओर देख रहा था। ये तीनों ठिकाने पर आएँगे, ऐसा उसे लग रहा था।

परंतु वैसा कुछ भी नहीं हुआ। तीनों के मन में स्थित विद्रोह अब सरसराने लगा। नाना ने गरदन ऊपर की। पटेल की नजर-से-नजर मिलाई। पूरी शांति से और गंभीरता से उसने कहा, "ठीक है पटेलजी, आज से हमने श्मशान भूमि बदल देना तय कर लिया है। इसके पूर्व बाँध पर गाड़ी गई लाशों की हड्डियाँ भी निकाल लेंगे और उन्हें नई श्मशान भूमि में गाड़ देंगे।"

पटेल चौंक गया। पर वैसा न दिखाते हुए बोला, "क्या बोल रहा है तू?"

नाना—"गुस्सा मत कीजिए पटेल। जो सच है, वही बोल रहा हूँ। श्मशान नई जगह पर जाएगा। मतलब मेरे खेत में। मैं दूँगा अपनी जमीन का टुकड़ा श्मशान भूमि के लिए।"

पटेल—"यह आपका अंतिम निर्णय है क्या?"

नाना—"वैसा समझने में कोई हर्ज नहीं। सच कह रहा हूँ पटेल, श्मशान नई जगह पर जाएगा।"

पटेल—"इसका मतलब आप लोग हरजाना छोड़ेंगे नहीं?"

नाना—"पटेलजी, संतप्त मत होइए। डॉ. बाबा साहब अंबेडकर ने हमें कहा है, 'लड़ो, पर अन्याय मत सहो।' अच्छा हुआ, श्मशान का विषय निकला। अब सचमुच श्मशान नई जगह पर जाएगा। कोई भी हमारी लाश को रोकेगा नहीं, ऐसी जगह पर वह जाएगा।"

अब अलबत्ता संवाद खत्म हो चुका था। पटेल मुड़कर अपनी कोठी की ओर निकला, तो नाना, तानप्पा और धनवा मुड़कर बौद्ध बस्ती की ओर निकले...।

लेखक-परिचय

जन्म : 31 मई, 1956

प्रारंभ में पत्रकारिता के प्रध्यापक के रूप में विभिन्न कॉलेज, विश्वविद्यालय में कार्य। बाद में पत्रकार व संपादक के रूप में कार्य। सामाजिक संवेदना से प्रेरित कई ग्रंथों के रचयिता। 5 कथा-संग्रह, 5 उपन्यास, 5 निबंध-संग्रह, 2 कविता-संग्रह, आत्मकथा- 3, 8 शोध-ग्रंथ 5 प्रकाशित। कई राज्य पुरस्कारों से सम्मानित।

□

पंख

– दया पवार

अनुवाद : दामोदर खड़से

प्रार्थना की घंटी बजी। हँसते-खेलते लड़के कतारों में जाकर खड़े हो जाते हैं। लड़कों के सामने एक आड़ी कतार शिक्षकों की बनती है। आकर्षक व्यक्तित्व के धनी प्रिंसिपल उपासनी फर्श पर सीधे कदम फेंकते हुए लाइन में आते दिखते हैं। उनकी चाल से देखनेवालों को लगता है, उनकी आधी जिंदगी एन.सी. सी. में बीती होगी। उनके आते ही बच्चों का शोर जाझ संगीत की अंतिम लय-सा घुलता जाता है। मुँह की व्हीसल से वे फुर-फुर करने ही वाले थे कि वामन दौड़ता-भागता फाटक से भीतर आता हुआ दिखाई देता है। उसकी बुशर्ट देखकर चारों ओर हँसी की लहर फैल जाती है। किसी हीरो-सी बुशर्ट वामन ने पहन रखी थी। उस पर भड़कीले रंगों से विभिन्न प्रकार की चित्रकारी की गई थी।

बड़े शहर से दूर, तहसील की जगह बसा यह ज्ञानदेव हाई स्कूल। मुंबई-पुणे की ओर से जाने वाले आधुनिक फैशन को, यहाँ तक पहुँचने के लिए काफी समय लगता है। ऊँट छाप बीड़ी के विज्ञापन के लिए मोटर की छत पर खड़े होकर देखने का-सा आनंद सबको हो रहा था। हँसी पर नियंत्रण नहीं हो पा रहा था। सब लोग उसे देखकर हँस रहे हैं, यह बात वामन के ध्यान में नहीं आ पाती। "शिंदे, यू फर्स्ट गेट आउट!" प्रिंसिपल वामन पर गुस्से से कड़के। इस आवाज से फिर शांति फैल गई।

मूसलधार बारिश में पिटे मेमने-सा वह अपनी किताबें सँभालता हुआ अपनी कक्षा की ओर बढ़ता है। कक्षा 10 वीं 'अ' में वह आता है। वहाँ कोई भी नहीं है। सबके सामने अपमानित होने के कारण उसका मन खिन्न है। मेरा अपराध क्या है? इस प्रश्न का उसे कोई उत्तर नहीं मिल पा रहा था। कानों से टकराने वाला प्रार्थना

का स्वर उसे मृत्यु-गीत के समान लगता है। बचपन से ही इतनी अवहेलना क्यों भरी होती है? यह जीवन कब तक जिया जाए? इन विचारों से वह दुःखी होता है। उसका हृदय बरसाती बादलों-सा दुःखों से भर जाता है। वह बेंच पर बैठता है। उसका गला भर आया। परंतु प्रार्थना से लौटते लड़कों की आवाज सुनकर वह अपने आपको सँभाल लेता है।

"क्यों रे वामन्या, हीरो के ख्वाब देखता है? अच्छी पिटाई हुई न?" सबके आगे आता हुआ सुभाष हँसी उड़ाता बोला।

"अरे, रहने भी दो, वह परांजपे पर 'लाइन' मारता है।" अभी तक कक्षा में लड़कियाँ नहीं आई हैं, यह देखकर सुधीर भी खिल्ली उड़ाता है, "अरे कहो, जरा आईना देख ले।" सुभाष ने फिर जलती तीली डाली। सब लड़के हँस रहे हैं, ऐसा वामन को लगा। सबकी नजरें तेजाब-सी छिटकने लगती हैं। इतने में सामंत सर कक्षा में आते हैं। वामन को कुछ राहत मिली।

"वामन शिंदे सरकार! आपका ख्वाब बहुत बढ़ गया! अरे तुम शेड्यूल्ड कास्ट हो न? तुम्हें इस प्रकार की बात क्या शोभा देती है? आदमी कैसा होना चाहिए—सादा जीवन, उच्च विचार! महात्मा गांधी इतने बड़े महापुरुष, पर इंग्लैंड जाते समय भी उन्होंने अपना सादा जीवन नहीं छोड़ा। अपना देश दरिद्र-नारायण है। इसकी जानकारी होनी चाहिए।" प्रिंसिपल के हाथ में सोने की अँगूठी के लाल सुर्ख हीरे ने वामन का ध्यान अपनी ओर खींच लिया। वह मणि कहानियों में सुने साँप के मस्तक के तेजपुंज के समान उसे लगी। उपदेश देनेवाले सर ने टेरीलीन के ऊँचे कपड़े पहने हैं। चेहरे पर स्नो पाउडर पुता लगता है। ऊँचे इत्र की गंध वातावरण में फैली है। यह सब वामन के ध्यान में आता है—

"पर सर।"

"मैं कुछ नहीं सुनना चाहता, तुम दामाद हो न सरकार के! स्कूल में फीस तो भरेंगे नहीं, तब ऐसे नखरे तो सूझेंगे ही। सीधे कक्षा में जाओ। फिर इस प्रकार के कपड़े पहनकर मत आना।" वामन का गला सूख गया। बड़े सर टेबल पर हाथ फोड़ भी देते, तब भी कोई बात नहीं थी, पर मन को चुभने वाली यह बात नहीं करनी चाहिए थी। वह उदास मन से बाहर निकला। जब वह कक्षा में आया, तब संस्कृत का पीरियड चल रहा था। सामंत सर 'सुदोप सुदः' पढ़ा रहे थे। वह बेंच पर बैठते हुए चारों ओर नजर दौड़ाता है। उसे लगा कि सब उसे पिटते देख हँस रहे हैं। पढ़ाई में उसका मन नहीं लगता। पड़ोस की कक्षा में विद्यार्थी ऊँची आवाज में कविता गा रहे हैं। वह शब्दों को सुनने लगता है। तिलक की 'कितनी यह क्रूरता' कविता है—

"हाय छलछल रक्त से, वह देह कोमल-सी सनी,
और उसी घायल दशा में नीड़ लौटी पक्षिणी"

इन पंक्तियों को सुनकर उसे लगा कि उसी की मनोदशा का वर्णन किया जा रहा है। पक्षिणी की जगह वह खड़ा है। इन कपड़ों के कारण मेरी दुर्दशा हुई। घर पहुँचते ही ये कपड़े जला देने चाहिए। असंख्य विचारों की उलझन उसके दिमाग में कौंधने लगी। कपड़े किन परिस्थितियों में खरीदने पड़े, ये बातें उसे याद आने लगती हैं।

दीवाली की छुट्टियों में वह अपने चाचा के घर मुंबई गया हुआ है। हर बार छुट्टियों में चाचा के घर जाना चाहिए, ऐसा उसे नहीं लगता। पर छुट्टियाँ होते ही माँ उसे मुंबई जाने के लिए कहती रहती है। अंततः उसे माँ का कहना मानना पड़ता है। मुंबई जाने से दो जोड़ी कपड़े, किताबें आदि उसकी झोली में आ ही जाती हैं। अपना और अपनी छोटी बहन का पेट भरते-भरते माँ किस प्रकार खून-पसीना एक करती रहती है, यह रोज देखता है। मैं पढ़कर बड़ा बनूँ, ऊँची नौकरी लगे, इस आशा में घर-संसार की गाड़ी खींची जा रही है। माँ की मेहनत देखकर वह बेचैन हो उठता है। कम-से-कम आज तो वह कुछ भी नहीं कर सकता। यह मजबूरी उसके चेहरे पर झलकती रहती है।

चाचा जिस बस्ती में रहते हैं, वह बस्ती वामन के सामने घूम जाती है। बस्ती याद आते ही उसके शरीर पर रोंगटे खड़े हो जाते हैं। इस पत्थर की चाल में लोग कैसे रहते हैं, इस बात का उसे आश्चर्य होता है। आए दिन माँ-बहनों का 'उद्धार' होता सुनाई पड़ता है। सभी तरफ गंदगी, खुली नालियाँ, चूहों का आना-जाना, जीने के नीचे हाथ भट्ठी में अड्डा। वातावरण में अजीब-सी बदबू। चाचा के घर में जगह की बड़ी तकलीफ थी।

चाचा-चाची के वेतन का दिन वामन को याद है। नशे में धुत्त चाचा घर आते हैं। उन्हें यदि किसी ने नहीं सँभाला तो वे बिन पेंदे के लोटे जैसे लुढ़क जाएँगे, ऐसा वामन को लगता। उनका यह रूप देखकर वामन का हृदय फट जाता है। ऐसे नशे में जुए के अड्डे पर बैठकर वे सारा वेतन ही साफ कर आए होंगे। फिर मुझे कपड़े, किताबें कैसे मिलेंगी? यह चिंता वामन के मन में आती रहती।

"वामन कहाँ है?" चाची के हाथ मिठाई का पैकेट देते हुए वे करीब-करीब चिल्लाते। वामन सामने जाकर खड़ा हो जाता है। चाचा के मुँह से शराब की दुर्गंध से वामन को मितली आने लगती है।

"अरे वामन, मैंने तेरे बाप को जबान दी है। तुझे आंबेडकर राव जैसा बैरिस्टर

बनाऊँगा। तभी कुल का नाम उठा सकूँगा।" चाचा शराब के नशे में बड़बड़ाते।

वामन को बचपन में बाप की याद आने लगती है। शराब पी-पीकर अपना बाप कलेजा फटने से मरा। मरते समय कलेजा चीरकर निकलता हुआ आक्रोश, आज भी उसे थर्रा देता है। जब अपना बाप चौबीस घंटे शराब पीता, तब चाचा शराब को छूते भी नहीं थे। अखाड़े में जाते, लाठियाँ भाँजते, गोटी-सा शरीर था। बाप के मरते ही चाचा क्यों भला शराब पीने लगा? आज तक उसे इस प्रश्न का उत्तर नहीं मिला। "चल, तेरे कपड़े खरीद दूँ"—चाचा खुशी में था। चाचा की बात सुनकर चूल्हे के पास बैठी चाची चिल्लाई, "अहो! इसके लिए तो सब लेते हो। कल बड़ा होगा, अच्छी तनख्वाह पाएगा तो तुम्हारे मुँह पर थूकेगा भी नहीं।" "चुप बैठ गधी कहीं की! औरतों की अक्ल हमेशा चूल्हे में ही रहेगी।" ऐसी डाँट-फटकार देकर पैरों में चप्पल डालकर बाहर निकल पड़ते हैं।

रुआँसा हो वामन चाचा के पीछे-पीछे चलने लगता है। चाचा-चाची के हमेशा झगड़े होते हैं। चाचा कभी चाची की बातें मन पर नहीं लेता। परंतु, मैं कितने दिनों तक इस तरह इन पर बोझ बनूँगा? यह विचार उसे सताने लगता। बीच में ही स्कूल छोड़कर नगरपालिका के कचरा-विभाग में भरती होकर अपने पैरों पर खड़े होने का कई बार विचार उसके मन में आया। परंतु रास्तों के मेनहोल में कैसे उतरा जाए, दुर्गंधपूर्ण डिब्बे कैसे उठाए जाएँ, इन सबसे उसे घृणा थी। फिर उसके मन में कुछ बनने की आकांक्षा जागती। वह सोचता, गरीबी से, अपमान से, बाहर निकल सकूँगा, वह आशाजनक कदम उठाने लगता।

गोलपीठा के पास वे आए। रेडीमेड कपड़ों की, लाइनों से सजी दुकानें वामन को अलीबाबा की गुफाओं के समान लगतीं। चाचा ने एक दुकान पसंद की। वे दोनों भीतर जाते हैं। दुकान में काफी भीड़ रहती है। चाचा वामन की नाप के कपड़े निकालने को कहते हैं। उनके सामने वह कपड़ों का ढेर रख देता है। उनमें से वामन नीली पेंट और सफेद शर्ट चुनता है। यह देखकर चाचा चिढ़कर आगबबूला हो गए, 'भोसड़ी के, कुछ समझता है या नहीं! अंग्रेजी स्कूल में पढ़ता है न, रूवाबदार कपड़े पहनकर तहलका मचा देना चाहिए।' वामन अपने चारों ओर देखता है। चाचा की बात सुनकर सभी हँस रहे थे। वामन का सिर लज्जा से झुक जाता है।

"ओ भाई, जरा ऊँचे दाम का कपड़ा दिखाओ।" चाचा ने दुकानदार से कहा।

"आप नहीं ले सकेंगे।" दुकानदार ने चाचा के स्वाभिमान को छेड़ते हुए कहा।

"हमको मामूली समझता है ?" इतना कहकर चाचा ने सौ का नोट जेब से निकालकर पटक दिया।

निशाना सही जगह लगा, यह सोचकर दुकानदार फैशनेबल कपड़ों का बॉक्स चाचा के सामने खोलता है, चाचा उनमें से एक जोड़ी चुनते हैं। वास्तव में चाचा के चुने हुए दोनों कपड़े वामन को बहुत भड़कीले लगे। चाचा की बात यदि नहीं मानी तो घर पहुँचकर चाचा सारी पीढ़ियों का खड़े-खड़े 'उद्धार' कर देंगे, इस बात से डरकर वह कपड़ों का बंडल हाथ में ले लेता है। काउंटर पर पैसे देकर वे दुकान से बाहर आते हैं। चाचा ने अब रास्ता बदल दिया, यह बात वामन के ध्यान में आई। कामाठीपुरा की पहली गली से वे जा रहे थे। रास्ते के दोनों ओर वेश्यालय थे। रात के 'धंधे' की शुरुआत नहीं हुई थी। औरतें दाँत घिस रही हैं। कहीं चेहरे पर रंग-रोगन लगाया जा रहा है। कुछ हृष्ट-पुष्ट औरतें मिनी स्कर्ट पहनकर अपनी खुली जाँघें दिखाती खड़ी रहती हैं। ''शुक्'''' करतीं, आने-जाने वाले लोगों को विचित्र इशारा करके कुछ कह रही हैं। वामन को लगा, पिंजड़े में बंद मांस-खंड हैं ये सब। गली से जाने में उसे घृणा हो रही थी।

"क्यों बे लंबू दादा, बड़ी ऊँची गरदन से जा रहे हो।" रास्ते के किनारे से, घर से आवाज आती है। वामन देखता है कि नाक में चमकदार नथ पहनी औरत, चाचा को बुला रही है। औरत की पीठ पर बाल खुले पड़े हैं। साड़ी से उसके शरीर का कसाव और अधिक स्पष्ट दिख रहा है। वह औरत उसके चाचा से हाथ चला-चलाकर बातें कर रही है। वामन को बड़ा आश्चर्य होता है।

"बैठो लंबू दादा, चाय पीकर जाओ।" वह चाचा का हाथ पकड़कर दरवाजे की सीढ़ियों पर बैठती है। ऊँची आवाज में उसने 'दो कप पानी की चाय' का ऑर्डर दिया, "यह मेरा भतीजा अंग्रेजी स्कूल में पढ़ता है। उसके लिए कपड़े लेने गया था।" चाचाजी गर्व से बोले। वह औरत वामन की ओर प्रेम से देखने लगी। उसकी नजर वामन को अच्छी नहीं लगी। इस प्रकार के लोगों से चाचा की पहचान है, यह जानकर वामन को धक्का लगा। उसको वहाँ का वातावरण असहनीय हो गया। जब चाचाजी बात करने में अत्यधिक व्यस्त हो गए, तब वामन चुपचाप वहाँ से घर की ओर चल पड़ा।

आस-पास वामन नहीं है, यह जानकर चाचा परेशान हुए। लड़का कहीं भटक तो नहीं गया, यह शंका भी मन में आई। तमतमाए हुए वे घर आए, तब वामन उन्हें किताब पढ़ता हुआ दिखा। उसे देखकर वे भड़क उठे, "कहाँ मर गया था ?"

उसके कुछ न बोलने से वे गुस्से में करीब-करीब उसके ऊपर हमला-सा करते

हुए चिल्लाए, "अरे तुमको क्या लगता है? चाचा जैसा गोबर खाता है, वैसा तुझे भी खिलवाएगा? ····के अभी अपने गाँव चले जाओ। फिर कभी मुँह मत दिखाना।"

यदि एक शब्द भी बोला तो वे मुँह तोड़ देंगे। अपने चाचा अच्छे हैं या बुरे हैं, इन्हीं विचारों में वह खो गया था। चाचा के उपकारों के बोझ तले वह दब गया था। उसी प्रकार चाचा के बारे में उसे बहुत निराशा भी हो चली थी। कोई भी उसे नहीं समझ पा रहा है, इस भावना से वह व्यथित हो जाता है। वह रुआँसा हो जाता है। दीवार का सहारा लेकर फफकने लगता है।

"शिंदे स्टैंड अप," बहुत देर से शिंदे का ध्यान कक्षा में नहीं है, यह जानकर सामंत सर चिल्लाते हैं। अपने पीरियड में शिंदे अचेत सोया है, यह देखकर उन्हें बहुत गुस्सा आया। वामन उठ खड़ा हुआ। उसकी आँखों से आँसुओं की धारा बह निकली।

"तुम अभी कक्षा से बाहर निकल जाओ। तुम्हारे कारण दूसरे लड़कों पर बहुत बुरा प्रभाव पड़ता है।" सामंत सर ने उसे ताकीद दी। वामन किताबें जमा करता है। पुस्तकें जमा करते समय उसके आँसू नहीं रुकते। पड़ोस की कक्षा में लड़के-कविता की अंतिम पंक्तियाँ गा रहे थे—

मुख खुला था और
खग ने पैर फैला दिए,
पंख पहले कट चुके थे
साँस-क्रम भी खो दिए।

वामन को लगा-कविता की पक्षिणी की तरह उसके पंख भी काट दिए गए हैं।

लेखक-परिचय

जन्म : 1935 • निधन : 20 दिसंबर, 1996

दलित साहित्य के अग्रणी साहित्यकार। आत्मकथा—बलुतं, हिंदी में 'अछूत' शीर्षक से अत्यधिक चर्चित। 3 कथा-संग्रह, 2 कविता-संग्रह, 2 वैचारिक लेखों का संग्रह। महाराष्ट्र राज्य के अनेक पुरस्कारों से सम्मानित। भारत सरकार द्वारा 'पद्मश्री' से अलंकृत। आत्मकथा 'बलुतं' का कई भारतीय भाषाओं सहित अंग्रेजी, फ्रेंच, जर्मन भाषाओं में अनुवाद।

□

साबुन

– सुबोध जावड़ेकर

अनुवाद : दामोदर खड़से

दिन भर का काम निपटाकर सलिल घर के लिए चल पड़ा। ऑफिस से निकलकर पार्किंग में रखी अपनी कार की दिशा में चलने लगा। जाते-जाते उसने वहाँ रखी कारों की संख्या गिननी शुरू की। उसकी यह आदत ही थी। कंपनी कितनी मजबूत है, यह पार्किंग में रखी कारों से मालूम होता है, उसका यह मानना था कि कंपनी की बैलेंस शीट देखने की आवश्यकता नहीं है।

स्थिति बिगड़ते ही रिट्रेंचमेंट की शुरुआत होती। फटाफट लोगों की छँटनी होती—यहाँ के 'हायर ऐंड फायर' के सिद्धांत पर। पच्चीस-तीस साल की नौकरी होने के बाद भी कब नोटिस हाथ में थमा दी जाएगी, इसकी कोई गारंटी न होती। सभी के सिर पर बरखास्तगी की लटकती तलवार होती।

सलिल तो केवल चार साल से यहाँ काम कर रहा था। ऊपर से भारतीय था। इस कारण वह घबराया-सा ही रहता। उसकी कंपनी दवाइयों के क्षेत्र में अनुसंधान का काम करती थी। अब तक ठीक था। पर्याप्त मात्रा में अनुदान मिलता। खासकर सेना की ओर से। परंतु सोवियत यूनियन का बिखराव हुआ। रशिया होकर भी नहीं के बराबर हो गया। युद्ध का डर लगभग समाप्त हो गया। वैसे अब अमेरिका ने परियोजनाओं का प्रायोजन लगभग बंद ही कर दिया था। कई लोगों को अपनी नौकरियों से हाथ धोना पड़ा।

साठ या अधिकतम सत्तर। सलिल ने मन-ही-मन कारों की गिनती कर ली। पहले डेढ़-दो सौ कारें सहज ही दिख जातीं। कंपनी की तबीयत के थर्मामीटर का पारा बहुत नीचे आ गया था। अन्यथा वह थर्रा ही उठता, पर आज नहीं। आज का दिन अलग था।

कार का दरवाजा खोलते ही वह सिसकारी छोड़ रहा था। भीतर बैठते ही उसने टेपरिकार्डर का बटन दबाया। लता के धीमे उदास स्वर उभरने लगे। मदनमोहन की यह कैसेट सलिल की पसंदीदा कैसेट थी। कितनी ही बार सुनी पर मन नहीं भरा। परंतु आज उसने झट यह कैसेट बंद की और दूसरी डाल दी। फड़कते बोल पर हलके-फुलके गीतों वाली। स्टेयरिंग व्हील पर फड़कती अंगुलियों से उसने कार बाहर निकाली। ऑफिस से निकलनेवालों की हमेशा की ही भीड़। पर एक बार शहर से बाहर आ जाने पर घर तक की पचास मील की दूरी आधे-पौने घंटे में सहज ही पूरी की जा सकती थी। सलिल ने टेपरिकार्डर बंद कर लोकल रेडियो स्टेशन लगाया।

"देअर्स एन एक्सिडेंट ऑन एच फोर हाईवे। एट माइल्स फ्रॉम सिटी···टेक लेफ्ट टर्न ऐंड थर्ड स्क्वेअर ऐंड यूज द बायपास रोड अपटू···" रेडियो पर एनाउंसर की बक-बक चल रही थी। कहाँ ट्रैफिक जाम है, कहाँ हैवी ट्रैफिक है, यह सार निरंतर बताया जा रहा था। साथ ही सड़कों के इलेक्ट्रॉनिक्स बोर्ड पर सेवन मिनिट्स अपटू जेकब्स पार्क जैसी सूचनाएँ आती रहतीं। भीड़ भरी सड़कों से मुक्ति पाकर लोगों की यात्राएँ सुखद हो सकें, इसके लिए ये सारी सुविधाएँ थीं।

ये अमेरिकी कोई भी बात कितनी योजनापूर्वक करते हैं, सलिल के मन में यह बात उभरी। सूचना आज का युग-धर्म हो गया है। किसी भी विषय पर दनादन जानकारी आप पर उड़ेली जा रही है। टीवी, समाचारपत्र, विज्ञापन इंटरनेट। कोई बात छिपाकर नहीं रखनी है। छिपाने भी नहीं देनी है। सब कारोबार खुल्लम-खुल्ला!

सलिल ने जब अमेरिका में स्थायी रूप से रहने का निर्णय लिया था, तब उसके निर्णय के पीछे यह भी एक कारण था। कोई भी बात छिपाने पर उसका विरोध था। वह हमेशा कहता, 'खुलापन जीवन का अविभाज्य अंग होना चाहिए।' दूसरी ओर हमारे देश में करोड़ों रुपयों का घोटाला और भ्रष्टाचारों के मामले राष्ट्रीय गोपनीयता के नाम पर सीधे दबा दिए जाते हैं और लोग इसे सह भी लेते हैं।

सलिल इसीलिए इस देश को पसंद करता। इराक में बम बरसाने की बात हो या राष्ट्रपति का मोनिका प्रकरण हो, हर बात पर खुली चर्चा, मत-प्रदर्शन, चर्चाएँ, इंटरव्यू···। लेकिन एक बात वह कभी नहीं समझ पाया कि बारह-तेरह साल की उम्र में सेक्स का अनुभव लेकर और मौज-मस्ती लूटकर इन अमेरिकन लोगों को राष्ट्रपति वफादार ही चाहिए। यह एक मजाक-सा ही था। वैसे यह सवाल विवाहेत्तर संबंधों का था ही नहीं। वह छिपाने से संबंधित बात थी। शपथ लेकर झूठ बोलने का मामला था। क्लिंटन ने जब मुक्त मन से यह बात स्वीकार की, उसी

समय सारे अमेरिकियों ने उसे माफ कर दिया।

कार के साथ सलिल के विचार भी दौड़ने लगे थे। ऊँची इमारतें कब की पीछे छूट चुकी थीं। अब जहाँ तक नजर जाती, वहाँ तक हरी-भरी दूब और इक्का-दुक्का शानदार मकान। सात बजने के बावजूद सुनहरी धूप बिखरी पड़ी थी। विशेष रूप से रोपे ठिगने पेड़ों के बीच से सीमेंट की सीधी-सपाट सड़क। निर्धारित दूरी पर लगे सड़क को दिशा दरशाने वाले बड़े बोर्ड। ट्यूबलाइट की रोशनी में जगमगाती सड़कों के किनारे के गैस-स्टेशंस। उनके विशाल परिसर में खड़ी दो-चार कारें।

विचारों की भीड़ में पचास मील की दूरी कब कट गई, पता ही नही चला। घर के पास आते ही सलिल ने कार का एक बटन दबाया। गैरेज का दरवाजा धीरे-धीरे ऊपर उठा। सलिल ने कार भीतर खड़ी की। इस मकान में तलघर नहीं था। अतिरिक्त सामान, रंग के डिब्बे, सीढ़ी, पुराना फर्नीचर—सारा अनुपयोगी सामान गैराज में ही रखा हुआ था। इस जंजाल से रास्ता बनाता हुआ वह गैरेज से बाहर आया और उसने गैरेज का दरवाजा बंद कर दिया। एना की कार गैरेज में थी। आधे घंटे पहले वह लौटी होगी। अब वह शॉवर ले रही होगी। शॉवर के नीचे खड़ी एना की गोरी-गुलाबी देह का विचार मन में उछालकर वह अनायास ही उत्तेजित हुआ। दो वर्षों से वे साथ-साथ हैं। उनका सुर मिल गया था। अब शादी करने में हर्ज नहीं, ऐसा सलिल को लग रहा था। परंतु एना को लगता था कि शादी की आवश्यकता ही क्या है? एक मुद्दा छोड़ दें तो उन दोनों के बीच विवाद की कोई बात ही नहीं थी। दोनों की साथ-साथ गृहस्थी सुखद चल रही थी।

आज सुनी हुई खुशखबरी सुनाकर एना को खुश करके उसे शादी के लिए मनाने के विचार से सलिल ने दरवाजे की घंटी बजाई। पर तुरंत ही सँभलते हुए वह अपनी जेब से चाबी निकालकर दरवाजा खोला और भीतर गया। तब तक गाऊन का बेल्ट बाँधते हुए एना उसके सामने आ ही गई।

अभी-अभी शॉवर लेकर तरोताजा दिखने वाले उसके चेहरे पर स्वागत की मुसकान थी। ढीले-ढाले गाऊन के बावजूद न छिपने वाले शरीर के उतार-चढ़ाव मन पर जादू डाल रहे थे। उलझे बालों पर चमकने वाली पानी की बूँदों के कारण एना इतनी लुभावनी लग रही थी कि सलिल से न रहा गया।

आगे बढ़कर उसने उसे आलिंगन में कस लिया और उसे उठाकर एक चक्कर घुमा दिया।

"अरे...अरे" उसके गले में बाँहें डालती वह बोली, "क्या हो गया है आज तुम्हें?"

"तू बता," उसके बालों की बूँदों को होंठों से सटाते हुए बोला।

"ऑफिस में कोई खुशखबरी सुनी है शायद।" उसने अंदाजा लगाते हुए कहा।

"निश्चित। पर कौन सी?"

"आजकल नौकरी टिक गई तो खुशखबरी। लगता है तुम्हारे हाथ में आज नौकरी से छँटनी की नोटिस नहीं आई। यही खुशखबरी है, है न?" उसने हँसते-हँसते मजाक किया, फिर भी उसके स्वर में विषाद की झलक आ गई।

"यस, राइट यू आर," वह भी हँसता हुआ बोला, "पर केवल आज ही नहीं, और दो वर्ष तो नौकरी की चिंता नहीं, ऐसा प्रोजेक्ट हाथ लगा। तुम हो कहाँ?"

"सच!" सचमुच की खुशी अब उसके चेहरे पर उभरी, "हाऊ नाइस!"

"यस डार्लिंग! शानदार असाइनमेंट मिली है।"

"अच्छा? क्या है रे?"

"फिर बताऊँगा।" वह बोला, "चाय के समय।"

"नहीं, अभी बताओ।" वह अधीरता से बोली।

"तुम्हें मालूम है न, मेरे रिसर्च का विषय? ठंड से ठिठुरकर जो मर जाते हैं, उन पर मेरा रिसर्च चल रहा था। ऐसी दुर्घटना में अधमरे लोगों पर क्या उपचार किया जाए, इस विषय पर मैं रिसर्च कर रहा था।''

"हाँ, मालूम है, तुमने बताया था।"

"ऐसे लोगों को गरम पानी से नहलाना अधिक ठीक होगा या शरीर पर ब्रांडी की मालिश अधिक फायदेमंद होगी? माइक्रो ओवन में हम चीजों को गरम करते हैं। वैसी सूक्ष्म किरणों का प्रयोग उपयोगी होगा क्या? इसके कारण कोई नुकसान तो नहीं होगा? ठंड के कारण उनके शरीर के तरल पदार्थों में बर्फ के स्फटिक बन जाते हैं। इस बारे में क्या किया जा सकेगा? शरीर ठंडा पड़ने लगने पर शरीर में कौन-से रसायन बनने लगते हैं, उनका क्या परिणाम होता है, उन पर क्या किया जा सकेगा? आदि-आदि ऐसा है वह रिसर्च।"

"तो?"

"क्या है कि रिसर्च सही दिशा में चल रहा था। रिजल्ट भी सही मिल रहे थे, पर मुश्किल यह थी कि इस बारे में कोई प्रयोग करना संभव नहीं था। ऐसे प्रयोग करने के लिए स्वयंसेवक कहाँ मिलेंगे? साथ ही इस तरह ठिठुरकर कोई मर गया, ऐसी दुर्घटना यदा-कदा, साल-छह महीने में घटती है। इस कारण यह सिलसिला

भी बंद-सा था। अत: इस विषय पर कोई डाटा ही उपलब्ध नहीं था। ऐसे में प्राणियों पर प्रयोग करना भी संभव नहीं था।"

"क्यों भई? प्राणीमित्रों के संगठन आड़े आते हैं?"

"वह तो है ही, पर इससे बड़ी बात यह है कि ठंड का सामना करने की शक्ति प्राणियों में बहुत होती है। उनकी और मनुष्यों की सहनशक्ति में बहुत अंतर है। दोनों के शरीर में अंग अलग ढंग से काम करते हैं।"

"तो?" उसके स्वर में उत्सुकता से किसी अनजान बात का डर अधिक लग रहा था। परंतु सलिल बताने की रौ में था, यह वह नहीं जान पाई।

"अचानक जानकारी का खजाना हाथ लग जाएगा, ऐसा लगता है।" उसके आलिंगन में उसका शरीर ठिठुरने लगा है—ऐसा उसे लगा। उसकी ओर देखते हुए उसने पूछा, "क्या हुआ? ऐसे क्या देख रही हो?"

"कैसी जानकारी का खजाना? किस बारे में बोल रही हो तुम?" उसने तीखे स्वरों में उससे पूछा।

"ऐसा है, पोजोटा नामक पोलैंड के डॉक्टर का लिखा एक लेख आज ही हाथ लगा। उसमें इस विषय के बारे में बहुत जानकारी है। तरह-तरह की तालिकाएँ, केस स्टडीज और ढेर सारी बातों की जानकारी है।"

"कैसी जानकारी? किस प्रयोग की? किसने किया वह? कौन डॉक्टर?" वह प्रश्नों की बरसात कर रही थी, एक के बाद एक। उसका चेहरा सफेद-फक्क हो गया था।

"अरे, ऐसे क्या घबरा रही हो अचानक?" असमंजस में उसने पूछा।

"डॉक्टर का नाम क्या बताया? कहाँ का डॉक्टर है वह? कब किया उसने यह रिसर्च? किस पर किया?" कर्कश स्वर में उसने फिर पूछा।

"डॉक्टर पोजोट। पोलिश डॉक्टर है। जाहिर है, रिसर्च उसने वहीं किया होगा। वारसा की यूनिवर्सिटी में होगा शायद।"

"यकीनन?"

"नहीं तो और कहाँ करेंगे? लेकिन क्यों? क्यों पूछ रही हो इस तरह? क्या हुआ?" अब भी उसे उसके प्रश्नों की दिशा स्पष्ट नहीं थी।

"कब किया उसने यह रिसर्च?"

"कुछ मालूम नहीं भई। लेख पोलिश भाषा में है। अभी तक अनुवाद हाथ नहीं लगा है। कल तक आ जाएगा। पर कुछ समय पहले किया होगा। आजकल

रिसर्च होने के बाद वह बहुत दिन पड़ा नहीं रहता। जितनी जल्दी संभव है, उसे प्रकाशित कर देते हैं, नहीं तो कोई उसे चुरा लेगा। इसका डर तो होता ही है।" उसने कहा।

उसका चेहरा कुछ शिथिल हुआ।

"पर तुम क्यों इतनी बेचैन हो गई?" उसकी पीठ पर प्रेमपूर्वक हाथ फिराते हुए उसने पूछा।

"कुछ नहीं रे। यूँ ही कुछ मन में आया।" उसने बात उड़ाने की कोशिश की।

"यूँ ही नहीं। तुम बहुत घबरा गई हो। बता न?" उसे फिर आलिंगन में कसकर उसने पूछा।

वह कुछ न कहकर लिपटी रही। वह धीरे-धीरे उसकी पीठ पर हाथ फेर रहा था। वह कुछ-कुछ शांत हो चली थी।

"बता न!" कुछ देर रुककर उसने फिर पूछा।

"सलिल, तुम जब उस पोलिश डॉक्टर द्वारा किए गए प्रयोगों की बात बता रहे थे न, तब मुझे···तब मुझे नाजी डॉक्टरों द्वारा किए गए प्रयोगों की याद आ गई।"

"नाजी डॉक्टरों द्वारा किए गए प्रयोग? ये भला क्या बात हुई?"

"हाँ, दूसरे महायुद्ध में नाजी डॉक्टरों द्वारा किए गए अमानुष प्रयोग! इस बारे में तुमने कभी कुछ सुना है?"

"नहीं। बिल्कुल नहीं।"

"तकदीरवाले हो।" इतना कहकर एना चुप हो गई। सलिल प्रश्नार्थक मुद्रा में उसकी ओर देखता रहा।

"कभी कोई न बताए और कभी कोई न सुने, इतने भयंकर प्रयोग हिटलर ने ज्यू लोगों पर किए थे।हॉरिबल···" एना के चेहरे की ओर देखना मुश्किल हो रहा था।उसके मुँह से शब्द नहीं निकल रहे थे। फिर थोड़ी देर में उसने धीरे-धीरे बताना शुरू किया, "दूसरे विश्वयुद्ध के प्रारंभ में एक-एक देश जीतते हुए हिटलर रशिया की ओर बढ़ा। रशिया की सीमा पर उसकी सेना तैयार खड़ी थी और जाड़े का मौसम शुरू हो गया था। कड़ाके की ठंड थी। बर्फ गिरने लगी थी। हिटलर की सेना के पास ठंड के बचाव के लिए पर्याप्त ऊनी कपड़े आदि नहीं थे। हजारों जर्मन सैनिक ठंड से ठिठुरकर मर रहे थे। हिटलर इसे कभी नहीं भुला पाया। फिर हिटलर ने ज्यू को वंशहीन करने की ठान ली। लाखों ज्यू को कॉन्सन्ट्रेशन कैंपों में बंद कर दिया गया। उन पर मनमाने अत्याचार किए गए। गैस चेंबर में उन्हें धकेलने से पहले

उन पर कोई भी प्रयोग करने की हिटलर की पूरी अनुमति थी। इस अनुमति का उपयोग कर नाजी डॉक्टरों ने सो कॉल्ड 'शास्त्रीय' प्रयोग किए थे। इसमें कितने ठंडे तापमान में आदमी जिंदा रह सकता है, इसका परीक्षण भी किया गया। रशिया की सीमा पर मृत सैनिकों को ठंड से बचाने के लिए हमें क्या करना चाहिए था? यह हिटलर जानना चाहता था। इसीलिए इस परीक्षण की हेनरिच हिमलर पर यह जिम्मेदारी सौंपी गई थी।"

सलिल साँस थामकर यह सुन रहा था।

"ऐसे परीक्षणों में पानी की एक टंकी में ज्यू कैदी को रखा जाता। फिर टंकी का तापमान धीरे-धीरे कम किया जाता। तापमान कितना नीचे जाने पर कैदी मरता है, इसका परीक्षण किया जाता। अधमरे कैदी को पानी से बाहर निकालकर फिर गरम पानी की टंकी में डालने से क्या वह जी सकता है, इसकी जाँच की जाती। ठिठुरने से पहले उसे ऑक्सीजन लेने का क्या परिणाम होता है, यह देखा जाता। खून जम न जाए, इसके लिए कई दवाइयाँ देकर देखते। ऐसे थे वे भयानक परीक्षण।

"डैक्यू, ऑस्क्वीच और ब्यूखेनवाल्ड—इन तीन कॉन्सन्ट्रेशन कैंपों में ये परीक्षण चलते। परीक्षण करनेवाले नराधमों के नाम थे—मैगेले, राशर और एंपिगर।"

एना का बोलना बंद हुआ और उसका आवेग भी थम गया।

"तुम्हें यह सब कैसे मालूम? इतना ब्योरेवार?"

"क्योंकि मैंने न्यूरेनबर्ग में चले मुकदमे की सारी घटनाएँ पढ़ी हैं।" एना बोली, फिर एक-एक का उच्चारण करती आगे बोली, "मैंने तुम्हें कभी नहीं बताया कि मेरी दादी ज्यू थी। मैगेले की जेल में वह दो वर्ष थी। चार बाई चार फीट के लकड़ी के एक पिंजरे में उसे और उसकी बहन को रखा गया था। उसके पैर में जख्म हुआ। गैंगरीन निश्चित तौर पर किन कारणों से होता है, यह जानने के लिए जान-बूझकर हरा किया जाता, कोई भी एनेस्थेनिशिया न देते हुए।" सलिल और सुनने की स्थिति में नहीं था। उसके शब्दों में दुःख, गुस्सा, तिरस्कार जैसी अनेक भावनाएँ उमड़ रही थीं।

"पर···पर" सलिल के मुँह से निकला। "चार बाई चार के पिंजरे में दोनों?"

"छोटी थीं वे। साढ़े चार साल की।"

सलिल सिर से पाँव तक काँप गया। एना आगे बता नहीं पा रही थी। काफी देर तक सिसकती रही। दादी की बहन उस परीक्षण में ही मर गई। दादी किसी तरह बचीं। उसने ये सब बताया।

उस रात वे दोनों ही नहीं सो पाए।

दूसरे दिन ब्रेकफास्ट टेबल पर पहले दिन का विषय निकालने की हिम्मत किसी में नहीं थी। अंततः एना ही बोली, "आज कौन तुम्हारा वह पोलिश डॉक्टर है न, क्या उसके लेख का अनुवाद तुम्हें मिलेगा?"

"शायद मिलेगा।"

एना ने आगे कुछ नहीं कहा। उसकी जरूरत भी नहीं थी। एना को दूसरी दिशा में निकलना था, इसलिए वह अपना काम समेटकर निकल गई। सलिल ने टेबल ठीक किया। कपड़े पहनकर वह भी निकल पड़ा। परंतु कार में भी वह अपने विचारों में इतना डूब गया था कि टेपरिकार्डर चलाने का उसे याद तक नहीं रहा।

उस दिन शाम को डॉक्टर पोजोटा के लेख का अनुवाद सलिल को मिला। वह उसे पढ़ने लगा। इस समय उसका सीना धड़क रहा था। बुरे अनुमान सामान्यतः सही सिद्ध होते हैं। ऐसा ही हुआ। सारा डेटा कॉन्सन्ट्रेशन कैंप में किए परीक्षण पर आधारित था। पोजोटा ने केवल उसका पृथक्कीकरण किया था।

एक बात के लिए जर्मनों की सराहना की जानी चाहिए। सलिल सोचने लगा था कि प्रत्येक परीक्षण का उन्होंने सिलसिलेवार रिकार्ड रखा था। कैदी का नाम, वजन, रक्तचाप, पल्स रेट, अंतिम भोजन कब लिया था, इन्हीं सारी बातों का आलेख था। रक्त का पृथक्कीकरण और सारा कुछ। सबकुछ व्यवस्थित ढंग से रखा गया।

इतना ही नहीं, कैदी ने मरते समय कितनी चीखें निकालीं, अंतिम चीख कितनी देर तक रही, ठंड के कारण दाँत से दाँत टकरा रहे थे या नहीं, या दाँत आपस में कस गए थे। सारा रिकार्ड बिल्कुल प्रोफेशनल!

प्रोफेशनल? सलिल चौंका।

यह तो नाजी डॉक्टरों के परीक्षण की सराहना हुई। शास्त्रीय परीक्षण के नाम पर नाजी डॉक्टरों द्वारा किए गए खून की सराहना? प्रयोगशाला के नाम पर खोले गए कसाईखाने की? डॉक्टरों के वेश में राक्षसों की?

सलिल मन-ही-मन शरमा गया। अपना प्रोजेक्ट चलता रहे, अपनी रोजी-रोटी की व्यवस्था हो, इसलिए निरपराध ज्यू लोगों के खून से सने डेटा को मैं इस्तेमाल करूँगा! इसकी कल्पना मात्र से उसके रोंगटे खड़े हो गए।

एक झटके से उसने हाथ के लेख के टुकड़े-टुकड़े कर टोकरी में डाल दिए। उसका शरीर काँप रहा था। चेहरा लाल हो गया था।

पाँच-दस मिनट वह वैसे ही कुरसी में पड़ा रहा। सुन्न होकर निर्विकार सामने

देखता रहा। फिर अचानक उसके मन में एक विचार आया। इस रिपोर्ट को फाड़कर मुझे क्या मिला?

वे बेचारे असहाय ज्यू कैदी वेदना से छटपटाते मर गए, यह तो सच है। उन पर परीक्षण करने का नाजी डॉक्टरों को कोई हक नहीं था। यह अमानवीय परीक्षण मानव-जाति पर लांछन था, यह भी सत्य है, लेकिन इस तरह की रिपोर्ट फाड़ देने से वे ज्यू जिंदा हो जाएँगे? या उनकी वेदना कम हो जाएगी? जो हुआ, बहुत बुरा हुआ। पर वह हो चुका है। उन डॉक्टरों में से कुछ ने न्यूरेनबर्ग के न्यायालय में सजा भी भुगती होगी। जो भागने में सफल होंगे, वे भी अब मर गए होंगे। ऐसे में अब इस डेटा का उपयोग न करके क्या सिद्ध होगा?

परीक्षण भयानक थे, यह भी मान लें, परंतु इन परीक्षणों में डॉक्टरों ने जो दवाइयाँ दीं, उनका कितना उपयोग हुआ, इसे जाँचा जा सकता है। उनके रक्त के पृथक्करण का उपयोग किया जा सकेगा। अगली रिसर्च की दिशा मिलेगी। मानव जाति के लिए कुछ तो उपयोगी होगा। वे तो मर ही गए, लेकिन कम-से-कम उन मृत ज्यू के बलिदान तो सार्थक होंगे।

बलिदान? मानव-जाति के लिए उपयोग?

सलिल ने अपने आपको दुत्कारा, इस उदात्त शब्द के भीतर तुम अपना स्वार्थ सिद्ध करना चाहते हो, सलिल! अपना प्रोजेक्ट जारी रहे, अपनी नौकरी बनी रहे, इसलिए क्या तू यह खूनी डेटा इस्तेमाल करेगा?

सलिल के मन में फैसला नहीं हो पाता।

ऐसे समय, वह जो हमेशा करता है, उसने वही किया। कोकाकोला का एक बड़ा गिलास हाथ में लेकर ऑफिस की खिड़की के पास खड़े होकर वह बाहर की आवाजाही देखने लगा। तूफानी वेग से दौड़ने वाली कारों पर दृष्टि गड़ाकर मन के सारे विचारों को भूलने की वह कोशिश करने लगा।

धीरे-धीरे उसका मन शांत हुआ और एक अलग ही विचार उसके मन में कौंध गया।

मान लें कि मैंने इस डेटा का उपयोग नहीं किया, इसका यह अर्थ तो नहीं है कि कोई दूसरा इसका उपयोग नहीं करेगा?

ऐसे में इस डेटा का उपयोग न करने में कितनी बुद्धिमानी है? इसके विपरीत अपने पैरों से चलकर आए अवसर को ठुकराने जैसी बेवकूफी दूसरी नहीं होगी। डेटा का इस्तेमाल करना उसने तय कर लिया। घर लौटने पर अपना निर्णय एना

को किन शब्दों में सुनाएगा, इसकी बुनावट वह मन-ही-मन करने लगा। एना का संवेदनशील स्वभाव वह जानता था। उसकी दादी की कहानी सुनकर उसका दिल ही दहल उठा था। परंतु हाथ आई जानकारी का इस्तेमाल न कर उसे फेंक देने के लिए उसका मन तैयार नहीं था। धत्! मूल रूप से एना को पोजोटा की रिपोर्ट के बारे में बताना ही नहीं चाहिए था, ताकि यह झंझट ही नहीं आता।

घर पहुँचा। यहाँ एना दरवाजे पर उसकी राह ही देख रही थी। कार गैरेज में रखकर वह भीतर आया। हमेशा की तरह एना को बाँहों में लेकर उसने उसका हलका-सा चुंबन लिया।

एना उसकी ओर देख रही थी, परंतु, उसने उससे नजर मिलाए बिना ही पूछा, "हाऊ आर यू डार्लिंग? हाऊ वाज द डे?"

एना ने जवाब नहीं दिया।

वह डाइनिंग डेबल पर जा बैठा और चाय की केतली सामने से खींचकर चाय निकालने लगा।

एना उसके सामने बैठ गई, परंतु चाय पीने तक उससे कुछ नहीं बोली। पिछले दो वर्षों से वे एक-दूसरे को जानते थे। कुछ पूछे बिना और कुछ न कहकर अधिकांश बातें एक-दूसरे की समझ में आ जाती थीं।

"अंततः तुम्हें जैसा चाहिए था, वैसा निर्णय तुमने ले लिया है न?" किसी तरह एना ने पूछ ही लिया।

"देखो ऐना!"

"कुछ मत कहो", उसे बीच में ही टोकती हुई वह बोली, "तुम वैज्ञानिक इतने रूखे कैसे हो जाते हो रे?"

"एना, उसमें रूखेपन का क्या संबंध है? इन परीक्षणों के लिए इस्तेमाल किए गए ज्यू के बारे में मेरे मन में सहानुभूति है। ये परीक्षण अमानवीय हैं, यह पूरी तरह मैं मानता हूँ। इतना ही नहीं, इससे आगे यदि कोई ऐसे परीक्षण करता है तो मैं जान पर खेलकर उसका विरोध करूँगा। पर जो नहीं होना था, वह हो चुका है। अब हो चुकी बात पर निरर्थक बहस करने से क्या फायदा है?" सलिल ने समझाना चाहा।

"सलिल, यह निरर्थक बहस नहीं है। यह सिद्धांत की बात है और इससे भी अधिक मेरी भावनाएँ इसके साथ जुड़ी हैं, इसे तो समझ।"

"एना डार्लिंग, मैं जानता हूँ यह। इसीलिए तो मैं इस विषय पर चर्चा नहीं करना चाहता। पर तू ही बता, क्या तुम्हें लगता है कि ऐसे परीक्षण फिर हों?"

"मतलब ?" एना चकरा गई।

"मतलब नहीं, है न ? ऐसे घृणित परीक्षण फिर होने ही नहीं चाहिए। मैं भी यह पूरी तरह मानता हूँ। इसीलिए जो परीक्षण हो चुके हैं,उनके डेटा रिसर्च की बुनियाद के रूप में उपयोग करने आवश्यक हैं, क्या ऐसा नहीं लगता तुम्हें ?"

"यूँ ही कुछ मत बोलो और कृपा करके डेटा शब्द का उच्चारण मत करो। मुझे घृणा होती है, इस शब्द से।" एना ने उसे झिड़क दिया।

"शायद"…क्षण भर रुककर वह आगे बोली, "शायद तुमने अपनी दृष्टि में योग्य शब्द इस्तेमाल किया है। डेटा कहने के बाद किस तरह उसकी ओर निर्विकार नजर से देखा जा सकता है। परंतु मेरी दृष्टि में वह डेटा नहीं है रे! मेरे प्रियजनों की वह अंतिम चीख है।"

"एना, प्लीज…।"

"क्या प्लीज ?" एना अचानक चीखती हुई बोली, "सलिल, मैं तुम्हें एक इनसान समझती थी। इतने कठोर मन के होओगे, मैंने कभी सोचा नहीं था। एकदम वैज्ञानिक दृष्टि से देखें, तब भी इन परीक्षणों के निष्कर्षों का उपयोग अयोग्य है।"

"कैसे ?" अब चकराने की बारी सलिल की थी।

"ऐसा है, उन नाजी डॉक्टरों के रिकार्ड का वैज्ञानिक दृष्टि से कोई महत्व नहीं है। वैज्ञानिक रिसर्च में तो उसका उपयोग ही नहीं हो सकता।"

"क्यों ?"

"परीक्षण अनैतिक हो गया, इसलिए उस पर आधारित वे निष्कर्ष वैज्ञानिक कैसे कह सकते हैं ?"

"जरा सोचो सलिल, जेलों की अँधेरी कोठरियों में बंद वे इनसान। भूख से हड्डियों के ढाँचा मात्र रह गए। मौत बिना छुटकारा नहीं, यह जानने के कारण मौत का इंतजार करनेवाले लोग। उनका शारीरिक रिस्पांस क्या नार्मल कहा जा सकेगा ? इस पर आधारित निष्कर्ष सर्वसामान्य पर लागू किया जा सकता है ? नहीं न! इसीलिए मैं कहती हूँ इनका वैज्ञानिक रिसर्च में कोई महत्त्व नहीं है।"

"तुम्हारी बात पर गौर किया जा सकता है।" सलिल को उसकी बौद्धिक स्थिति पर गर्व हुआ। किसी भी तरह के डेटा के उपयोग से परावृत्त करने के लिए उपस्थित किया तर्क तो निशाने पर लगा था।

"और एक बात तुम भूल रहे हो सलिल। नाजी वर्ण श्रेष्ठत्व की उच्च भावना के शिकार थे। आर्य वंश श्रेष्ठ और ज्यू वंश के लोग जीने के लिए अयोग्य, यही

उनका सिद्धांत था। इस सिद्धांत को पुख्ता करने के सबूत उन्होंने जान-बूझकर जुटाए होंगे। इसलिए ये उनके परीक्षणों के निष्कर्ष भी झूठ-मूठ रूप में रिकार्ड किए गए होंगे। उन पर विश्वास कैसे किया जाए?"

"यह भी सही है। मैं इसे ध्यान में रखूँगा। उस दृष्टि से छानबीन करने के बाद ही मैं निष्कर्ष को स्वीकार करूँगा।"

"पर स्वीकार करोगे, है न?" एना हताश होकर बोली।

"देखो एना, एक उदाहरण देखें। एक मरीज को हृदय की तत्काल आवश्यकता है। उसे वह नहीं मिला तो वह मर जाएगा। ऐसे समय में दुर्घटना में शिकार एक व्यक्ति को अस्पताल में लाया जाया जाता है। वह दूसरा व्यक्ति मरणासन्न है। उसका हृदय ठीक है और वह पहले मरीज के लिए उपयोगी है।"

"वह मरणासन्न है, लेकिन वह मरा नहीं है। एकाध दिनों में वह मर जाएगा, ऐसी कुछ स्थिति है। परंतु उतना समय पहला मरीज खींच सकेगा या नहीं, यह नहीं कहा जा सकता। इसलिए अस्पताल का एक युवा उतावला डॉक्टर उस दुर्घटना के शिकार व्यक्ति का हृदय उसकी मृत्यु से पहले ही निकाल लेता है।"

"यह अनैतिक है। यह तो सीधे हत्या ही है, पर ऐसी स्थिति में क्या करना चाहिए? वह हृदय पहले मरीज को न लगाना भी हत्या ही साबित होगी। हाँ या नहीं?"

"सलिल, तुम बेवजह खींच रहे हो। यहाँ स्थिति वैसी नहीं है। तुम्हारे उदाहरण की तरह, ऐसा कोई मरणासन्न नहीं है। नाजी उद्योगों की जानकारी का इस्तेमाल कर किसी को बचाने का सवाल ही नहीं है।"

"क्यों नहीं? मान लो, ऐसी जानकारी का उपयोग कर ठिठुरते लोगों पर उपचार करने की एकाध पद्धति क्या नहीं खोजी जा सकती? खोजी जा सकती है। मेरा अब तक जो रिसर्च हुआ है, उसके लिए पूरक सामग्री मुझे पोजोटा के लेख से मिली। उसकी जानकारी का उपयोग कर मैंने कुछ नए उपचार ढूँढ़ निकाले और यदि एक व्यक्ति के भी प्राण बचते हैं तो क्या यह पर्याप्त नहीं है?"

"सलिल तू जिद्दी है। तुम मानोगे नहीं, यह मुझे मालूम था। जाने दो। इस विषय पर इस क्षण तो और कुछ बोलने की मेरी इच्छा नहीं है। तुम नहा लो। फ्रेश हो जाओ। एक नया साबुन रखा है बाथरूम में। देखो कैसा है!" एना ने विषय बदल दिया।

थोड़ी सुविधा का लाभ उठाते हुए सलिल उठा। एना से अधिक विवाद वह

करना नहीं चाहता था। फटाफट उसने बाथरूम में जाकर कपड़े उतारे और शॉवर के नीचे खड़ा हो गया। ठंडे पानी की धाराएँ जब उसके शरीर से बहने लगीं, तब उसे सुकून मिला।

एना का साबुन उसे खास नहीं लगा। झाग भरपूर था। परफ्यूम भी ठीक था, परंतु कुछ पुरानी गंध उसमें से आ रही थी। दूसरा साबुन न होने के कारण उसे ही इस्तेमाल किया।

आधा घंटा-जी-भरकर नहाने के बाद उसने तौलिए से जल्दी-जल्दी शरीर पोंछ लिया। फिर साफ-सुथरा इस्त्री किया हुआ कुरता-पायजामा पहनकर बाहर आया। एना खाना तैयार करने लगी। झगड़े की स्थिति ना पाकर उसे अच्छा लगा।

टेपरिकार्डर पर कोई वाद्य संगीत लगाकर उसने बाल में कंघी घुमानी शुरू की। फिर एना की ओर मुड़कर वह बोला, "आज जो साबुन रखा था, वह किस तरह का है?"

"क्यों? कैसा लगा?"

"वैसे तो ठीक है, पर कुछ तो अलग लगा।"

"हाँ," एना कड़वाहट भरी हँसी हँसी, "अलग ही है वह, बहुत अलग।"

"क्या मतलब?

"खास तुम्हारे लिए मैंने उसे बाहर निकाला है। पिछले पचास वर्षों से हमारे घर में उसे सँभालकर रखा गया था।"

"क्या कह रही है तू? पचास साल से साबुन सँभालकर रखा गया था? क्यों? किसलिए?"

"ऑस्क्वीच के कान्सन्ट्रेशन कैंप में बना हुआ साबुन है वह।"

"क्...क्या" सलिल के शब्द उसके गले में ही अटक गए।

"हाँ...तुमने ठीक सुना, कान्सन्ट्रेशन कैंप में गैस चेंबर में मृत ज्यू लोगों की चरबी से बना हुआ साबुन!"

सलिल के सिर पर हथौड़ा पड़ा। हाथ-पैरों में सनसनी सी भर गई। सारी दुनिया उसके चारों ओर से घूमने लगी। पेट में तूफान उठा। वह किसी तरह बेसिन तक दौड़ते गया और जोर-जोर से उल्टियाँ करने लगा।

गिरते-पड़ते वह बाथरूम में घुसा। शरीर के कपड़े लगभग नोंचते हुए फेंक दिए और जोर से चलाए शॉवर के नीचे खड़ा हो गया। कपड़े के ब्रश से जोर-जोर से अंग-प्रत्यंग घिसने लगा। शरीर की त्वचा छिलने तक वह ब्रश चलाता रहा। घंटे

भर बाद शरीर की सारी शक्ति समाप्त होने पर वह लड़खड़ाता हुआ बाथरूम से बाहर आया और गाऊन लपेटकर निर्जीव-सा काऊच पर लगभग गिर पड़ा।

एना शांति से उसकी ओर देख रही थी।

उसकी आँखों से आँखें मिलाना तो दूर, वह उसकी दिशा तक में नहीं देख पा रहा था।

"अच्छा नहीं लग रहा क्या?" उसने पूछा, "क्या हुआ?"

सलिल ने बोलने की कोशिश की। उसके मुँह से बुदबुदाते हुए अर्थहीन शब्दों के बुलबुले बाहर आए।

"अरे, साबुन-सा साबुन था वह। किस चीज से बनाया, इससे तुम्हें क्या मतलब? उससे कितनी झाग निकलती है, कितना मैल धोता है, केवल यही महत्त्वपूर्ण है, है न?" एना के स्वर में अब कटार की धार चढ़ गई थी।

एना ने यह साबुन इस्तेमाल करने के लिए क्यों दिया, यह सलिल के ध्यान में आया।

कोई बिजली शरीर के आर-पार निकल गई हो, इस तरह वह भुन गया था।

"और बेचारे वे ज्यू तो मर ही गए। उनकी चरबी से बना यह साबुन इस्तेमाल किया या नहीं किया···वे वापस थोड़े ही जिंदा होने वाले हैं?" एना ने सलिल के शब्द ही उसे सुना दिए। सलिल ने फटी निगाहों से उसकी ओर देखा।

"तूने यह साबुन इस्तेमाल किया तो कम-से-कम उनका बलिदान कुछ तो सार्थक हुआ न?"

'बलिदान' शब्द पर जोर देते हुए एना ने एक वार किया। सलिल के लिए अब एना के शब्द सुनना असहनीय हो गए। शर्म से, अपमान से वह रुआँसा हो गया। काऊच पर पड़े-पड़े वह सिसक-सिसककर रोने लगा।

सलिल की दलील, उसने यद्यपि उसी पर उलटा देने की कोशिश की थी, फिर भी तार्किक रूप में अपनी ही बात सही है, सलिल अभी भी यही सोचता है, पर फिर भी आदमी की चरबी से बने साबुन का इस्तेमाल किया, यह बात उसका मन नहीं सह पा रहा है। विचार और भावना की लड़ाई में हमेशा भावना की ही विजय होती है क्या?

थोड़ी देर उसे रोने देने के बाद एना ने उसकी पीठ पर हाथ फिराया।

"उठो, रोओ मत। मैंने तुमसे झूठ कहा।"

"क्या?" सलिल ने ऊपर देखा।

"हाँ। मैंने तुमसे झूठ कहा। तुमने जिस साबुन का इस्तेमाल किया है, वह कान्सन्ट्रेशन कैंप में नहीं बना है। साधारण साबुन है वह। बेकार चीजों के साथ पड़ा था काफी दिनों से। उसका टुकड़ा मैंने तुम्हें दिया।"

सलिल ने अविश्वास के साथ उसकी ओर देखा।

"बिल्कुल सच कह रही हूँ मैं।" वह बोली।

सलिल धीरे-धीरे शांत हुआ।

"मुझे केवल तुम्हें एक ही बात समझा देनी थी। यह साधारण साबुन का टुकड़ा यदि हम इस्तेमाल करते हैं तो तुम इतने बेचैन हो जाते हो! उसका स्पर्श तुम्हें घिनौना लगा। बेजार लगा। है न? तुम तो इस्तेमाल करनेवाले हो वह डेटा, जो मेरे प्रियजनों के मरण से तैयार किया गया है! उन अमानवीय परीक्षणों से तैयार यह जानकारी तुम इस्तेमाल करनेवाले हो, यह जानने के बाद मुझे क्या लगा होगा? कभी सोचा है? जीवन के समीकरण गणितीय पद्धति से हल नहीं किए जाते रे! कभी सोचा है? भावनाओं का गीलापन न होने पर जीवन बहुत रूखा हो जाएगा।"

सलिल चेतना-शून्य होकर उसकी बात सुन रहा था।

उसे एना की बात ठीक लग भी रही थी और नहीं भी। क्या करे, उसे अपना कुछ भी नहीं सूझ रहा था।

रात के चढ़ते अँधेरे में दोनों केवल एक-दूसरे को देखते बैठे रहे।

लेखक-परिचय

जन्म : 1948

मराठी में विज्ञान लेखक के रूप में ख्यातिप्राप्त। लगभग 16 से अधिक पुस्तकें प्रकाशित। 'कुरुक्षेत्र' कथा-संग्रह में अत्यंत चर्चित कहानियों का समावेश।

□

आँख खुलने से पहले

– कृष्णा किंबहुने

अनुवाद : प्रकाश भातंब्रेकर

काफी चौड़ा रास्ता था और उसके दोनों ओर मकानों, दुकानों की कतार-सी बनी हुई थी। दुकानों की कतार में से कुछेक रास्ते गलियारे से भीतर की ओर जाते थे। इसका मतलब यह हुआ कि इन इमारतों के उस पार भी कुछ-न-कुछ जरूर था। बड़ी दुकानों में संगति नहीं दिखाई देती थी, मसलन कपड़े की दुकान के बाद दवाखाना, दवाखाने की बगल में स्टेशनरी की दुकान, उसकी बगल में फलों के जूस की दुकान; जैसे कोई मजबूरी रही हो या ज्यादती की गई हो! यहाँ का मंजर देखने से शहर के विकास की दिशा का अनुमान अनायास हो जाता था। इस वक्त चारों ओर धूप की तेजी है। ऐसा लग रहा है, जैसे रास्ता भाप उगल रहा हो! चप्पलें भी खूब तप रही हैं। राहगीरों तथा सायबाने में खड़े लोगों के चेहरे खिंचे-खिंचे, मुरझाए-से हैं। अधिकांश लोगों की कलाई में घड़ियाँ चमचमा रही हैं और वाहन भी चमक-दमक के साथ आवाजाही में जुटे हैं। कुछ लोगों की जेब में रखी कलम चमक रही हैं। इस परिसर में सिर्फ एक ही पेड़ है, जो ज्यादा बड़ा नहीं है। उसके साए में दो-चार से अधिक लोग समा नहीं सकते। इस वक्त केवल तीन लोग हैं और उन्हीं में से एक ऐसा भी है, जो अलग-सा लगता है। बाकी दो एक-दूसरे को जानते हैं और बीच-बीच में बातचीत भी कर रहे हैं। उन्हें देखनेवाले को यही लग सकता था कि वे बस के इंतजार में हैं। अब तक तीन-चार बसें वहाँ रुके बिना ही सरपट आगे निकल चुकी थीं, पर वे तीनों बेअसर-से थे। पेड़ के साए में भी धूप की साँय-साँय महसूस की जा सकती थी। अंगारों की छुअन की तल्खी से जान निकल रही थी। वे तीनों जहाँ खड़े थे, उसके सामने की ओर कहीं

दवाखाना होने की गुंजाइश दिखाई दे रही थी, क्योंकि उस रास्ते और गलियों की आमद-रफ्त जारी थी तथा उधर से आनेवाले लोगों के हाथों में दवा की शीशियाँ भी थीं। दवाखाने तक पैदल ही चले जाने का इरादा उनमें से एक जन का था। तनिक सोच-विचार के बाद एक जन चल भी दिया दवाखाने की दिशा में। थोड़ा चलने के बाद दवाखाने के दर्शन भी हो गए। दवाखाने में पहुँचने के दौरान ही एक जन ने दो-तीन लोगों से डॉक्टरों के बारे में पूछा और सीधे केबिन की ओर चल दिया। डॉक्टर वहाँ मौजूद था।

डॉक्टर बातचीत के दौरान तनिक झुँझलाया, "इतने दिन क्या कर रहे थे?" कहकर वह कुछ ज्यादा ही खीझता रहा और आईने में अपना हुलिया देखने को कहा। एक जन इत्मीनान से कुरसी से उठा और आईने के सामने खड़ा रहा। शीशे के भीतर भी एक दुनिया थी। यहाँ डॉक्टर एक जन के बाईं ओर था और शीशे की दुनिया में वही डॉक्टर उसी एक जन के दाहिनी ओर था। इधर एक जन का दायाँ हाथ सड़ गया था। उँगलियाँ गल जाने से वे ठूँठ बन गई थीं और शीशे की दुनिया में बाएँ हाथ की वैसी ही दुर्दशा दिखाई दे रही थी। सिर के बाल भी काफी झड़ गए थे, पर अभी खल्वाट नहीं बना था। यदा-कदा पाँच-सात, आठ-दस, बाल पंखे की हवा के झोंके से डोलते भी चुस्त-दुरुस्त ही दिखाई दे रहे थे। दोनों ओर से एक जन को उखड़े-उखड़े से अंदाज में ही चिल्लाते हुए भीतर रखी स्ट्रेचर पर बैठने को कहा, तो एक जन हड़बड़ाहट में भीतर की स्ट्रेचर पर जा बैठा। तुरंत डॉक्टर तथा एक आदमी भीतर आए। उस आदमी के हाथ में ट्रे थी। उस ट्रे में काफी सामान रखा हुआ था। वह आदमी भीतर आया और एक जन को देखते ही उसके चेहरे पर आश्चर्य के भाव उभर आए। उस आदमी का चेहरा बेहद बातूनी लगने लगा था। यानी कि आश्चर्य का भाव उसके चेहरे पर नहीं था। डॉक्टर ने चिल्लाकर उस आदमी को ट्रे स्टूल पर रखने को कहा। डॉक्टर ने अपनी हथेलियों पर रबड़ के दस्ताने पहन लिये और एक जन के हाथ को रुई के नम फाहे से साफ करने लगा। बीच-बीच में फाहा भी बदल रहा था।

डॉक्टर ने एक जन से चार बार पूछा, "जलन तो नहीं हो रही?" "खुजली तो नहीं हो रही?" एक जन हर बार "नहीं" कहता रहा। एक जन का ध्यान बार-बार बातूनी चेहरे के उस आदमी की ओर जा रहा था। वह आदमी अपने चेहरे के भाव बड़ी सफाई से बदल लेता था। घिन, सहानुभूति, भय, तिरस्कार, दया आदि अन्यान्य भाव उस आदमी के चेहरे पर बड़ी ही तत्परता से समोए हुए थे और उसका चेहरा मानो सदाबहार पिंगूरा हो! किसी भी भाव को चेहरे पर उतरने से पहले सुखद भयाक्रांत

होकर वह पेट को हाथ से कसकर दबाए रखता होगा! लेकिन बाद में उस आदमी के चेहरे का सदाबहार पिंगूरा थम गया और हद दर्जे की घृणा उसके चेहरे पर फैल गई। एक जन से यह गवारा नहीं हुआ। एक जन की तीव्र इच्छा थी कि उस आदमी के चेहरे पर सदाबहार पिंगूरा निरंतर सक्रिय रहे और उसका चेहरा तमाम भावों को लगातार उत्कटता से अभिव्यक्त करता रहे। अब एक जन का जी उचट गया। डॉक्टर का चेहरा तो शुरू से ही गुस्सैल था, इसलिए एक जन के मन में डॉक्टर के प्रति तनिक भी स्नेह भाव उत्पन्न नहीं हो सका। अंततः असहनीय चरम घृणा की उत्तेजना में वह आदमी अचानक से बाहर चला गया। डॉक्टर का काम भी निपट गया। डॉक्टर ने रबड़ के दस्ताने उतार दिए, हाथ धो लिये और एक जन से "बाहर आ जाइए" कहा।

एक जन बाहर आ गया, तो डॉक्टर ने एक जन को दवाइयाँ और गोलियाँ लिखी परची थमा दी। जाने को हुआ। ठीक उसी समय डॉक्टर ने उखड़े से अंदाज में एक जन से अनुरोध किया, "हर हफ्ते जाँच के लिए नियमित रूप से आते रहा कीजिए!" एक जन ने हामी भरी और चल पड़ा। उसने काउंटर पर बिल चुकाया। सरकारी दवाखाने में ज्यादा दाम चुकाकर किसी भी बीमारी से मुक्त हुआ जा सकता है। अब वह दवाखाने के अहाते से बाहर आ गया। वहाँ से कुछ दूर एक खँडहरनुमा मकान की ओर चल पड़ा। वहाँ वह पहुँच तो गया, पर घर में कोई नहीं था। वहाँ के घने साएवाले हिस्से में वह रुक गया। उसने पैंट की भीतरी जेब से एक सिगरेट, एक पुड़िया और माचिस आदि बाहर निकालीं। एक जन ने सिगरेट में से पूरा-का-पूरा तंबाकू निकाल बाहर फेंका और पुड़िया में से तंबाकू जैसी चीज निकालकर हथेली पर रख उसे मलता रहा और बाद में सिगरेट के खोल में उस चूरे को बड़ी सफाई से भरने के बाद उसने वह जलाई। काफी समय के बाद एक जन को सिगरेट पीने का मौका मिला था। पाँचवाँ, छठा और सातवाँ कश खींचने के दौरान उसे मौसी की याद आई···गर्भवती मौसी की।

ठिगनी, बाँकुरे पैरोंवाली, श्याम कांति, जवानी में ही चितकबरे बालों की मालकिन बनी, विधवा, गर्भिणी मौसी। मौसी का पति रेलवे का मुलाजिम था। किसी दुर्घटना में मारा गया। एक गंजा-सा और मोटे-मोटे शीशोंवाला चश्मा पहना व्यक्ति खबर देने पहुँचा तो एक जन मौसी के घर में पानी भर रहा था। मौसी को पता चला, तब मौसी का पेट इतना भारी था कि वह अपनी जगह से उठ खड़ी होने की हालत में नहीं थी और उसके पड़ोस में वाकई उसकी असली पड़ोसन थी। वह महिला मौसी के माथे को सहेजकर उसे राहत पहुँचा रही थी। मौसी के पति के निधन के बाद सभी

काम उस पड़ोसन महिला के पति और उसके जवान बेटे ने ही किए और किसी को कुछ भी करने नहीं दिया उन्होंने। एक जन के व्याधिग्रस्त होने से मौसी के अलावा बाकी सभी लोग उससे दूर से ही बात करते थे। शाम को पति के घर लौटने पर मौसी हर रोज यही बताती थी कि पड़ोस के लड़के से पानी भरवा लिया है। जबकि असल में एक जन ही पानी भरा करता था। घर में झाड़ू-बुहार, पोंछा-सफाई, कद से ज्यादा ऊँचाई पर रखे डिब्बे उतारकर नीचे रखना आदि काम एक जन ही किया करता था। अलबत्ता एक जन घर में सिगरेट नहीं पी सकता था। इसलिए दोपहर में पास ही एक मंदिर की ओट में खड़े होकर अपनी तलब पूरी कर लेता था; क्योंकि मंदिर के पिछवाड़े कोई रोक-टोक नहीं होती थी। दर्शनार्थी प्रवेशद्वार के रास्ते ही गुफ्तगू कर वहीं से लौट जाते थे। पिछवाड़े था नास्तिक एकांत। बार-बार सिगरेट पीते रहने से एक जन के तलुवे, हथेलियाँ, सिर का पिछला हिस्सा, जुबान, कान, माथा आदि इंद्रियों की संवेदना खो जाती थी। जैसे कि अब हुआ था। अपनी इसी अवचेतन स्थिति में एक जन को महसूस हुआ कि मौसी इंतजार कर रही होगी! एक जन उसी पिनक में डग भरता हुआ सीधे घर पहुँचा।

मौसी उनींदी-सी थी। अपने उनींदेपन के बावजूद पूरी आत्मीयता से उससे पूछा, "दवाखाने गए थे?" तिसपर उसी खोई-सी अदा में अधकचरी उतावली के साथ उसने "हाँ" कहा। अब मौसी ने दोनों हाथों से अपना पेट थाम लिया। पड़ोसन महिला अभी आई नहीं थी।

मौसी के मातृत्व में अभी हफ्ते भर का इंतजार था। अंदेशा यही था कि उनकी प्रसूति सहज नहीं होगी। ऑपरेशन की अनिवार्यता जतलाई गई थी। इस वजह से भी मौसी कुछ परेशान-सी थी। लेकिन उनकी परेशानी को पड़ोसन महिला रोजाना कुछ-कुछ हलका करने का प्रयास करती थी। अपने रिश्तेदारों के अलग-अलग किस्से सुनाकर वह माहौल हलका-फुलका बना देती थी। इसके बावजूद मौसी मायूस, तनहा, असहाय-सी लगती थी। दोपहर में बातें करते-करते ही वह सो जाती थी। नींद में, फिर भी वह शांत और स्नेहिल लगती थी। उसकी चारपाई के सामनेवाली खिड़की से टकराकर किरणें नाचती फिरती थीं।

प्रात:कालीन मुलायम किरण ही पहली किरण के तौर पर एक जन के दिल में पैठ कर चुकी थी। वही किरण मौसी के चेहरे को रोशन कर देती थी। यानी कि वह पहली किरण उसके अस्त-व्यस्त बालों, माथे से चू रही पसीने की बूँदों, आँखों-गालों-होंठों की नमी पर आभा बिखेरती थी। दूसरी किरण उसके सीने पर सवार हो

जाती थी। उसकी रोशनी में उसके दिल की मंद-मंद धड़कनें देखी जा सकती थीं। बीच-बीच में गहरी साँस लेने पर सीने की सामान्य स्थिति में बदलाव आ जाने से वह औसत से तनिक ज्यादा ऊपर उठता था और पहले से कुछ अधिक दबा हुआ सा दिखाई देता था। तीसरी किरण उसके लिए ज्यादा महत्वपूर्ण थी, क्योंकि वह सीधे उसके पेट का ही निशाना साधती थी। एक जन का लगता था कि हो-न-हो, यह तीसरी किरण ही उसके भीतर उम्मीदें जगाती होंगी! ऐसे में एक जन को ऐसा भी लगता था कि मौसी का गर्भस्थ शिशु पसीने से तर-बतर, बेचैन-सा हो रहा होगा! चौथी किरण उसके पैरों पर जम थम जाती थी। पैरों में ज्यादा हलचल होती भी नहीं थी, उसके तलुवे छिल गए थे। पाँव में बिवाइयाँ-ही-बिवाइयाँ थीं। उन पर एक अनोखी कालिख-सी नजर आती थी। ठीक वैसी ही कालिख उसके पाँवों की आखिरी उँगलियों के नाखून के निचले हिस्से में भी थी। नाखून तो बढ़े हुए थे ही, दोनों पाँवों की आखिरी उँगलियों के नाखून, बेलौस, बेतरतीब ढंग से बढ़ गए थे। अब तक इन चारों किरणों की आभा में एक जन ने मौसी को कई बार देखा था। लेकिन हर बार तीसरे दौर में ही मौसी अच्छी लगती थी। उभरे पेट पर हलकी सी धूप, शिथिल से हाथ-पाँव तथा किसी सपने में उलझे होने के भाव चेहरे पर। यूँ तो मौसी का सपना वाकई बहुत बड़ा था, क्योंकि वह खालिस किसी 'अपने' के लिए था। मौसी बच्चे के लिए ही तो सपना देखती थी!

पड़ोसी महिला के आने पर मौसी ने ग्लानि में अधखुली आँखों से देखा। यानी मौसी अधूरा सपना अभी भी शायद देख रही थी। पड़ोसन महिला ने आते ही मौसी की तहकीकात शुरू की। तनिक साँस लेने के बाद उसने एक जन से कहा कि मौसी के पेट में प्रसव-पीड़ा शुरू हो गई है। कल सवेरे उसे दवाखाने ले जाना पड़ेगा। इसी बीच दरवाजे पर डाकिया आ गया। यह डाकिया मौसी के पति का दोस्त था। उसी के प्रयासों के कारण एक जन की नौकरी का जुगाड़ संभव हो सका था। उसने तीन पते एक जन के हाथ में थमाए और तुरंत वहाँ जाकर मिलने का अनुरोध किया। वहाँ से महाशय के जाने के बाद पड़ोसन महिला ने एक जन से कहा कि दवाखाने में उसके आने की कोई जरूरत नहीं। दवाखाने में मौसी का साथ पड़ोसी महिला ही निभानेवाली थी। और एक जन के लिए खाने का डिब्बा भी घर में पहुँचाने का जिम्मा उसने उठाया था। एक जन मौसी के साथ दवाखाने में रहना चाहता था, और उसने पड़ोसी महिला के सामने अपनी मंशा जताई थी।

लेकिन पड़ोसी महिला ने पूर्व निर्धारित निर्णय के अंदाज में दृढ़तापूर्वक कहा,

"तुम पहले अपनी तबीयत का ध्यान रखो!" मौसी के साथ दवाखाने में रहने की कोई गुंजाइश न रहने से अब नौकरी का ही एकमात्र विकल्प एक जन के सामने रह गया था। डाकिया महाशय ने जो तीन पते सौंपे थे, उनमें से पहले पते पर तो एक जन का काम बना नहीं। दूसरा पता जिनका, उन्हें डाकिए ने एक जन की बीमारी की सूचना दे दी थी, सो उन्होंने एक जन को बैरंग वापस भेज दिया। वहाँ के मुखिया ने साफ-साफ कह दिया कि ऐसे व्यक्ति को काम पर रखेंगे तो बाकी लोग काम नहीं करेंगे। लेकिन तीसरी जगह अलबत्ता एक जन को रोजगार मिला और तीसरा पता छापेखाने का था। कोरे, तरतीब से कटे कागजों को जबड़ानुमा मशीन में सरकाना और वापस निकाल लेना, इतना भर काम था उसका। इस काम में किसी अन्य व्यक्ति का सहभाग न होने से एक जन की छूत की बीमारी, किसी की जान का बवाल बनने का कोई सवाल ही नहीं उठता था। दो और सहकर्मी थे तो सही, पर उनकी मशीन एक जन की मशीन से काफी दूर थी, सो दोनों निश्चिंत, बेफिक्र नजर आ रहे थे। आनेवाले कल से एक जन को काम पर अपनी हाजिरी दर्ज करनी थी।

जिस दिन एक जन को काम पर जाना था, उसी दिन मौसी को दवाखाने ले जाया जाना था। जैसा कि तय हुआ था, पड़ोसन महिला ने मौसी को एक क्लिनिक में दाखिल कराया। यहाँ मौसी को चार-पाँच दिन लग सकते थे। तब तक एक जन को घर में अकेले ही रहना था। अकेलेपन के इसी दौर में एक जन ने शीशे में एक दिन अपना हुलिया गौर से देखा। शीशे में चेहरा देखने के बावजूद एक जन को पता ही नहीं चल पा रहा था कि आखिर मर्ज क्या है? दाहिने गाल पर नमी और स्याही थी, तनिक सुर्खी लिये हुए। बड़ा ही अजीब सा भद्देपन दिखाई दे रहा था। दाहिनी हाथ का आलम भी कमोबेश वैसा ही था। अपना ऐसा रूप देखकर एक जन सोच में पड़ गया कि मौसी बच्चे के साथ घर आएगी तो अपने मुँह-हाथ का क्या किया जाए? उसे कोई उपाय नहीं सूझ रहा था। सो एक जन ने अपने हिसाब से सिगरेट बनाकर कश खींचे और चल पड़ा हाजिरी दर्ज कराने।

छापाखाना घर से दूर था, फिर भी एक जन पैदल ही जा रहा था। सड़क की बाईं ओर से अत्यंत सावधानीपूर्वक वह रास्ता नाप रहा था। राहगीरों की ओर उसका पूरा ध्यान था। उन सभी के हाथ और गाल सलामत थे। कभी-कभार कोई व्यक्ति घूमकर उसे देखने लगता तो वह निगाहें फेर लेता था। सड़क-परेड के दौरान उसे अपनी बीमारी की लय का बखूबी अहसास हो जाता था। 'गाल की खाल, गाल की खाल, गाल की खाल' की धुन पर ही एक जन चलता ही जा रहा था। सरपट दौड़ते

वाहनों तथा राहगीरों की भीड़ को चीरते हुए 'बाल की खाल, बाल की खाल' की लय पर सवार हो वह छापाखाने पहुँच गया।

वहाँ उसके दोनों सहकर्मी पहले से ही मौजूद थे। उनमें से पहले ने काम का स्वरूप उसे बकायदा समझाया। पहला लड़का जब उसे समझा रहा था, तब दूसरा लड़का जबड़ानुमा मशीन में कागज को सरकाने तथा फुरती से उसे बाहर खींचने की विधि बता रहा था। दोनों लड़कों के दाहिने हाथ ठीक थे। लेकिन एक जन को यह काम बाएँ हाथ से करना था और काम में अपेक्षित गति आने में इंतजार भी करना पड़ सकता था। पहले लड़के ने हठात उसे "चिंता की कोई बात नहीं" कहकर आश्वस्त तो कर ही दिया था। काम शुरू करने की पूरी तैयारी हो चुकी थी। पहले लड़के ने तो काम शुरू भी कर दिया था, जबकि एक जन अभी छापाखाने में निरीक्षण में ही व्यस्त था। छापाखाने के हर कोने में पान की पीक के निशान थे। छत और मकड़ी के जाले और बीच में कहीं लटकता एक पंखा घिरघिरा रहा था। छापाखाने में सिर्फ दो ही खिड़कियाँ थीं। दोनों खिड़कियों के नीचे तिपायों पर पानी के मटके रखे थे। जो चू रहे थे। खिड़की के पाट पर गीला पापोश सुखाने के लिए रख दिया था, जिसमें से बूँद-बूँद पानी टपक रहा था। छापाखाने में न तो बिजली का लट्टू था, न ट्यूब लाइट। खिड़की से रिस रही नीली-उजली रोशनी का ही सहारा था, बस! शायद इसीलिए उस दड़बे में तनिक उमंग भरा वातावरण था।

एक जन ने बड़े इत्मीनान के साथ बाएँ हाथ से काम शुरू किया। एक कागज उसने मशीन में सरकाया। मशीन के जबड़े का ऊपरी हिस्सा धड़ाम से कागज पर आ गिरा। तरतीबी काले अक्षरों का छापा बड़ी सफाई से उतरा था। उसके बाद दूसरा कागज, फिर तीसरा। पूरे दिन में एक जन ने बयालीस कागजों की छपाई की। पहले लड़के ने तीन सौ बारह तथा दूसरे ने चार सौ सैंतीस कागज सँवारे थे। ऑर्डर बारह सौ कागजों की छपाई का था।

दिन की समाप्ति पर पहले लड़के ने एक जन से कहा, "पहले दिन मैं सिर्फ ग्यारह कागज ही छाप सका था, चिंता की कोई बात नहीं।" काम के दौरान पूरे दिन में एक जन को सिर्फ दो बार ही अपने हाथ और गाल का स्मरण हुआ, इसीलिए दिन का काम खत्म होने से एक जन का दिल खट्टा हो गया। कार्य-समाप्ति के बाद घर लौटने से पूर्व पहला लड़का एक जन को चाय के लिए ले गया। चाय से पहले एक जन के दिमाग में सिगरेट का खयाल आया जरूर था। दो बार उसका प्रेमभंग हो चुका था और तीसरी बार तार जुड़ भी गए थे। घर में माँ-बाप भी उसके साथ ही

रहते थे। एक बहन उसी गाँव में ब्याही गई थी।

अपनी रामकहानी सुनाने के बाद पहले लड़के ने एक जन को उसके गाल और हाथ के बारे में पूछा, तो उसने विस्तार के साथ सबकुछ बताया। पहले लड़के ने एक जन को पूरी आस्तीन की कमीज पहनने की सलाह दी। एक जन को भी उसकी राय जँच गई। एक-दूसरे की दास्तान सुनने-सुनाने के दौरान एक लड़के के चेहरे पर एक विलक्षण सी खुमारी झलक रही थी। जिंदगी में क्या करना है, यह भले ही उसने तय न किया हो, पर क्या नहीं करना है, इस बात का दृढ़ निश्चय उसकी उस खुमारी में ओत-प्रोत था। ठीक इसी मौके पर उसके मन में इस कदर आत्मविश्वास पैदा होने का एक और कारण यह भी था कि चाय की टपरी का मालिक उसका दोस्त था। चाय पीने के बाद विदा लेने से पूर्व पहले लड़के ने एक जन को आगाह किया, "आज रात भर पूरी आस्तीन की कमीज के बारे में ही सोचते रहो, वरना तुम्हारे दिमाग की धज्जियाँ उड़ जाएँगी, समझे?" एक जन को मायूसी ने घेर लिया।

☐

मौसी नवागत बच्चे के साथ घर आ गई थी। बच्चे ने अभी आँखें खोली नहीं थीं। इससे पहले कि कुछ देख या समझ पाए, वह घर में प्रवेश कर चुका था। बच्चा स्वस्थ था। मौसी थकी-थकी सी होने के बावजूद प्रसन्न लग रही थी। और प्रसन्नता वाली घड़ी में बच्चे के लिए पालना लाने का जुगाड़ कर रही थी।

एक जन ने मौसी से जब "मैं ले आऊँगा पालना" कहा तो मौसी ने स्वीकृति दे दी। वेतन के कुछ पैसे अग्रिम छापाखानेवाले से माँगने का एक जन का इरादा बना। एक अच्छा सा पालना देखकर उसकी लागत का अनुमान लगाने की जुगत में छापाखाने के पहले लड़के को साथ में लेकर एक जन बाजार में गया। बाजार जाते वक्त एक जन ने जान-बूझकर पूरी आस्तीन की कमीज पहनी थी। पर गाल पहले की तरह खुला ही था। इसलिए एक जन की चाल की लय तनिक डाँवाँडोल सी हो गई थी। "गाल की खाल-गाल की खाल" की धुन पर चलना तो मुश्किल था। हालाँकि पहला लड़का साथ में होने से ज्यादा तकलीफ महसूस नहीं हो रही थी। राह चलते पहला लड़का बोले जा रहा था और एक जन सिर्फ सुन रहा था। पहले लड़के को बड़े ही उत्साह के साथ कई-कई विषयों पर बात करते सुन एक जन को लगा कि अब तक जितने भी लोग उससे बात करने से कतराते रहे थे, वे सभी महानुभाव पहले लड़के के माध्यम से उसके साथ बात कर रहे हैं। यह खयाल एक जन को पुलकित कर गया।

उत्साह के इसी दौर में एक जन ने बाजार में ऐसी चीजों के भाव-ताव किए, जो खरीदनी ही नहीं थी। विक्रेताओं ने भी बड़ी उम्मीद के साथ उचित दाम बताए। कुछ चीजें देखकर एक जन उसके दाम पूछता तो ऐसे में पहला लड़का हर बार याद दिलाने के अंदाज में एक जन को आगाह करता था कि "हुजूर, पालना खरीदना है।"

पूछते-पाछते वे पालने की दुकान में जा पहुँचे। दुकान काफी बड़ी थी। वहाँ तनिक मोल-तोल के बाद एक पालना लेने का निर्णय उन्होंने लिया। उस पालने की ओर उँगली से इशारा करते हुए दुकान के मालिक ने कहा, "मेरा बचपन ऐसे ही पालने में गुजरा।" पालने का दाम ठीक-ठाक ही लग रहा था और पालना देखने में भी बुरा नहीं था। उसके चारों कोने में प्लास्टिक के घुँघरू लगे थे। पालना हिलते ही वे खिलखिलाकर हँसने लगते थे। यानी पालने की डोर हिलाना उसे गुदगुदी करने जैसा ही था। दुकानदार से उन्होंने कहा कि हम परसों आकर पालना खरीदेंगे। दुकानदार को भला क्या आपत्ति हो सकती थी?

रस्म अदायगी पूरी कर वे चाय के होटल में आ बैठे। एकदम अलग माहौल में पहुँचने से एक जन में ताजगी आ गई थी। एक जन को लगा कि बच्चे की आँखें खुलेंगी तो वह भी इसी तरह से पुलकित हो जाएगा। लेकिन साथ ही यह सवाल भी उसके मन में उभरा कि मेरी ओर देखने के बाद उसे कैसा लगेगा? बच्चे के बेजुबान दिमाग में उसे देखकर क्या प्रतिक्रिया हो सकती है, इसका खाका एक जन अभी तक खींच नहीं पा रहा था। जन्म लेने के साथ ही बच्चे के सामने यह एक अहम सवाल था। इसी उधेड़बुन में एक जन ने चाय की प्याली खाली की। दोनों वहाँ से चल दिए और छापाखाने पहुँचे। तुरंत काम में जुट गए। थोड़ी देर तक काम करने के बाद एक जन की कमीज की दाईं आस्तीन पूरी तरह से गीली हो गई। एक जन यह माजरा समझ नहीं पाया। एक जन बाहर आया। दो इमारतों के बीच की सँकरी जगह में खड़े होकर उसने अपनी खास सिगरेट बनाई और दम मारता रहा...अब उसकी इंद्रियाँ सो गईं। अब एक जन को अपनी बाँह का गीलापन महसूस नहीं हो रहा था।

अपनी उसी स्थिति में एक जन फुरती से दवाखाने आ पहुँचा। दवाखाने में डॉक्टर थे और सदाबहार पिंगूरे जैसे चेहरेवाला एक आदमी था। इस बार डॉक्टर बिल्कुल भी नहीं झुँझलाए। वह आदमी भी बेहद हमदर्दी से पेश आया। एक जन हैरत में था कि वह खुद ही अपनी बेहतरी के इरादे से दवाखाने में भला कैसे पहुँच गया? इसी के साथ उसे अहसास हुआ कि वह किसी गंभीर बीमारी का शिकार हुआ है। एक गंभीर और बीमार बेलौस बदन के साथ बच्चे के सामने उसे प्रकट होना है। तन-बदन में भय और जुगुप्सा के तीव्रतर अहसास को जज्ब करने की ताकत बच्चा

भला कहाँ से जुटा पाएगा? इसलिए खुद को ही एहतियात बरतना चाहिए, ऐसा एक जन को लगा।

एक जन ने डॉक्टर से पूछा, "जन्म के कितने दिनों बाद बच्चा आँखें खोलता है?" डॉक्टर ने बता दिया। एक जन ने पूछा, "मेरा हुलिया कब ठीक हो जाएगा?" डॉक्टर ने जवाब दिया। ये सवाल-जवाब सुनते हुए उस आदमी के भीतर सहानुभूति के भाव तीव्र से तीव्रतर होते रहे। एक जन के मन में एक सवाल पैदा हुआ कि गंभीर किस्म की बीमारी के बावजूद अपने दिमाग में भी बच्चे के जितना ही कुतूहल है, यह बात किस तरह समझेगा? बच्चा इस कुतूहल को बरकरार रखने के लिए भला क्या करेगा? दरअसल, कुतूहल नहीं के बराबर हो तो उसे बच्चा नहीं, प्रौढ़ इनसान ही कहना चाहिए। उम्र कोई भी हो, बचपना तो होना ही चाहिए। सदाबहार पिंगूरे जैसे आदमी के चेहरे पर, सोते में मौसी के चेहरे पर, पहले लड़के के उम्रजदा अंदाज में बात करने के दौरान व्यक्त होता था। किसी भी परिवेश से तुरंत प्रभावित होकर कुतूहल पैदा होना। किसी की भी सोहबत में बह जाना ही तो बचपना है। डॉक्टर का झुँझलाना, एक जन का डॉक्टर के पास जाना, मौसी के जज्बात, पड़ोसन का एक जन के साए से बचना-बचाना, हर अनजान व्यक्ति का एक जन को टुकुर-टुकुर देखना, डाकिया द्वारा तत्परता से चिट्ठी पहुँचाया जाना, पहले लड़के का 'चिंता की कोई बात नहीं' कहना, इन सभी हरकतों में बचपना ही तो है। इसके अलावा बच्चा यदि आँखें नहीं खोलता है तो शायद वह भी सुलझा हुआ बचपन ही होगा! एक जन को लगा कि बच्चा जल्दी आँखें न खोले तो ही अच्छा है, क्योंकि तपाक से आँखें खोलने के बाद इन्हें बंद करना मुश्किल होता है।

एक जन ने सिगरेट बनाई और वह दम मारता रहा। समूचा बदन संवेदनहीन हो गया, लेकिन आँखें खुली-की-खुली रह गईं। सबकुछ हद से ज्यादा साफ दिखाई दे रहा था।

लेखक-परिचय

जन्म : 4 अक्तूबर, 1976

कहानी और समीक्षा के क्षेत्र में कार्य, 1 उपन्यास। 'प्रथम पुरुष आणि भूमिति' नामक कथा-संग्रह। मराठी के चर्चित कथाकारों में समावेश।

□

नीलू

– शरण कुमार लिंबाले
अनुवाद : दामोदर खड़से

मेरी वेदनाओं से लदी देह पिघलने लगी थी। मेरी देह के दो आँसू बन गए। मेरे पदचाप अग्निशमक वाहन की तरह सिसक रहे थे। मैं बस्ती की दिशा में बढ़ रहा था। आवाज की दूरी पर भीमनगर था। इस भीमनगर का मैं भीमराव। सभी मुझे 'भीम्या' कहते थे। कोई-कोई 'भीमराव' भी कहता, पर नीलू मुझे 'भीम' कहती। मैं जिस तरह का आदमी था, उसे नीलू नहीं जानती थी।

"अरे, इस रास्ते से मत जाओ। उधर गंदे लोगों की बस्ती है।" नीलू ने मुझसे विदा ली।

मैं बहुत टूट रहा था। संतप्त भीड़ की तरह विचार सारी देह में आग लगा रहे थे। दंगों में जल रहे वाहनों की तरह मेरी आँखें जल रही थीं। अब आँखों की राख हो जाएगी। नजर जल जाएगी। आँसू जल जाएँगे। मेरी जिंदगी को लीलने वाले आँसू न जाने कब खत्म होंगे? मैं आँसुओं का गला घोंटता हूँ।

नीलू एक सांस्कृतिक दुःख।

नीलू और मैं खेल के मैदान में मिले, खिलाड़ी के रूप में। कई खेल खेले हमने। हारे-जीते। खेल के जख्मों को देह भर पाला-पोसा, अलंकार की तरह। कभी खेल बने, कभी मैदान, कभी क्रीड़ा, जल क्रीड़ा, कभी बच्चों के खेल बने। रेत के घर, उस पर उकेरे नाम, नदी में बहाई मेरी नाव तो कभी उसका दीया। मैं उसकी परछाईं बन जाता, वह मेरी। हवा के झोंकों पर झूला करते। ये दिन ऐसे ही थे।

उसकी नीली-नीली नजर, मेरी आँख भर जाती। मेरा शरीर निढाल हो जाता। उसकी नजर, मेरी नजर समुद्र के आकाश की तरह थी। उसके हाथों की मेहंदी मैंने देखी, सूँघी। मैं रँग गया। साँसें रँग गईं। मैंने अपनी तकदीर खोल दी। शहनाई सारे मन

में गूँज गई। मेरी चेतना में उसके शब्द मुझे अमृत का आभास दे रहे थे।

नीलू अब घर पहुँच गई होगी!

मैं अपनी बस्ती में कदम रखते ही दागदार हो गया। उसे यह बस्ती गंदे लोगों की लगती है। मुझे मेरी बस्ती से घिन आती है। झोंपड़ियाँ लाँघते हुए मैं अपनी झोंपड़ी के पास आता हूँ। झोंपड़ी-सी मेरी माँ, माँ-सी झोंपड़ी मेरी। इधर मैं जड़ से खोदकर उखाड़ा गया···भीतर तक।

नीलू एक सांस्कृतिक बँटवारा।

नीलू एक सांस्कृतिक सीमा।

नीलू सरस्वती कॉलोनी में रहती है। वहाँ फूलों का साम्राज्य है। नीलू की साँसों के साथ वहाँ का हर क्षण सजीव हो गया है। नीलू घर में क्या कर रही होगी? क्या उसे मेरी याद आ रही होगी? शायद वह टी.वी. में तल्लीन होगी! इधर मैं तो यादों की दुनिया में। यादें कितनी अनाथ होती हैं मन के बिना! एक याद आती है लहर बनकर। अनेक तरंगें उठती हैं। वह आती है तितली की तरह। उसका स्पर्श सारे शरीर पर ओस की तरह बिखर जाता है।

माँ मेरे करीब आती है। नीलू दूर निकल जाती है।

"खाना खा ले रे भीमा।" माँ की आवाज।

"बुद्धं शरणं गच्छामि" बस्ती की आवाज।

मेरी आवाज गले में ही कलम कर दी गई। मैं आवाजहीन। मेरी आवाज में नीलू की आहट। नीलू ने मेरे इलाके की कभी बात नहीं की। मेरी माँ सरस्वती की ओर सफाई के लिए आती है। नीलू क्योंकर निहारेगी मेरी माँ का चेहरा?

हमारी रात ढल गई। हमारी सुबह हुई। हम रोज की तरह एक साथ हो लिये। मैं उसकी नजरों में। वह मेरी।

"इस साड़ी में वनरानी लगती हो।"

"धन्यवाद!"

"कल की तुम्हारी बालों की बनावट अच्छी थी।"

"बस करो अब तारीफ!"

फिर अर्थपूर्ण मौन। मौन कितना मुखर होता है! उसके लिए हारने में भी कितना आनंद होता है! वह, वह होती है, न मैं, मैं! हम होते हैं, हमारा आनंद एक-दूसरे का।

नीलू के साथ खूब बातें करने का मन होता है, पर बोलें क्या—यह न सूझता।

नीलू मेरी पत्नी होगी?

नीलू और मैं···।

उधर से आने वाले मेरे दोस्त।

उनका जय भीम, मेरा जय भीम।

नीलू सरस्वती नगर में, मैं भीमनगर में।

तू उधर। मैं इधर। हम दोनों ध्रुव के पार। आदमी पार के आदमी!

"मैं निकलता हूँ।"

"मुझे तकलीफ होती है।"

वह जाती है। न जाए, ऐसा लगते हुए भी। अप्रिय होकर विदा देता हूँ। विदाई बहुत निष्ठुर होती है। पल भर लगता कि उसे थामकर रोक लूँ। पर साहस गिर पड़ता है, मुँह के बल। वह जाती है दूर-दूर देह से। अपनी यादें यहीं छोड़कर। मैं यादों का हो जाता हूँ। यादें खिलने लगती हैं, मन पर चारों ओर। पैरों तले की सड़क खत्म होती है। कुत्ते भौंकने लगते हैं। कुछ लोग झगड़ते रहते हैं। विहार में प्रार्थना चल रही है। मैं झोंपड़ी में प्रवेश करता हूँ। माँ झाड़ू लगाने गई है। वह देर तक लौटती है, थक-हारकर। कल मंत्री आने वाले हैं इसलिए सारे गली-कूचे उसे साफ करने थे। वह मंत्री को गाली देती है, "मंत्री का मुरदा गिरा" और वह झाड़ू उठाती है।

नीलू ने मेरे बारे में जान लिया, मेरी जाति के साथ।

कल वह मेरे साथ किस तरह पेश आएगी? मैंने जाति छिपाकर उसके साथ दोस्ती की। मैंने उसका घर देखा। मम्मी-डैडी भी देखे, परंतु अपनी बस्ती अदृश्य रखी। मैं अदृश्य प्रेमी की तरह पेश आया। कल उसे क्या बताऊँ इन सारे चक्रव्यूह के बारे में?

नीलू मेरा तुझ पर प्रेम है।

मेरी जवानी बहिष्कृत है। मेरा स्पर्श अस्पृश्य है।

नीलू गजल सुन रही होगी।

नीलू मेरे सपने लौटा दो!

एक भारी पतझड़ दिन-रात की। नीलू की बरात का वह दिन। बरात में खुशियों की झड़ी। मेरी माँ सिर पर गैसबत्ती उठाकर बरातियों के स्वागत में चल रही थी। तूफानी हवा बहती है। बरात हिल जाती है। डोलने लगती है। नीलू सोलह शृंगार की वधू! उसके साथ उसका पति। मैं दूर पान की दुकान के ठेलिए के पास नीलू को आँख भर देखने के लिए खड़ा था—औरों की तरह। भीड़ मुझ पर टूट पड़ी थी। मैं घुटने लगता हूँ। बरात अपनी रौ में आगे बढ़ती है बादलों की तरह। मेरी नजर कुचली जाती है। मुझमें क्या कमी है? मैं भी पुरुष हूँ, परंतु मेरी गरीबी, मेरी जाति! नीलू मैं कैसे भुला सकता हूँ तुम्हें? तुम्हारे शब्द! बादलों की तरह मन पर तुम्हारा छा जाना। तुम्हारा खिलता स्पर्श! मेरे आलिंगनों में खिलना! तुम्हारे सान्निध्य में बौराया मेरा जीवन! तुम्हारी साँसें मैं देह भर खोज रहा हूँ। कोई तो सारे बाग में बारूद बोकर उजाड़ता निकला है!

"नीलू, फूल नष्ट होंगे क्या?"

नीलू फूलों से सजी है। बरात धीरे-धीरे पूरे चौक में पसर जाती है। मैं चीखकर बता दूँ क्या कि नीलू पर मेरा अधिकार है या स्वयं को झूठी तसल्ली दूँ? नीलू तू सुखी रह। मुझे भूल जा। वह धनी है। उच्च कुल-जाति की है। मुझे उससे प्यार नहीं करना था। मैंने गलती की।

आँधी-तूफान आता है। बरात छितरा जाती है। मेरे मन के जीर्ण पत्ते झर जाते हैं। रामा आता है। 'जय भीम' करता है। वह इस बरात में शहनाई बजा रहा है। भीड़ में भगदड़ मचती है। भीड़ छितराकर इधर-उधर भागती है। मुझे लगा कि नीलू का अपहरण कर लूँ! लोगों की चीख-पुकार बढ़ती है। कोई तो आग में झुलस रहा है। मैं भीड़ में घुसता हूँ। गैसबत्ती के विस्फोट से माँ आग में घिर गई है। सिर से पैर तक आग लगी है। आग ने उसे पूरी तरह अपनी चपेट में ले लिया है। वह चीख रही है। सारे शरीर पर आग लेकर वह भाग रही है। जमीन पर गिर जाती है। मैं उसे देखता हूँ। दहाड़ पड़ता हूँ। दो-चार लोग आते हैं। माँ को उठाते हैं। हम सरकारी अस्पताल की ओर बढ़ते हैं।

माँ कितनी भयंकर दिख रही थी!

डॉक्टर माँ को मृत घोषित करते हैं।

अब उसके अंत्य-संस्कार के लिए पैसे लगेंगे।

मैं जल रहा था, चिता की तरह अपने ही भीतर। रामा शहनाई लिये पास खड़ा है। शहनाई का गला भर आया है। अब धीरे-धीरे रिश्तेदार जमा होंगे, आँखों में पानी भरकर। भीमनगर शव का इंतजार कर रहा होगा। गले में दहाड़ लिये हुए!

सरकारी अस्पताल से आगे नीलू की बरात आगे बढ़ रही है। माँ के स्थान पर अब कोई दूसरी दलित स्त्री सिर पर गैसबत्ती लेकर चल रही है।

बरात और अंत्य-यात्रा मेरे प्राण जाएँ, इस तरह जा रहे थे...।

लेखक-परिचय

जन्म : 1 जून, 1956

दलित साहित्य के महत्त्वपूर्ण हस्ताक्षर। लगभग 40 वर्षों से अधिक पुस्तकें, समीक्षा, कविता, वैचारिक लेखों की पुस्तकों का समावेश है। डॉ. लिंबाले की कृतियों का हिंदी, अंग्रेजी, मलयालम आदि भाषाओं में अनुवाद; 'अक्करमाशी' आत्मकथा का अत्यंत चर्चित-कई भाषाओं में अनुवाद।

□

अनुवादकों के परिचय

प्रकाश भातंब्रेकर

(जन्म : 19 मई, 1947)

मराठी-हिंदी-मराठी अनुवादक। विगत चार दशकों में अनुवाद कार्य से संबद्ध। पचास से अधिक मराठी पुस्तकों, शतकोत्तर कहानियों तथा उनकी ही कविताओं का हिंदी में तथा पाँच पुस्तकों, कुछेक कहानियों और अनेक कविताओं का हिंदी से मराठी में अनुवाद। केंद्र सरकार, भारतीय अनुवाद परिषद्, दिल्ली, महाराष्ट्र राज्य हिंदी साहित्य अकादमी सहित अन्य संस्थाओं द्वारा सम्मानित।

डॉ. निशिकांत ठकार

(जन्म : 11 जून, 1935)

मराठी-हिंदी-मराठी अनुवादक। पिछले लगभग साठ वर्षों से मराठी-हिंदी-मराठी के अनुवाद कार्य में समर्पित। मराठी से तेरह पुस्तकों के हिंदी अनुवाद और हिंदी से मराठी में चौदह पुस्तकों का अनुवाद। तीन पुस्तकों का संपादन। प्रखर समीक्षक। समीक्षा की चार पुस्तकों सहित 'अनुवाद की अवधारणा' और 'भाषांतर प्रसंग' उनकी महत्त्वपूर्ण कृतियाँ हैं।

डॉ. सूर्यनारायण रणसुभे

(जन्म : 7 अगस्त, 1942)

मराठी-हिंदी-अनुवादक। अनुवाद, समीक्षा, वैचारिक लेख के क्षेत्र में पिछले लगभग साठ वर्षों से अधिक से अनेकानेक पुस्तकों का अनुवाद। हिंदी से मराठी में भी कुछ ग्रंथों के अनुवाद। विपुल संपादन कार्य। समीक्षा और चिंतनपरक ग्रंथ प्रकाशित। यशपाल के उपन्यास 'झूठा सच' के अनुवाद का साहित्य अका

पुरस्कार प्राप्त। महाराष्ट्र राज्य हिंदी साहित्य अकादमी द्वारा उनके योगदान हेतु सर्वोच्च पुरस्कार 'महाराष्ट्र भारती सम्मान' सहित साहित्य के कई पुरस्कारों से सम्मानित।

डॉ. सुनील कुमार लवटे

(जन्म : 11 अप्रैल, 1950)

मराठी-हिंदी अनुवादक, साहित्यकार, स्तंभ-लेखकर समाजसेवी। वि.स. खांडेकर के सहित्य को हिंदी भाषियों तक पहुँचाने का श्रेय। समीक्षक के रूप में भी महत्वपूर्ण योगदान। उनकी आत्मकथा बहुत चर्चित रही। शिक्षा, अनुसंधान और संग्रहालय-निर्माण के क्षेत्र में सक्रिय साहित्यिक योगदान के लिए केंद्रीय हिंदी निदेशालय सहित कई संस्थाओं द्वारा सम्मानित। वर्ष 2016 में 'महाराष्ट्र भारती' सर्वोच्च सम्मान से अलंकृत।

भगवान वैद्य 'प्रखर'

(जन्म : 23 दिसंबर, 1946)

मराठी-हिंदी अनुवादक, कथाकार, व्यंग्यकार, कवि, समीक्षक। पाँच मराठी पुस्तकों का हिंदी अनुवाद। राष्ट्रीय स्तर की पत्र-पत्रिकाओं में एक हजार से अधिक रचनाएँ प्रकाशित। कई रचनाओं का भारतीय भाषाओं में अनुवाद। केंद्रीय हिंदी निदेशालय, महाराष्ट्र राज्य हिंदी साहित्य अकादमी द्वारा सम्मानित।

डॉ. दामोदर खड़से

(जन्म : 11 नवंबर, 1948)

मराठी-हिंदी अनुवादक, कथाकार, कवि, समीक्षक। 21 पुस्तकों का मराठी से हिंदी अनुवाद, एक पुस्तक का अंग्रेजी से हिंदी में अनुवाद। 4 उपन्यास, 8 कथा-संग्रह, 9 कविता-संग्रह, 4 संपादित ग्रंथ, 4 राजभाषा विषयक पुस्तकें और 3 यात्रा व भेंटवार्त्ता पुस्तकें प्रकाशित। केंदीय हिंदी संस्थान, म.प्र. साहित्य परिषद्, उ.प्र. हिंदी संस्थान, महाराष्ट्र राज्य हिंदी साहित्य अकादमी द्वारा पुरस्कृत। 'बारोमास' (ले. सदानंद देशमुख) उपन्यास के मराठी से हिंदी अनुवाद के लिए केंद्रीय साहित्य अकादमी द्वारा 'अनुवाद पुरस्कार-2015' से सम्मानित।

□□□